返券促销策略

潘景铭　栗跃峰　崔　杰　等　著

科学出版社

北京

内 容 简 介

本书从运营管理、市场营销界面管理的视角，考虑产品种类(单产品(包括一篮子产品)和两产品)、返券促销模式(零售商促销和制造商促销)、供应链权力结构(零售商主导和制造商主导)等多种因素，通过构建单一零售商返券促销决策模型、零售商返券促销和订货联合决策模型、供应链返券促销决策模型等系列模型，深入系统地研究返券促销的模式设计和供应链运作决策策略。本书可以丰富市场营销理论和运营管理理论，同时对指导企业有效开展促销活动、提升市场营销和供应链管理能力具有现实意义。

本书适合管理学、经济学等专业的师生与科研工作者使用，也可供从事市场营销、供应链管理的相关人员参考阅读。

图书在版编目(CIP)数据

返券促销策略 / 潘景铭等著. —北京：科学出版社，2023.6
ISBN 978-7-03-075537-7

Ⅰ.①返… Ⅱ.①潘… Ⅲ.①促销策略–研究 Ⅳ.①F713.3

中国国家版本馆 CIP 数据核字(2023)第 084470 号

责任编辑：陈丽华 / 责任校对：彭 映
责任印制：罗 科 / 封面设计：墨创文化

科 学 出 版 社 出版
北京东黄城根北街16号
邮政编码：100717
http://www.sciencep.com

成都锦瑞印刷有限责任公司印刷
科学出版社发行 各地新华书店经销

*

2023 年 6 月第 一 版 开本：B5 (720×1000)
2023 年 6 月第一次印刷 印张：11 1/2
字数：232 000

定价：169.00 元
(如有印装质量问题,我社负责调换)

前　言

现代营销之父菲利普·科特勒(Philip Kotler)认为商品的促销是一种成熟的营销工具，是企业开拓市场、扩大销售和增加盈利的强有力武器。常用的促销方式有价格折扣(discount)、优惠券(coupon)和返利(rebate)等。近年来，由于金融危机所带来的消费需求不足的影响，返券促销(free gift card)作为一种有效扩大需求的促销手段，得到了众多零售企业的青睐。返券促销是指当消费者整体消费达到一定金额，零售商即返还赠送相应金额的代金券，如一些商家推出"购物满200元送20元礼券、满400元送40元礼券、满600元送60元礼券"的促销活动。然而，通过开展大量的市场调查及对销售经理的访谈发现，目前各企业面临的最大困惑在于进行返券促销模式设计时缺乏科学依据，它们的决策更多的是凭借直觉或经验。因此，研究返券促销最优模式的选择与设计成为学术界和实业界共同关注的热点问题。

本书共6章，第1章为促销与返券促销概述，首先对目前常见的促销方式进行简要介绍，然后介绍返券促销的含义和发展，并重点分析返券促销相对于其他促销方式的优势，最后介绍返券促销的研究现状及发展趋势。该章的相关内容可为本书后续部分提供基础知识。

第2章为零售商返券促销策略分析，通过构建相应的零售商利润最大化决策模型，研究零售商实施返券促销模式设计问题。考虑消费者无消费支付约束和有消费支付约束两种情形，给出返券促销的适用条件以及零售商的最优返券策略。研究发现，零售商的利润率是零售商是否开展返券促销的关键性影响因素；高利润率零售商的返券促销盈利能力越强，消费者兑换返券时超出返券面值的额外消费越能增强返券的盈利能力，另外，消费者的不一致性行为也可以增加返券的盈利性；在消费者无消费支出约束的情况下，零售商最好为购买金额较大的消费者只提供一张返券，而在消费者有消费支付约束的情况下，零售商设置多个返券点提供多张返券则是有利可图的。

第3章为零售商返券促销与订货联合决策，考虑零售商长期开展返券促销这一实际背景，分别基于两种常用的线性需求函数和非线性需求函数，构建零售商利润最大化决策模型，给出零售商最优返券促销和订货策略，并考察返券有效性、参考价格和兑换产品平均利润率对最优返券策略和零售商利润的影响。研究发现，无论是线性需求函数形式下还是非线性需求函数形式下，返券促销对零售商总是有利的；在实施返券促销时，零售商具有提升零售商价格的动机。随着返券有效性、参考价格和兑换产品平均利润率的增加，零售商发放的返券面值会增加，零售商的利润也会增加。

第4章为零售商主导型单产品供应链返券促销策略，通过构建由零售商主导的单一产品供应链博弈模型，研究零售商实施返券促销下的供应链最优返券策略，考察相关因素对最优决策和利润水平的影响。研究发现，零售商实施返券促销能够提升零售商、制造商和供应链的利润水平；与无促销时相比，返券促销时零售商和制造商将会提高促销产品的零售价格和批发价格；此外，供应链的最优策略将受到顾客感知的返券面值最大阈值和兑换产品平均利润率的影响。

第5章为制造商主导型两产品供应链返券促销策略，通过构建由制造商主导的两产品供应链博弈模型，基于对消费者行为的分析，分别研究两种返券促销方式(零售商返券和制造商返券)、三种价格策略(固定批发价格和零售价格策略、只固定批发价格策略和不固定价格策略)下的供应链最优返券策略，并考察产品价值、兑换率、消费者时间不一致性、产品互补性程度对最优返券策略的影响。研究发现，制造商主导型供应链返券促销总能使供应链节点企业获利；在返券促销的情况下制造商和零售商均有涨价的动机，但消费者剩余并不会减少；从供应链整体利益的角度出发，保持价格不变则是最优选择。

第6章为零售商主导型两产品供应链返券促销策略，通过构建由零售商主导的两产品供应链博弈模型，基于对消费者行为的刻画，分别考察两种返券促销方式(零售商返券和制造商返券)、三种价格策略(固定批发价格和零售价格策略、只固定批发价格策略和不固定价格策略)下的供应链最优返券促销策略，同时分析产品价值、兑换率、消费者时间不一致性、产品互补性程度对最优返券策略的影响。研究发现，零售商主导型供应链下零售商发放返券总是盈利的，而制造商发放返券并不一定能给自身带来好处；在大多数情况下，零售商和制造商发放返券时会选择涨价；零售商发放返券时保持批发价格不变对供应链最优，而想要使制造商发放返券必须允许其改变批发价格。

本书凝聚了电子科技大学经济与管理学院潘景铭教授及其团队的最新研究成果，建立了企业返券促销最优模式的设计规则，揭示了返券促销策略与定价及订货决策之间的联动关系，给出了单一企业返券促销和供应链返券促销的最优策略，丰富和发展了市场营销和运营管理理论，同时能为企业开展促销实践提供决策支持。全书由潘景铭、栗跃峰、崔杰、唐小我撰写，潘景铭负责全书统稿，崔杰负责核对。

本书得到了国家自然科学基金面上项目(批准号：71272127)和四川省软科学研究计划项目(编号：2016ZR0118)的支持，在此表示特别感谢。本书的成果也多次在国内外学术会议和一些高校进行了交流、汇报，众多专家学者提出了很多宝贵的意见和建议，使我们受益匪浅。本书写作过程中参考了国内外相关专家的研究成果，在此表示衷心的感谢。由于作者水平有限，书中难免存在疏漏或不足之处，恳请广大读者批评指正。

目　　录

前言 ……………………………………………………………………………… i

第 1 章　促销与返券促销概述 …………………………………………………… 1

1.1　促销概述 ……………………………………………………………… 1

1.2　返券促销概述 ………………………………………………………… 3

1.2.1　返券促销的兴起 ……………………………………………… 3

1.2.2　返券促销的内涵及优势 ……………………………………… 3

1.2.3　返券促销规则 ………………………………………………… 5

1.3　返券促销的研究现状及发展趋势 …………………………………… 6

参考文献 …………………………………………………………………… 7

第 2 章　零售商返券促销策略分析 ……………………………………………… 8

2.1　问题背景 ……………………………………………………………… 8

2.2　无消费支付约束的返券促销 ………………………………………… 8

2.2.1　基本假设 ……………………………………………………… 9

2.2.2　单张返券 ……………………………………………………… 10

2.2.3　两张返券 ……………………………………………………… 12

2.2.4　任意数量的返券 ……………………………………………… 13

2.2.5　最优返券策略分析 …………………………………………… 14

2.3　有消费支付约束的返券促销 ………………………………………… 26

2.3.1　消费支付约束 ………………………………………………… 27

2.3.2　单张返券 ……………………………………………………… 27

2.3.3　两张返券 ……………………………………………………… 31

2.4　相关因素影响性分析 ………………………………………………… 46

2.4.1　消费者不一致性的影响 ……………………………………… 46

2.4.2　超出返券面值的额外消费的影响 …………………………… 47

2.5　管理启示 ……………………………………………………………… 47

2.6　本章小结 ……………………………………………………………… 48

参考文献 …………………………………………………………………… 49

第 3 章　零售商返券促销与订货联合决策 ……………………………………… 50

3.1　问题背景 ……………………………………………………………… 50

3.2 基于线性需求的返券促销与订货策略 ⋯⋯⋯⋯⋯⋯⋯⋯⋯⋯ 50

 3.2.1 基本假设及参数说明 ⋯⋯⋯⋯⋯⋯⋯⋯⋯⋯⋯⋯⋯⋯⋯ 50

 3.2.2 模型构建及优化求解 ⋯⋯⋯⋯⋯⋯⋯⋯⋯⋯⋯⋯⋯⋯⋯ 51

 3.2.3 算例 ⋯⋯⋯⋯⋯⋯⋯⋯⋯⋯⋯⋯⋯⋯⋯⋯⋯⋯⋯⋯⋯ 54

3.3 基于非线性需求的返券促销与订货策略 ⋯⋯⋯⋯⋯⋯⋯⋯⋯⋯ 55

 3.3.1 基本假设及参数说明 ⋯⋯⋯⋯⋯⋯⋯⋯⋯⋯⋯⋯⋯⋯⋯ 55

 3.3.2 模型构建及优化求解 ⋯⋯⋯⋯⋯⋯⋯⋯⋯⋯⋯⋯⋯⋯⋯ 55

 3.3.3 算例 ⋯⋯⋯⋯⋯⋯⋯⋯⋯⋯⋯⋯⋯⋯⋯⋯⋯⋯⋯⋯⋯ 57

3.4 敏感性分析与讨论 ⋯⋯⋯⋯⋯⋯⋯⋯⋯⋯⋯⋯⋯⋯⋯⋯⋯⋯⋯ 57

3.5 本章小结 ⋯⋯⋯⋯⋯⋯⋯⋯⋯⋯⋯⋯⋯⋯⋯⋯⋯⋯⋯⋯⋯⋯ 64

参考文献 ⋯⋯⋯⋯⋯⋯⋯⋯⋯⋯⋯⋯⋯⋯⋯⋯⋯⋯⋯⋯⋯⋯⋯⋯ 64

第4章 零售商主导型单产品供应链返券促销策略 ⋯⋯⋯⋯⋯⋯⋯⋯⋯ 65

4.1 问题背景 ⋯⋯⋯⋯⋯⋯⋯⋯⋯⋯⋯⋯⋯⋯⋯⋯⋯⋯⋯⋯⋯⋯ 65

4.2 基本假设及参数说明 ⋯⋯⋯⋯⋯⋯⋯⋯⋯⋯⋯⋯⋯⋯⋯⋯⋯⋯ 65

4.3 无返券促销供应链决策模型 ⋯⋯⋯⋯⋯⋯⋯⋯⋯⋯⋯⋯⋯⋯⋯ 66

4.4 零售商发放返券供应链决策模型 ⋯⋯⋯⋯⋯⋯⋯⋯⋯⋯⋯⋯⋯ 68

4.5 最优策略分析 ⋯⋯⋯⋯⋯⋯⋯⋯⋯⋯⋯⋯⋯⋯⋯⋯⋯⋯⋯⋯ 73

4.6 数值分析 ⋯⋯⋯⋯⋯⋯⋯⋯⋯⋯⋯⋯⋯⋯⋯⋯⋯⋯⋯⋯⋯⋯ 75

4.7 本章小结 ⋯⋯⋯⋯⋯⋯⋯⋯⋯⋯⋯⋯⋯⋯⋯⋯⋯⋯⋯⋯⋯⋯ 79

参考文献 ⋯⋯⋯⋯⋯⋯⋯⋯⋯⋯⋯⋯⋯⋯⋯⋯⋯⋯⋯⋯⋯⋯⋯⋯ 79

第5章 制造商主导型两产品供应链返券促销策略 ⋯⋯⋯⋯⋯⋯⋯⋯⋯ 80

5.1 问题背景 ⋯⋯⋯⋯⋯⋯⋯⋯⋯⋯⋯⋯⋯⋯⋯⋯⋯⋯⋯⋯⋯⋯ 80

5.2 无返券促销 ⋯⋯⋯⋯⋯⋯⋯⋯⋯⋯⋯⋯⋯⋯⋯⋯⋯⋯⋯⋯⋯⋯ 81

5.3 零售商返券促销 ⋯⋯⋯⋯⋯⋯⋯⋯⋯⋯⋯⋯⋯⋯⋯⋯⋯⋯⋯⋯ 85

 5.3.1 消费者购买行为分析与模型建立 ⋯⋯⋯⋯⋯⋯⋯⋯⋯⋯ 85

 5.3.2 数值分析 ⋯⋯⋯⋯⋯⋯⋯⋯⋯⋯⋯⋯⋯⋯⋯⋯⋯⋯⋯ 100

 5.3.3 消费者不一致性 ⋯⋯⋯⋯⋯⋯⋯⋯⋯⋯⋯⋯⋯⋯⋯⋯⋯ 103

 5.3.4 两互补产品的零售商返券 ⋯⋯⋯⋯⋯⋯⋯⋯⋯⋯⋯⋯⋯ 105

5.4 制造商返券促销 ⋯⋯⋯⋯⋯⋯⋯⋯⋯⋯⋯⋯⋯⋯⋯⋯⋯⋯⋯⋯ 106

 5.4.1 模型建立 ⋯⋯⋯⋯⋯⋯⋯⋯⋯⋯⋯⋯⋯⋯⋯⋯⋯⋯⋯ 106

 5.4.2 数值分析 ⋯⋯⋯⋯⋯⋯⋯⋯⋯⋯⋯⋯⋯⋯⋯⋯⋯⋯⋯ 117

 5.4.3 消费者不一致性 ⋯⋯⋯⋯⋯⋯⋯⋯⋯⋯⋯⋯⋯⋯⋯⋯⋯ 121

 5.4.4 两互补产品的制造商返券 ⋯⋯⋯⋯⋯⋯⋯⋯⋯⋯⋯⋯⋯ 121

5.5 制造商主导型供应链返券促销策略选择 ⋯⋯⋯⋯⋯⋯⋯⋯⋯⋯ 123

 5.5.1 最优返券促销策略选择 ⋯⋯⋯⋯⋯⋯⋯⋯⋯⋯⋯⋯⋯⋯ 123

 5.5.2 成本分摊机制设计 ⋯⋯⋯⋯⋯⋯⋯⋯⋯⋯⋯⋯⋯⋯⋯⋯ 125

5.6 本章小结 ·· 129
参考文献 ·· 130
第6章 零售商主导型两产品供应链返券促销策略 ································· 131
6.1 问题背景 ·· 131
6.2 无返券促销模型 ··· 132
6.3 零售商返券促销 ··· 135
    6.3.1 消费者购买行为分析与模型建立 ··· 135
    6.3.2 数值分析 ·· 147
    6.3.3 消费者不一致性 ··· 151
    6.3.4 两互补产品的零售商返券 ·· 152
6.4 制造商返券促销 ··· 155
    6.4.1 模型建立 ·· 155
    6.4.2 数值分析 ·· 162
    6.4.3 消费者不一致性 ··· 166
    6.4.4 两互补产品的制造商返券 ·· 166
6.5 零售商主导型供应链返券促销策略选择 ·· 167
    6.5.1 最优返券促销策略选择 ·· 167
    6.5.2 成本分摊机制设计 ··· 168
6.6 本章小结 ·· 171
参考文献 ·· 172
索引 ·· 173

第1章　促销与返券促销概述

1.1　促　销　概　述

在 2021 年"双十一"购物节期间，天猫总交易额定格在 5403 亿元，京东累计下单金额创造了新的纪录，超 3491 亿元。在全民狂欢、成交额纪录不断刷新的背后，离不开促销的支持。现代营销之父菲利普·科特勒认为商品的促销已然成为一种成熟的营销工具，是开拓市场和占领市场的强有力武器，也是一个巨大而持续的商业浪潮（科特勒和阿姆斯特朗，2021）。在过去的 20 多年时间里，企业营销的重心逐渐由过去以广告形式的品牌宣传转向以价格引导需求的商品促销。加之近年来国内市场呈现出消费疲软而生产过剩的现状，促销更是成为在激烈市场生存的重要法宝，尤其在电商领域，频频出现"百团大战"、"阻击 618"以及"双十一"等价格大战。今天，无论你是坐在家里遨游互联网、打开电视机、翻阅报章杂志，还是漫步街头，抑或是在公共汽车上、在地铁上、在飞机上，都不可避免地接触到形形色色、五花八门的促销活动。可见商品的促销已然渗透到社会生活的每个角落。

促销是企业为了激发顾客的购买欲望，影响他们的消费行为，扩大商品的销售，而以人员或非人员的联络方式进行的一系列宣传报道、说服、激励、联络等促进性工作，它在销售过程中起着重要的作用。菲利普·科特勒在《市场营销原理》一书中指出，促销是营销活动的一个重要组成部分，它包括各种多数属于短期性的激励工具，用以激励消费者和贸易商迅速或较大量地购买某一特定产品或服务。对于进入市场早期的商品，离开了促销，相当一部分商品很难立足市场。对于已经成熟的商品，它占有了固定的市场份额，但是如果企业想要谋求更大的发展，占有更大的市场份额，获得更多的利润，就必须通过促销吸引更多的顾客来购买他的商品。

随着市场营销逐渐成为商业活动的中心，促销的方式也随之不断丰富、深化，但总体来说可分为两个部分：一部分是以消费者为中心的促销；另一部分是以企业及组织为中心的促销。以消费者为中心的促销中最常见的是打折、优惠券、限时抢购、捆绑销售、秒杀、团购等。打折和优惠券是商家使用最频繁的两种促销工具。打折即指商家对商品进行降价，以期更好地达到促销的目的。

消费者可以明确地看到折扣力度，折扣越高越具有吸引力。优惠券是企业向消费者发放的促销凭证，主要有满减券、代金券和折扣券等。打折和优惠券很相似，它们都可以直接降低产品价格，同时也满足了消费者讨价还价的心理，是现在零售业比较常用的促销方式，如亚马逊推出的电动牙刷打 4.2 折和淘宝推出的糕点领券立减 30 元。

除了打折和优惠券，限时抢购也受到许多商家的喜爱。限时抢购又称闪购，起源于法国网站 Vente-Privée，具有限时、限量、低价的特点。商家一般会选择节假日、周末、周年庆的时候进行限时抢购。限时抢购在电商领域广泛使用，如京东推出的某品牌手机限时 24 小时的抢购。捆绑销售也很常见，它是将产品、服务作为一个整体，以优惠的价格售卖给消费者的过程。它具有降低商品价格、缩短消费者购买决策时间、增强企业抗风险能力等特点。捆绑销售在实际中应用很广泛，一般是互补的产品或服务捆绑在一起进行销售，如亚马逊将苏打水和苏打水机、鼠标和鼠标垫进行捆绑销售。

秒杀是消费者最喜爱的促销形式之一，它是指商家将商品以极低的价格出售，具有超低价、限时、限量的特点，常常一上架就被消费者抢购一空。很多商家采用这种方式只是为了增强人气而并非为了销售商品，如美团推出的限时 0.01 元秒杀奶茶和京东展示的限时秒杀电脑。团购作为一种新兴的电子商务模式，是指认识或不认识的消费者联合起来，加大与商家的谈判能力，以求得最优价格的一种购物方式。商家可以给出低于零售价格的团购折扣和单独购买得不到的优质服务。团购通过消费者自行组团、专业团购网站、商家组织团购等形式，提升用户与商家的议价能力，并极大程度地获得商品让利，引起消费者及业内厂商，甚至是资本市场关注，如拼多多推出的某品牌牛奶的六人团购活动。

促销形式丰富多样，除了以上几种，还有抽奖、返现、送赠品等。随着市场竞争的加剧，为吸引消费者，商家在进行促销时已由单一的促销方式转变为多种促销工具的叠加，如打折+赠品、优惠券+返现等。尤其是在"双十一""618"等大促期间，既有商家提供的优惠券、打折、返现等促销，也有电商平台提供的满减、优惠券等。多种促销工具的使用带来了显著的效果，消费者参与度极高，每年"双十一""618"的成交额纪录都在不断刷新。尽管促销变得复杂起来，但是面对绝大多数的促销方式，不管是消费者还是销售者都能很简单地大致算出其优惠折扣，所以消费者能够针对自己的情况理性地选择对自己最有利的购买数量、价格及所享用的促销方式，商家也会针对自己所销售的商品品种、类别来设计合适的促销手段及营销策略。

1.2　返券促销概述

1.2.1　返券促销的兴起

返券促销作为一种有效扩大需求的促销手段，得到了众多零售企业的青睐。在我国，返券促销之风始于 20 世纪 90 年代，首发者是北京的商场，而真正盛行当数近几年大型商场的不断壮大与发展。据报道，在 2004 年举办的第六届购物节上，位于北京西单商业街的中友百货凭借"买 200 元返 236 元"的促销举措创造了 52 天 5.2 亿元的销售奇迹。人们不禁要问为何商家如此钟情于返券促销，究竟返券促销的魅力何在？北京某商场曾做过统计，直接打折促销平均每天销售额是 400 万元，而开展返券促销所带来的销售额则是价格折扣的 4 倍之多。

激烈的市场竞争迫使各大企业不得不通过促销形式的价格战来争夺市场和阻击竞争对手。然而，在一轮又一轮的价格战背后损失的不仅仅是商家当前的利润，更多的是商家在未来商品销售上的停滞。价格促销对企业来说是一把"双刃剑"，虽然能在短期内回笼资金、阻击对手，但不恰当的促销也会影响商家后续的销售，甚至出现不降价不消费的困难局面。返券促销作为一种不直接降低商品交易价值的促销手段破解了这一困局，得到了越来越多企业的青睐。2022 年广西"三三消费节"系列活动推出消费满 100 元返 20 元、满 1000 元返 200 元的无门槛消费优惠，深受消费者和商家欢迎，返券商家累计交易额同比增长 62%。因此，返券促销成为众多商家提升消费需求的重要利器之一，也越来越受到商家和消费者的欢迎（Horne，2007）。

1.2.2　返券促销的内涵及优势

针对返券促销，Khouja 等（2011）在其研究中给出了具体的定义。返券促销是指消费者在商家促销期内单次整体性消费达到某一特定消费量，即可免费获得一定面值的代金券，但该代金券不能抵扣当期消费，只能在下一次消费时抵扣等额支付金额。

返券促销在生活中很常见，例如，Kohl's 推出的"满 50 美元的购买金额可免费获得 10 美元 holiday cash 返券"、在 Book Loft "购买 25 美元或以上金额的图书可获得 5 美元返券"、Best Buy 推出的"购买 100 美元返 10 美元、购买 250 美元返 25 美元、购买 500 美元返 50 美元"系列返券促销活动，以及欧尚（Auchan）推出的"凡购买美菱电冰箱即可获得价值 500 元人民币返券一张"等返券促销活动。

　　返券具有以下四个特点：一是获得返券有门槛，在返券点以下的消费者必须增加购买量达到或超过返券点才能获得返券；二是返券促销效果作用于下一次购物，而非作用于当期消费商品的价格；三是返券有一定的使用条件，一般为使用期限或者是限制适用范围；四是消费者获得的返券虽然可以抵扣现金，但是其带来的效用会比同样面值的现金带来的效用少，一方面是因为消费者未来是否使用返券具有不确定性，另一方面是因为返券的使用通常具有有限期、使用范围或使用门槛的限制。

　　如表 1-1 所示，返券促销与其他促销方式相比，其优势也比较突出。第一个优势是返券促销不直接作用于促销产品的零售价格，因此不会降低消费者对产品价值的估值（Folkes and Wheat，1995），这一点与现金返利促销有相似之处。第二个优势是与降低单位产品价格的折扣不同，消费者的购买量没有超过消费门槛，无法获得返券。虽然数量折扣也需要一定的消费门槛，但数量折扣收入的减少发生在购买时。相反，返券带来的收入减少发生在未来。例如，在葡萄酒商店购买一箱酒，可享受"八折优惠"，零售商在消费者购买时获得的收入从 X 减少到 $0.8X$。相比之下，若提供"每消费 100 元即可获得 10 元"的返券促销，零售商在消费者购买时收到 X，并在以后支付返券兑换费用。第三个优势是一些消费者可能只兑换部分返券，甚至有些消费者根本就不去兑换返券（Thomas and Dillenbeck，2004；Dréze and Hoch，1998）。根据相关消费者研究报告，每年大约有19%的返券未被兑换（Horne，2007）。第四个优势是消费者在兑换返券时，其再次购买的消费金额可能超过返券面值，从而为零售商提供了额外的收益。据估计，超过返券面值的平均支出约为 20%（Thomas and Dillenbeck，2004）。第五个优势是返券促销可以扩大产品消费群体，返券促销和其他促销方式一样具有促销激励作用，同时有别于其他促销方式，返券促销具有双重激励作用（Cheng and Cryder，2018），即消费者在当期购买和兑换返券时感受到的促销激励作用是一样的，因而返券促销更有利于扩大消费者的实际需求。以上优势使得返券相对于其他促销方式对商家来说更具吸引力。

表 1-1　返券促销与其他促销方式的对比

项目	返券促销	折扣促销	优惠券促销	返利促销
支付价格	正常价格	折扣价格	优惠券后价格	正常价格
激励形式	用券兑换免费的商品或服务	现金	现金	现金
激励作用发生时间	购买后	购买时	购买时	购买后
获得激励资格	促销期购买	促销期购买	促销期购买	促销期购买
购买后兑现激励的要求	兑换期使用返券购买	—	—	邮寄购物凭证
不确定性消除	购买后	购买时	购买时	购买后

1.2.3　返券促销规则

返券促销在商业运作中取得的成功缘于其本身的价格幻觉效应。现实中，消费者通过自身感受到的感知价格决定是否购买商品。在价格幻觉效应下，消费者的感知价格低于实际价格，或者说价格幻觉效应使消费者感觉获得了比实际折扣更多的优惠。下面以"买 300 元返 100 元返券"为例来说明这种效应。消费者消费 300 元，获赠 100 元返券。消费者感知的是花费 200 元获得 300 元商品，消费者感知折扣率是 66.7%，然而实际上，在返券使用规则下，消费者不可能花费 200元就买到 300 元的商品，而是花费 300 元买到 400 元(300 元+100 返券)的商品，实际折扣率为 75%，高出感知折扣率 8.3 个百分点。这就是返券促销的价格幻觉效应对消费者感知价格的影响。在实际商业活动中，商家通常附带一些特殊的返券规则，使得这一促销工具的优势得以充分发挥。

1. 尾数"99"法则

返券是有购买条件的购物券，即"满就送"。在现实生活中，聪明的商家大玩尾数"99"数字游戏，将商品的价格定在 99 元、299 元、599 元，这使消费者面临两难选择，要么不额外购买放弃返券，要么继续购物获得返券，有些学者称其为"补缺消费"。依旧以"买 300 元返 100 元返券"为例，通常消费者很难恰好找到适合的小额商品，有时不得已选择大额商品补缺，这都是商家在定价和布局上煞费苦心的结果。因此，在尾数"99"法则下，消费者最终花费往往都高于返券点 300 元之上，补缺购买效果十分显著。

2. 多不退少则补

通常商家规定使用返券时不兑现、不找零。举例来说，如果消费者有一张 100元礼券，那么当他面对两个价格分别为 60 元和 180 元的商品时，若选择前者，则他损失了 40 元返券但却能获得商品；若消费者选择后者，则他需要额外支付差额80 元才可获得商品。两种情形下商家无疑都是最大赢家。

3. 限定返券使用方式

为使返券促销更具效果，有些商家要求返券只能在其规定时间内使用，例如，2022 年 10 月 26 日至 2022 年 11 月 1 日大润发放的返券要求在 2022 年 10 月 26日至 2022 年 11 月 8 日使用。此外，有些商家还要求使用返券时需满足规定的金额，例如，盒马鲜生推出的返券要求实付满 200 元才能使用，并且只能在线下门店使用。

1.3 返券促销的研究现状及发展趋势

返券促销的蓬勃发展也引起了不少学者的关注。归纳起来,现有文献主要从市场营销和运营管理两个视角开展返券促销相关问题研究。

1. 从市场营销的角度研究返券促销问题

这个方面的研究,大多数学者聚焦于返券促销对消费者心理和行为以及企业绩效的影响。Hardesty 和 Bearden(2003)对折扣和返券这两种促销方式从顾客感知的角度进行了比较研究,发现在低价产品适度折扣水平的情况下,返券和百分比折扣对消费者选择的影响不大,但消费者更偏好于高水平的折扣。Thomas 和 Dillenbeck(2004)通过市场统计发现使用返券可能会使零售商获得更多的资金,给零售商带来更多的销售。韩睿和田志龙(2005)针对国内消费者,通过实证分析了买赠、返券和打折等三种促销方式对消费者感知及行为意向的影响。伍争荣(2004)将返券促销的成功归结为价格幻觉效应。张颖等(2005)研究了零售商面对消费者使用免费获得的返券时的价格决策。张瑞友等(2007)在存在购物卡(返券)买卖市场的情况下,通过对购物卡价值的分析,给出了购物卡售价的合理范围。Raju 等(1994)和 Dhar 等(1996)发现返券促销在创造长期市场份额和利润方面,其表现优于优惠券。

2. 从运营管理的角度研究返券促销问题

Khouja 等(2011)首次运用定量分析的方法对返券促销进行了模型刻画,针对消费者无消费预算约束和有消费预算约束两种情形,分别探讨了零售商提供返券的最优条件,并在均匀分布条件下给出了最优的返券点和返券面值,以及相关因素对最优返券策略的影响。在此基础上,Khouja 等(2013a)针对报童问题,研究了返券促销对零售商库存水平和收益的影响,结果表明,一定条件下,在报童模型中返券促销优于折扣促销,使得零售商可以获得更大的利润,并且得到零售商的最优库存决策量和返券面值。Khouja 等(2013b)进一步将返券促销的研究引入供应链中,探讨了由一个制造商主导、单一零售商组成的两阶段供应链中,制造商发起返券促销,通过零售商发放给消费者,实现整个促销过程,研究发现,在一定条件下,制造商、零售商以及消费者都可以从中获得收益,有效改善了供应链的效率。

本书的研究内容是在上述文献的基础上,从市场营销、运营管理的视角,考虑产品种类(单产品(包括一篮子产品)和两产品)、返券促销模式(零售商促销和制造商促销)、供应链权力结构(零售商主导和制造商主导)等多种因素,通过构建单一零售商返券促销决策模型、零售商返券促销和订货联合决策模型、供应链返券促销决策模型等系列模型,深入系统地研究返券促销的模式设计和供应链运作决策策略,从而丰富和发展运营管理和营销管理理论,以实现指导企业实践的目的。

参 考 文 献

菲利普·科特勒(Philip Kotler),加里·阿姆斯特朗(Gary Amstrong). 2021. 市场营销原理[M]. 17 版. 北京: 清华大学出版社.

韩睿,田志龙. 2005. 促销类型对消费者交易价值感知和消费者行为意向影响的研究[J]. 管理科学,18(2):85-91.

伍争荣. 2004. 大型商场"返券促销"的价格幻觉效应[J]. 价格理论与实践,(7):58-59.

张瑞友,汪定伟,陈莹莹,等. 2007. "发送购物卡"促销中的决策分析[J]. 东北大学学报(自然科学版),28(7):953-956.

张颖,郝以阁,王延华. 2005. 带有优惠券销售的定价模型及求解研究[J]. 沈阳工业大学学报,27(6):691-694.

Cheng A, Cryder C. 2018. Double mental discounting: When a single price promotion feels twice as nice[J]. Journal of Marketing Research, 55(2): 226-238.

Dréze X, Hoch S J. 1998. Exploiting the installed base using cross-merchandising and category destination programs[J]. International Journal of Research in Marketing, 15(5): 459-471.

Dhar S K, Morrison D G, Raju J S, 1996. The effect of package coupons on brand choice: An epilogue on profits[J]. Marketing Science, 15(2): 192-203.

Folkes V, Wheat R D. 1995. Consumers' price perceptions of promoted products[J]. Journal of Retailing, 71(3): 317-329.

Hardesty D M, Bearden W O. 2003. Consumer evaluations of different promotion types and price presentations: The moderating role of promotional benefit level[J]. Journal of Retailing, 79(1): 17-25.

Horne D R. 2007. Gift cards: Disclosure one step removed[J]. Journal of Consumer Affairs, 41(2): 341-350.

Khouja M, Park S, Zhou J. 2013a. A free gift card alternative to price discounts in the newsvendor problem[J]. Omega, 41(4): 665-678.

Khouja M, Rajagopalan H K, Zhou J. 2013b. Analysis of the effectiveness of manufacturer-sponsored retailer gift cards in supply chains[J]. European Journal of Operational Research, 230(2): 333-347.

Khouja M, Pan J, Ratchford B T, et al. 2011. Analysis of free gift card program effectiveness[J]. Journal of Retailing, 87(4): 444-461.

Raju J S, Dhar S K, Morrison D G. 1994. The effect of package coupons on brand choice[J]. Marketing Science, 13(2): 145-164.

Thomas L M, Dillenbeck M S. 2004. Best used by expiration date[J]. Marketing Management, 13(1): 53-55.

第2章　零售商返券促销策略分析

2.1　问 题 背 景

经济危机导致消费需求不足，返券促销作为一种有效扩大需求的促销手段，得到了众多零售企业的青睐。返券促销是指当消费者整体消费达到一定金额时，零售商即返还赠送相应金额的代金券。零售企业推出的返券促销形式多样，如 Best Buy 推出的"购物满 100 美元送 10 美元礼券、满 250 美元送 25 美元礼券、满 500 美元送 50 美元礼券"促销活动、伊藤洋华堂推出的"满 300 元返 200 元券"促销活动。这类返券促销的特点是消费者购买得越多，获得的返券价值越大或者数量越多。还有 Book Loft 推出的"单次购买超过 25 美元获得一张面值 5 美元的返券"，欧尚(Auchan)推出的"凡购买美菱电冰箱，即可获得价值 500 元人民币返券一张"，这种促销活动则是消费者购买金额超过一定限额(称为返券点)后，最多只能获得一张返券。那么，零售商在开展返券促销时，究竟是应该设置一个返券点还是设置多个返券点？返券面值应该为多少才合适？因此，面对众多的返券促销方式，零售商如何设计返券促销模式以及依据何种标准进行选择成为决策的关键。

本章基于零售商向消费者提供返券促销的情景，重点探讨以下五个问题：①在什么情况下零售商实施返券促销可以增加利润？②零售商如何选择恰当的返券促销模式？③什么样的零售商适合采用返券促销？④消费者不一致性对零售商最优返券策略的影响是什么？⑤消费者在兑换返券时花费超过返券面值的影响是什么？为此，本章首先对返券促销下的消费者购买决策行为进行分析，然后建立零售商利润最大化决策模型，给出零售商的最优返券策略(即最优返券点、返券面值及返券数量)，并考察相关因素对最优返券策略的影响，最终建立零售商返券促销最优模式的设计规则。

2.2　无消费支付约束的返券促销

本节首先讨论消费者无消费支付约束的情景，在单张返券、两张返券和任意数量返券三种情况下分析消费者购买决策行为，在一般分布、均匀分布、指数分布、正态分布四种情景下分析零售商的最优策略。

2.2.1　基本假设

本节研究基于代表性消费者(Cai，2010；Saini et al，2010)，假设消费者计划购买价值为 x 元的一篮子商品，其中数量以金额(元)为计量单位，因此价格设置为 1 元。一篮子商品最大化消费者净效用，即最大化效用与成本之差(Putrevu and Ratchford，1997)。假设消费者的效用函数 $U(s)$ 是其消费支出 s 的分段线性凹函数(Banerjee and Murphy，2006)，即

$$U(s) = \begin{cases} \omega s, & 0 \leqslant s \leqslant x \\ \omega x + \alpha(s - x), & s > x \end{cases}$$

其中，$\omega \geqslant 1$，$0 < \alpha < 1$。ω 是消费者购买一篮子商品时，每 1 元支出的边际效用；α 是消费者购买一篮子商品以外的商品时，每 1 元支出的边际效用。这意味着一篮子商品计划外的边际效用小于计划内的边际效用。消费者的净效用是边际效用与边际成本之差，因此消费者的净效用函数为 $V(s) = U(s) - s$，即

$$V(s) = \begin{cases} (\omega-1)s, & 0 \leqslant s \leqslant x \\ (\omega-1)x - (1-\alpha)(s-x), & s > x \end{cases} \tag{2-1}$$

如图 2-1 所示，当 $0 \leqslant s \leqslant x$ 时，$\omega-1$ 是每 1 元支出的边际净效用，即边际效用减去边际成本，且 $\omega-1 > 0$；当 $s > x$ 时，$-(1-\alpha)$ 是每 1 元支出的边际净效用，且 $-(1-\alpha) < 0$。因此，x 为消费者净效用最大时的购买量。

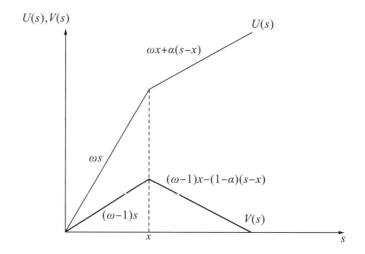

图 2-1　消费者效用函数与净效用函数

消费者的净效用最大化消费支出(以下简称"计划购买量")x在不同的购买场景下有所不同,具体而言,消费者的计划购买量x为一个随机变量,其概率密度函数和分布函数分别为$f(x)$和$F(x)$,服从区间$[0,b]$上的分布,b为消费者在一个商店消费时的最大计划购买量,其均值和标准差分别为μ和σ。这种随机行为可以理解为一个消费者在多次试验中的行为,也可以解释为消费者在某一时间点的分布行为。

零售商按照如下方式进行返券促销设计:若消费者购买量(金额)达到T,则可以免费获得面值为g的返券;若消费者购买量(金额)达到$2T$,则可以免费获得面值为$2g$的返券(相当于2张面值为g的返券);依此类推,若消费者的购买量到nT,则可以免费获得面值为ng的返券(相当于n张面值为g的返券)。称T为基本返券点,g为基本返券面值。令T_i为第i个返券点,g_i为第i个返券点所对应的返券面值,则$T_i = iT$($i = 1, 2, \cdots, n$),$g_i = ig$($i = 1, 2, \cdots, n$)。这种返券促销方式也是零售商实际操作中常用的设计方式。

接下来首先分析零售商只提供单张返券的情况,然后考虑两张或多张返券的情形。

2.2.2 单张返券

由于返券促销中消费者获得的返券不能用于抵扣当期(促销期)消费,只能用于下期(兑换期)消费,所以将会考虑两期的消费者行为和零售商期望利润。在促销期,假设没有返券,消费者将购买价值为x的一篮子商品。当零售商只提供一张返券,即$n = 1$时,单次购买量超过返券点T的消费者会获得一张面值为g的返券。根据计划购买量x的大小,消费者会做出如下购买决策:

(1)当$x \geqslant T$时,消费者不需要额外增加购买量就可直接获得一张返券。由于消费者获得的返券不能在促销期使用,所以假设这部分消费者不会因为返券而改变其计划购买量[①]。

(2)当$x < T$时,消费者可能会为获得返券而增加购买量至返券点T,抑或不会。根据式(2-1)中的净效用函数,如果消费者将购买量增加到T,其净效用将减少$(1 - \alpha)(T - x)$。然而,消费者将获得返券g。假设消费者从返券中获得的期望净效用为rg,r($0 \leqslant r \leqslant 1$)为消费者在兑换期兑换返券的概率[②]。因此,若消费者从返券中获得的期望净效用大于其为获得返券而增加购买所带来的净损失,即

---

① 注意,若返券能够在促销期使用,$x > g$的消费者可能会减少计划购买量到g,收到返券后将其用于购买剩余的$x - g$数量的商品。

② 由于返券兑换期为消费者的下一个购物周期,部分消费者可能因为返券遗失等而没有兑换返券,因此返券兑换率可能会小于1。

$rg \geqslant (1-\alpha)(T-x)$ 或 $x \geqslant T - \dfrac{rg}{1-\alpha}$ ，则消费者会增加购买量到 T ；否则，消费者只会按照原有的计划购买量 x 采购。令 $\rho = \dfrac{r}{1-\alpha}$ ，当消费者的计划购买量满足 $T - \rho g \leqslant x < T$ 时，会增加购买量至返券点 T 。将 ρ 称为返券推动系数，之所以称为推动系数，是因为它可以将计划购买量位于区间 $[T-\rho g, T)$ 的消费者的实际购买量全部提高到返券点 T ，从而获得价值为 g 的返券。返券推动系数越大表明返券在促使消费者增加购买方面更加有效。从 $\rho = \dfrac{r}{1-\alpha}$ 中可知，推动系数 ρ 是随 r 和 α 递增的。这一点可以很直观地理解，因为返券平均兑换率 r 越高，消费者从返券获得的预期效用就越高，那么消费者就会有更大的动力去增加购买量来获得返券。同样，由于 α 是消费者超出其计划购买量的每 1 元支出的边际效用（以下称为增加购买商品的价值系数），因此增加购买带来的额外支出的效用损失随着 α 的增加而下降，从而消费者也更愿意增加购买量来获得返券。

综合 (1) 和 (2) 的分析，消费者根据其消费者净效用来决定自己的购买行为。当零售商进行返券促销时，根据消费者的计划购买量，可以将其分为三种类型：①类型 I，满足 $0 \leqslant x < T - \rho g$ ，此类消费者将按照计划购买量进行购买，但无法获得返券；②类型 II，满足 $T - \rho g \leqslant x < T$ ，此类消费者的实际购买量均为 T ，即大于其计划购买量，从而都会获得一张返券 g ；③类型 III，满足 $T \leqslant x \leqslant b$ ，此类消费者将按照计划购买量进行购买，但可直接获得一张返券 g 。图 2-2 清晰地描述了这三类消费者的购买行为。

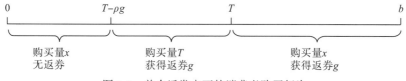

图 2-2　单个返券点下的消费者购买行为

接下来分析零售商的决策。假设零售商是风险中性的，且追求利润最大化。当零售商进行返券促销时，其目的是增加整个商店的销售或某一组产品的销售。因此，我们关注的是一组产品，而不是一个产品。当消费者兑换返券时，他们可以使用返券购买商店中的任何产品。因此，使用平均利润率比单个产品的利润率更适合本章的分析。假设零售商所销售商品的平均利润率为 M（$0 < M < 1$），则 $1 - M$ 表示所销售商品的平均边际成本。

需要做一些假设：①假设消费者是一致的，即在赎回期内返券的平均赎回率与消费者做出购买决定时的比例相同。事实上，许多消费者在做出购买决定时可能比赎回时高估返券赎回率，这使得消费者不一致。将在本章后面研究消费者不一致的影响。②假设零售商基于过去返券活动的赎回数据，能够正确估计平均返券赎回率。③因为购买和赎回之间的时间很短，所以没有考虑货币的时间价值。

首先，建立零售商在无返券促销情况下的利润函数，并将其作为基准模型。在不提供返券的情况下，零售商的期望利润为

$$\pi_0 = \int_0^b Mxf(x)\mathrm{d}x = ME(x) = M\mu \tag{2-2}$$

当零售商提供返券促销时，消费者在促销期获得返券，在兑换期使用返券。因此，零售商的利润主要由两部分组成，即促销期利润和兑换期利润。

当零售商只提供单张返券时，根据图 2-2 描述的消费者购买行为，可知零售商在促销期的期望利润为

$$\pi_{11} = M\mu + M\int_{T-\rho g}^{T} (T-x)f(x)\mathrm{d}x \tag{2-3}$$

式 (2-3) 包括两部分：第一部分为消费者计划购买所产生的零售商利润；第二部分为消费者 (类型 II) 为获得返券而进行增加购买所产生的零售商利润。

在返券兑换期，消费者以 r 的概率兑换返券，零售商的期望利润为

$$\pi_{12} = r\int_{T-\rho g}^{b} (Mg-g)f(x)\mathrm{d}x \tag{2-4}$$

式 (2-4) 为所有获得返券的消费者 (类型 II 和类型 III) 在兑换时零售商的期望利润，因为 $M<1$，所以零售商在返券兑换期的期望利润为负，它也表示零售商实施返券促销的成本。

结合促销期和兑换期的利润，零售商提供单张返券时的期望总利润为

$$\pi_1 = \pi_{11} + \pi_{12} = M\mu + M\int_{T-\rho g}^{T} (T-x)f(x)\mathrm{d}x - (1-M)\int_{T-\rho g}^{b} rgf(x)\mathrm{d}x \tag{2-5}$$

2.2.3 两张返券

如果零售商提供两张返券，即 $n=2$，那么单次购买量超过 T 的消费者会获得一张面值为 g 的返券，单次购买量超过 $2T$ 的消费者会获得两张面值为 g 的返券。根据计划购买量 x 的大小，消费者的购买决策如图 2-3 所示。

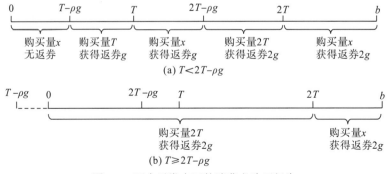

图 2-3 两个返券点下的消费者购买行为

（1）当 $T < 2T - \rho g$ 或 $T > \rho g$ 时（图 2-3(a)）。若计划购买量满足 $x \geq 2T$，则消费者不需要额外增加购买量就可直接获得两张返券。若计划购买量满足 $T \leq x < 2T$，则消费者不需要额外增加购买量就可以获得一张返券，然而此类消费者也可以增加购买量，从而获得两张返券。与单一返券点的情况相似，计划购买量满足 $2T - \rho g \leq x < 2T$ 的消费者，则会为了获得两张返券而增加购买量至 $2T$；而计划购买量满足 $T \leq x < 2T - \rho g$ 的消费者，则不会改变其计划购买量，从而只获得一张返券。若计划购买量满足 $x < T$，则消费者有三种选择，可能增加购买量至 T 获得一张返券，也可能会增加购买量至 $2T$ 获得两张返券，或者不改变其购买量而无返券。消费者购买量为 T 时的净效用为

$$V_1 = (\omega - 1)x - (1 - \alpha)(T - x) + rg \tag{2-6}$$

相似地，消费者购买量为 $2T$ 时的净效用为

$$V_2 = (\omega - 1)x - (1 - \alpha)(2T - x) + 2rg \tag{2-7}$$

则 $V_2 - V_1 = rg - (1 - \alpha)T = (1 - \alpha)(\rho g - T) < 0$，因而消费者不会增加购买量至 $2T$。因此，计划购买量满足 $T - \rho g \leq x < T$ 的消费者，则会增加购买量至 T 而获得一张返券；而计划购买量满足 $0 \leq x < T - \rho g$ 的消费者，则不会改变其计划购买量，从而不会获得返券。因此，零售商的期望利润为

$$\pi_{21} = M\mu + M\left[\int_{T-\rho g}^{T} (T - x)f(x)\mathrm{d}x + \int_{2T-\rho g}^{2T} (2T - x)f(x)\mathrm{d}x\right]$$
$$- (1 - M)\left(\int_{T-\rho g}^{2T-\rho g} rgf(x)\mathrm{d}x + \int_{2T-\rho g}^{b} 2rgf(x)\mathrm{d}x\right)$$

（2）当 $T \geq 2T - \rho g$ 或 $T \leq \rho g$ 时（图 2-3(b)）。若计划购买量满足 $x \geq 2T$，则消费者不需要额外增加购买量就可直接获得两张返券。若计划购买量满足 $T \leq x < 2T$，因为 $T \geq 2T - \rho g$，所以此类消费者均会额外增加购买量至 $2T$，从而获得两张返券。若计划购买量满足 $x < T$，对于此类消费者根据式(2-6)和式(2-7)可知 $V_2 > V_1$（因为 $T \leq \rho g$），因此此类消费者也均会额外增加购买量至 $2T$（而不是增加购买量至 T，称这种情况为交叉情景），从而获得两张返券。因此，零售商的期望利润为

$$\pi_{22} = M\mu + M\int_0^{2T} (2T - x)f(x)\mathrm{d}x - (1 - M)\int_0^{b} 2rgf(x)\mathrm{d}x$$

这种情景和提供单个返券点 $T' = 2T$ 且返券面值为 $g' = 2g$ 的情景是一样的。因此，零售商如果想要提供两张返券，最优的策略就是不能出现交叉情景，即满足 $T < 2T - \rho g$。

2.2.4　任意数量的返券

依此类推，当零售商提供 n 张返券时，在没有交叉情景出现的情况下 $(iT < (i+1)T - \rho g)$，消费者的购买行为如图 2-4 所示。

图 2-4　n 个返券点下的消费者购买行为

零售商提供 n 张返券时的零售商期望利润为

$$\pi_n = M\mu + M\sum_{i=1}^{n}\int_{iT-\rho g}^{iT}(iT-x)f(x)\,\mathrm{d}x-(1-M)$$

$$\cdot\left[\sum_{i=1}^{n-1}\int_{iT-\rho g}^{(i+1)T-\rho g}irgf(x)\,\mathrm{d}x+\int_{nT-\rho g}^{b}nrgf(x)\,\mathrm{d}x\right] \tag{2-8}$$

零售商的目的是发现最优的返券促销策略，即提供多少张返券、返券点的购买量是多少、返券面值多大，也就是决策最优的 n^*、T^* 和 g^*。

2.2.5　最优返券策略分析

1. 一般分布

首先讨论不给定消费者计划购买量 x 服从具体分布的情况下零售商的返券策略，根据零售商利润函数 (2-8) 求解模型，得到下述命题 2.1。

命题 2.1　如果零售商平均利润率 $M\leqslant\dfrac{r}{r+\rho}$，那么零售商的最优策略是不提供返券，即 $g^*=0$。

证明　根据式 (2-8)，求 π_n 关于 g 的一阶偏导数，得到

$$\frac{\partial\pi_n}{\partial g}=\left[\sum_{i=1}^{n}f(iT-\rho g)\right]\rho g\big[\rho M-r(1-M)\big]-r(1-M)\sum_{i=1}^{n}\big[1-F(iT-\rho g)\big]$$

当 $M\leqslant\dfrac{r}{r+\rho}$ 时，可知 $\rho M-r(1-M)\leqslant 0$，则有 $\dfrac{\partial\pi_n}{\partial g}<0$，所以 $g^*=0$。因此，零售商最优策略是不提供返券。

令 $\tilde{M}\equiv\dfrac{r}{r+\rho}=\dfrac{1-\alpha}{2-\alpha}$，定义 $\tilde{M}$ 为临界利润率。由命题 2.1 可知，当零售商的平均利润率低于 $\tilde{M}$ 时，零售商提供返券相对于不提供返券则不会增加利润；如果零售商的平均利润率高于 $\tilde{M}$，那么零售商提供返券可能提高利润，也可能不会。因此，临界利润率可以视为零售商实施返券促销的边界条件的下界。在临界利润率以下，零售商不会实施返券促销；超过该阈值，零售商将可能会实施返券促销。由图 2-5 可以直观地发现，$\tilde{M}$ 随着 α 增大而减小，即消费者为获得返券增加购买商品的价值系数越大，零售商提供返券的边界条件的下限越小，即门槛越低。对

于利润较低的零售商，如经营日用百货的小型杂货店，消费者对增加购买商品的价值系数 α 可能非常高，为 0.7～0.95。但即使该价值系数 $\alpha = 0.8$，零售商的利润率至少为 $\tilde{M} = 16.7\%$ 时，发放返券才可能提高盈利能力。另外，对于利润率超过 40% 的零售商，即使消费者对增加购买商品的价值系数低至 $\alpha = 0.33$，发放返券也可能增加盈利性。这就解释了小型杂货店很少为单次购买提供返券，而返券在大型百货商店更为常见的原因。同时，一个有趣的现象是：$\tilde{M}$ 与返券兑换率无关。

命题 2.1 虽然给出了零售商提供返券促销的边界条件，但该条件并不是一个绝对的是否实施返券促销的分界条件。因为当 $\tilde{M} > \dfrac{1-\alpha}{2-\alpha}$ 时，零售商有可能提供返券，也有可能不提供返券反而是最优的。在不给定具体分布的前提下，不能给出零售商的最优返券点和最优返券面值。因此，接下来介绍三个具体的需求分布(均匀分布、指数分布和正态分布)，对零售商的返券促销策略进行更加详细的分析。

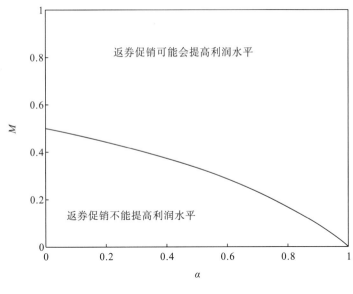

图 2-5　临界利润率曲线

2. 均匀分布

命题 2.2 假设消费者的计划购买量 x 在区间 $[0, b]$ 上服从均匀分布，零售商的最优返券策略为：当 $M \leqslant \dfrac{2r}{2r+\rho}$ 时，零售商不提供返券；当 $M > \dfrac{2r}{2r+\rho}$ 时，零售商提供返券，最优返券点数量 $n^* = 1$ (即只提供一张返券)、最优返券点 $T^* = b$、最优返券面值 $g^* = \dfrac{b}{\rho}$。

证明 因为 $x \sim U[0,b]$，那么其密度函数为 $f(x) = 1/b$，所以式(2-8)可简化为

$$\pi_n(T,g,n) = \frac{1}{2b}\left\{b^2 M + Mn\rho^2 g^2 - rg(1-M)\left[2nb + 2n\rho g - (n^2+n)T\right]\right\} \quad (2-9)$$

根据式(2-9)，求 $\pi_n(T,g,n)$ 关于 T 的一阶导数，得到

$$\frac{\partial \pi_n(T,g,n)}{\partial T} = \frac{1}{2b}[n(n+1)(1-M)rg]$$

对于任意 $g > 0$，均有 $\dfrac{\partial \pi_n(T,g,n)}{\partial T} \geqslant 0$，因此 π_n 是关于 T 的增函数。又因 $nT \leqslant b$，所以 $T^* = \dfrac{b}{n}$。将 $T^* = \dfrac{b}{n}$ 代入式(2-9)得到

$$\pi_n\left(T^*,g,n\right) = \frac{1}{2b}\left\{b^2 M + Mn\rho^2 g^2 - rg(1-M)\left[(n-1)b + 2n\rho g\right]\right\} \quad (2-10)$$

根据式(2-10)，求 $\pi_n(T^*,g,n)$ 关于 g 的一阶和二阶偏导数，得到

$$\frac{\partial \pi_n\left(T^*,g,n\right)}{\partial g} = \frac{n\rho g\left[\rho M - 2r(1-M)\right]}{b} - \frac{r(n-1)(1-M)}{2}$$

$$\frac{\partial^2 \pi_n\left(T^*,g,n\right)}{\partial g^2} = \frac{n\rho\left[\rho M - 2r(1-M)\right]}{b}$$

(1)当 $M \leqslant \dfrac{2r}{2r+\rho}$ 时，可知 $\dfrac{\partial \pi_n(T^*,g,n)}{\partial g} \leqslant 0$，因此最优 $g^* = 0$。

(2)当 $M > \dfrac{2r}{2r+\rho}$ 时，可知 $\dfrac{\partial^2 \pi_n(T^*,g,n)}{\partial g^2} > 0$，则 $\pi_n(T^*,g,n)$ 是关于 g 的凸函数。又因为 $0 \leqslant g \leqslant \dfrac{T^*}{\rho} = \dfrac{b}{n\rho}$，令

$$\Delta \pi_n = \pi_n(T^*,g,n)\Big|_{g=b/(n\rho)} - \pi_n(T^*,g,n)\Big|_{g=0} = \frac{b\left[\rho M - r(n+1)(1-M)\right]}{2n\rho}$$

当 $\dfrac{2r}{2r+\rho} < M \leqslant \dfrac{(n+1)r}{(n+1)r+\rho}$ 时，$\Delta \pi_n \leqslant 0$，所以 $g^* = 0$；当 $M > \dfrac{(n+1)r}{(n+1)r+\rho}$ 时，$\Delta \pi_n > 0$，所以 $g^* = \dfrac{b}{n\rho}$。将 $g^* = \dfrac{b}{n\rho}$ 代入式(2-10)得到

$$\pi_n(T^*,g^*,n) = \frac{b\left[Mn\rho + M\rho + (n+1)(1-M)r\right]}{2n\rho} \quad (2-11)$$

根据式(2-11)，求 $\pi_n(T^*,g^*,n)$ 关于 n 的一阶偏导数，得到

$$\frac{\partial \pi_n(T^*,g^*,n)}{\partial n} = -\frac{b\left[\rho M - r(1-M)\right]}{2n^2\rho}$$

因为当 $M > \dfrac{(n+1)r}{(n+1)r+\rho}$ 时，$\dfrac{\partial E\pi_n(T^*,g^*)}{\partial n} < 0$，所以最优返券数量 $n^* = 1$。 ■

命题 2.2 给出了当消费者计划购买量服从均匀分布时，零售商实施返券促销的条件及最优策略。令 $M_{\mathrm{u}} \equiv \dfrac{2r}{2r+\rho} = \dfrac{2(1-\alpha)}{3-2\alpha}$，则 M_{u} 为均匀分布下零售商提供返券促销的临界利润率。当 $M \leqslant M_{\mathrm{u}}$ 时，开展返券促销并不能使零售商利润增加，因此最优策略是不提供返券；当 $M > M_{\mathrm{u}}$ 时，开展返券促销可以使零售商利润增加，因此开展返券促销是有意义的，并且零售商只会提供一张价值为 $b/\rho = b(1-\alpha)/r$ 的返券。同时，M_{u} 是消费者增加购买商品价值系数 α 的减函数，且与均匀分布的参数无关。命题 2.2 还显示，零售商设置的最优返券点为消费者的最大可能计划购买量处，因为本节假定消费者计划购买量 $x \in [0,b]$，并未给定消费者购买约束，因此可以认为返券能够推动区间 $x \geqslant T - \rho g$ 的消费者增加购买量至最大计划购买量处，即 b 点处。

接下来通过比较静态分析，考察相关因素对最优返券面值和零售商最优期望利润的影响情况。

推论 2.1　当消费者计划购买量服从均匀分布时，最优返券面值 g^* 将随着返券兑换率 r 和消费者增加购买商品价值系数 α 的增大（减小）而减小（增大）。

证明　根据命题 2.2，得到 $g^* = \dfrac{b}{\rho} = \dfrac{b(1-\alpha)}{r}$。分别求 g^* 关于 r 和 α 的一阶偏导数，可知 $\dfrac{\partial g^*}{\partial r} = -\dfrac{-b(1-\alpha)}{r^2} < 0$ 和 $\dfrac{\partial g^*}{\partial \alpha} = -\dfrac{b}{r} < 0$。∎

推论 2.1 显示，最优返券面值 g^* 是返券兑换率 r 和消费者增加购买商品价值系数 α 的减函数，其原因是返券推动系数 ρ 是随 r 和 α 递增的，当 ρ 增大时，一个较小面值的返券就可以促使消费者增加购买量到 b。推论 2.1 也表明，当零售商预期消费者兑换返券的概率较大时，可以降低返券面值的设定；同样，当消费者为获得返券而额外增加购买商品的价值系数越高时，零售商也可以设定较低的返券面值以实现促销盈利的目的。这一结论比较符合经济学直觉。返券兑换率高，说明消费者在促销期受返券促销的激励作用越大，则消费者希望获得返券的动机就越强，也就意味着同等大小的返券此时可以吸引更多的消费者参与到促销活动中，据此商家就可以降低最优返券面值的设定而达到同样的效果；同样，消费者增加购买商品价值的系数越高，表明消费者每增加单位商品的购买所得到的总效用越大，这意味着消费者增加购买商品更加容易，此时对于零售商来说以相对较小的返券面值刺激消费，就能够实现促销的目的。

推论 2.2　当消费者计划购买量服从均匀分布时，零售商提供返券时的最优期望利润 π^* 随着平均利润率 M 和增加商品购买价值系数 α 的增大（减小）而增大（减小），而与返券兑换率 r 无关。

证明　根据命题 2.2，将 T^*、g^* 和 n^* 代入式 (2-8)，得到零售商的最优期望利润为 $\pi^* = b[M(2-\alpha) - 1 + \alpha]$。分别求 π^* 关于 M 和 α 的一阶导数，可以得到

$$\frac{\partial \pi^*}{\partial M} = b(2-\alpha) > 0 \text{ 和 } \frac{\partial \pi^*}{\partial \alpha} = b(1-M) > 0 \text{。} \qquad \blacksquare$$

推论 2.2 表明，当消费者计划购买量服从均匀分布时，零售商的最优期望利润与一篮子产品的平均利润率和消费者增量购买商品的价值系数正相关，而与消费者的返券兑换率不相关。因此，零售商在实施返券促销时尽可能选择利润率较高的产品，同时考虑能够给消费者带来更高边际价值的产品。尽管返券兑换率不会影响零售商的期望利润，但是会对返券面值的决策产生影响，所以零售商实施返券促销时还是要密切关注消费者兑换返券的可能性。

3. 指数分布

命题 2.3 假设消费者的计划购买量 x 服从参数为 λ $(\lambda > 0)$ 的指数分布并且 $x \in [0, b]$，零售商的最优返券策略为：当 $M \leqslant \dfrac{b\lambda r(e^{b\lambda} - 1)}{\rho - b\lambda r + e^{b\lambda}[b\lambda(r+\rho) - \rho]}$ 时，零售商不提供返券；当 $M > \dfrac{b\lambda r(e^{b\lambda} - 1)}{\rho - b\lambda r + e^{b\lambda}[b\lambda(r+\rho) - \rho]}$ 时，零售商提供返券，最优返券数量 $n^* = 1$、最优返券点 $T^* = b$、最优返券面值 $g^* = b/\rho$。

证明 若 x 服从指数分布(因为消费者的最大购买量为 $b > 0$，所以使用截尾指数分布概率密度函数)，那么 x 的密度函数为 $f_T(X \mid 0 < X < b) = \dfrac{f(x)}{\int_0^b f(x)\,dx} = $

$\dfrac{\lambda e^{-\lambda x}}{1 - e^{-b\lambda}}$，同理等式 (2-8) 可以写为

$$\begin{aligned}
\pi_n &= M\mu + M\left[\sum_{i=1}^{n} \int_{ig-\rho \Gamma}^{ig} (ig - x) f_T(x)\,dx\right] - (1-M)r\Gamma\left[\sum_{i=1}^{n-1} \int_{ig-\rho \Gamma}^{(i+1)g-\rho \Gamma} if_T(x)\,dx + \int_{ng-\rho \Gamma}^{b} nf_T(x)\,dx\right] \\
&= \frac{\left(n - e^{\lambda g\rho}\sum_{i=1}^{n} e^{\lambda(b-iT)}\right)gr\lambda + M\left\{e^{b\lambda} - 1 - b\lambda - ngr\lambda + \sum_{i=1}^{n} e^{(b-iT)\lambda} + e^{\lambda g\rho}\sum_{i=1}^{n} e^{(b-iT)\lambda}\left[g\lambda(r+\rho) - 1\right]\right\}}{(e^{b\lambda} - 1)\lambda}
\end{aligned}$$
$$\tag{2-12}$$

根据式 (2-12) 求 π_n 关于 g 的一阶和二阶偏导数，可得

$$\frac{\partial \pi_n}{\partial g} = \frac{1}{e^{b\lambda} - 1}\left[\sum_{i=1}^{n}(1 - e^{\lambda(b-iT+\rho g)})(1-M)r + \sum_{i=1}^{n} e^{\lambda(b-iT+\rho g)}[M\rho - (1-M)r]\rho g\lambda\right] \tag{2-13}$$

$$\frac{\partial^2 \pi_n}{\partial g^2} = \frac{e^{\lambda(b-nT+\rho g)}}{e^{b\lambda} - 1}\sum_{i=1}^{n} e^{(i-1)T\lambda}\lambda\rho\{[M\rho - (1-M)r]\rho g\lambda + M\rho - 2(1-M)r\} \tag{2-14}$$

(1) 当 $M \leqslant \dfrac{r}{r+\rho}$ 时，由式 (2-13) 可知 $\dfrac{\partial \pi_n}{\partial g} < 0$，则 π_n 是 g 的减函数，因此 $g^* = 0$。

(2) 当 $\dfrac{r}{r+\rho} < M \leqslant \dfrac{2r}{2r+\rho}$ 时，令 $\dfrac{\partial^2 \pi_n}{\partial g^2} = 0$，由式 (2-14) 可得 $\hat{g} = \dfrac{2(1-M)r - M\rho}{[M\rho - (1-M)r]\rho\lambda} > 0$。① 当 $0 \leqslant g \leqslant \hat{g}$ 时，由式 (2-14) 可得 $\dfrac{\partial^2 E\pi_n}{\partial g^2} \in \left[\dfrac{e^{(b-nT)\lambda}(e^{nT\lambda} - 1)\lambda\rho[M\rho - 2(1-M)r]}{(e^{T\lambda} - 1)(e^{b\lambda} - 1)}, 0\right]$。因此 $\dfrac{\partial^2 E\pi_n}{\partial g^2} \leqslant 0$，则 π_n 是在区间 $[0, \hat{g}]$ 关于 g 的凹函数。由式 (2-13) 可得，当 $g = 0$ 时，$\left.\dfrac{\partial \pi_n}{\partial g}\right|_{g=0} = \dfrac{\sum\limits_{i=1}^{n}(1 - e^{\lambda(b-iT)})(1-M)r}{e^{b\lambda} - 1} < 0$。由此可知，当 $g \in [0, \hat{g}]$ 时，π_n 是关于 g 的减函数，因此 $g^* = 0$。②当 $g > \hat{g}$ 时，由式 (2-14) 可知 $\dfrac{\partial^2 \pi_n}{\partial g^2} > 0$，则 π_n 在此区间是关于 g 的凸函数。因此，当 $g > \hat{g}$ 时，最优的 g 取决于 $\left.\pi_n\right|_{g=\hat{g}}$ 和 $\left.\pi_n\right|_{g=T/\rho}$ 的大小(因为根据假设 $nT - \rho g \geqslant (n-1)T$，所以有 $g \leqslant \dfrac{T}{\rho}$)。因此，当 $\dfrac{r}{r+\rho} < M \leqslant \dfrac{2r}{2r+\rho}$ 时，π_n 最大化时对应的最优返券面值 g 的取值为 $g = \dfrac{T}{\rho}$ 或 $g = 0$。

(3) 当 $M > \dfrac{2r}{2r+\rho}$ 时，由式 (2-14) 可知 $\dfrac{\partial^2 \pi_n}{\partial g^2} > 0$，则 π_n 是关于 g 的凸函数。

综合 (2) 和 (3) 的分析结果，可得：当 $M > \dfrac{r}{r+\rho}$ 时，π_n 最大化时对应的最优返券面值 g 的取值为 $g = \dfrac{T}{\rho}$ 或 $g = 0$，结果取决于 $\left.\pi_n\right|_{g=0}$ 和 $\left.\pi_n\right|_{g=T/\rho}$ 哪个值大。令 $\Delta \pi_n = \left.\pi_n\right|_{g=T/\rho} - \left.\pi_n\right|_{g=0}$，由式 (2-12) 可得

$$\Delta \pi_n = \dfrac{T\lambda\left(n - e^{b\lambda}\sum\limits_{i=1}^{n}e^{-(i-1)T\lambda}\right)(1-M)r + e^{b\lambda}\left(T\lambda\sum\limits_{i=1}^{n}e^{-(i-1)T\lambda} - 1 + e^{-nT\lambda}\right)M\rho}{(e^{b\lambda} - 1)\lambda\rho}$$

可知，当 $T\lambda\left(n - e^{b\lambda}\sum\limits_{i=1}^{n}e^{-(i-1)T\lambda}\right)(1-M)r + e^{b\lambda}\left(T\lambda\sum\limits_{i=1}^{n}e^{-(i-1)T\lambda} - 1 + e^{-nT\lambda}\right)M\rho > 0$ 时，$\Delta \pi_n > 0$，此时最优返券面值 $g^* - T/\rho$，否则 $g^* = 0$。

将 $g^* = T/\rho$ 代入式 (2-12)，可得

$$\pi_n(g^*) = \dfrac{M\rho(e^{(b-nT)\lambda} - b\lambda - 1) + T\lambda\left\{e^{b\lambda}\sum\limits_{i=1}^{n}e^{-(i-1)T\lambda}[M\rho - (1-M)r] + n(1-M)r\right\}}{(e^{b\lambda} - 1)\lambda\rho}$$

$$(2\text{-}15)$$

由式 $(2\text{-}15)$，求 $\pi_n(g^*)$ 关于 T 的一阶偏导数，可得

$$\frac{\partial \pi_n(g^*)}{\partial T} =$$

$$\frac{\left(n - e^{b\lambda}\sum\limits_{i=1}^{n} e^{-(i-1)T\lambda}\right)(1-M)r + T\lambda\sum\limits_{i=1}^{n-1}(i e^{(b-iT)\lambda})(1-M)r + e^{b\lambda}\left\{\sum\limits_{i=1}^{n-1}[(1-iT\lambda)e^{-iT\lambda}] + 1 - n e^{-nT\lambda}\right\}M\rho}{(e^{b\lambda}-1)\rho}$$

由于 $T\lambda\left(n - e^{b\lambda}\sum\limits_{i=1}^{n} e^{-(i-1)T\lambda}\right)(1-M)r + e^{b\lambda}\left(T\lambda\sum\limits_{i=1}^{n} e^{-(i-1)T\lambda} - 1 + e^{-nT\lambda}\right)M\rho > 0$，可以得到

$$\left(n - e^{b\lambda}\sum\limits_{i=1}^{n} e^{-(i-1)T\lambda}\right)(1-M)r > \frac{M\rho}{T\lambda}e^{b\lambda}\left(T\lambda\sum\limits_{i=1}^{n} e^{-(i-1)T\lambda} - 1 + e^{-nT\lambda}\right)$$

因此

$$\frac{\partial \pi_n(g^*)}{\partial T} >$$

$$\frac{e^{b\lambda}\left\{1 - \left[e^{-nT\lambda} + nT\lambda e^{-nT\lambda} + (T\lambda)^2\sum\limits_{i=1}^{n-1}(i e^{-iT\lambda})\right]\right\}M\rho + (T\lambda)^2\sum\limits_{i=1}^{n-1}(i e^{(b-iT)\lambda})(1-M)r}{(e^{b\lambda}-1)\rho T\lambda}$$

$$(2\text{-}16)$$

令 $y = T\lambda$，$R = e^{-ny} + ny e^{-ny} + y^2\sum\limits_{i=1}^{n-1}(i e^{-iy})$，则

$$\frac{\mathrm{d}R}{\mathrm{d}y} = -e^{-ny}y\left(n^2 + \sum\limits_{i=1}^{n-1}\left\{(n-i)e^{iy}[(n-i)y - 2]\right\}\right)$$

可以证明 $\frac{\mathrm{d}R}{\mathrm{d}y} < 0$，因而 R 是关于 y 的单调递减函数。由于 $y=0$ 时，$R=1$，所以当 $y\in(0,\infty)$ 时，$R<1$。从而由式 $(2\text{-}16)$，可得 $\frac{\partial \pi_n(g^*)}{\partial T} > 0$。因此，$\pi_n(g^*)$ 是关于 T 的增函数，从而 $T^* = \dfrac{b}{n}$ 和 $g^* = \dfrac{b}{n\rho}$。

将 T^* 代入式 $(2\text{-}15)$，可得

$$\pi_n(T^*, g^*) = \frac{b\left[e^{\frac{b\lambda}{n}}(e^{b\lambda} - n - 1) + n\right][M\rho - (1-M)r]}{(e^{b\lambda}-1)\left(e^{\frac{b\lambda}{n}} - 1\right)n\rho} \qquad (2\text{-}17)$$

根据式 $(2\text{-}17)$，求 $\pi_n(T^*, g^*)$ 关于 n 的一阶偏导数，可得

$$\frac{\partial \pi_n(T^*, g^*)}{\partial n} = \frac{b e^{\frac{b\lambda}{n}}\left[n\left(1 - e^{\frac{b\lambda}{n}}\right) + b\lambda\right][M\rho - (1-M)r]}{\left(e^{\frac{b\lambda}{n}} - 1\right)^2 n^3 \rho}$$

可以证明 $n\left(1-\mathrm{e}^{\frac{b\lambda}{n}}\right)+b\lambda<0$ ，从而 $\dfrac{\partial\pi_n(T^*,g^*)}{\partial n}<0$ ，因此是 $\pi_n(T^*,g^*)$ 关于 n 的

减函数，则 $n^*=1$、$T^*=b$ 和 $g^*=\dfrac{b}{\rho}$ 。将 n^*、T^*、g^* 一起代入提供返券的条件公

式 $T\lambda\left(n-\mathrm{e}^{b\lambda}\sum\limits_{i=1}^{n}\mathrm{e}^{-(i-1)T\lambda}\right)(1-M)r+\mathrm{e}^{b\lambda}\left(T\lambda\sum\limits_{i=1}^{n}\mathrm{e}^{-(i-1)T\lambda}-1+\mathrm{e}^{-nT\lambda}\right)M\rho>0$ 中，可以将

该条件化简为 $M>\dfrac{b\lambda r(\mathrm{e}^{b\lambda}-1)}{\rho-b\lambda r+\mathrm{e}^{b\lambda}[b\lambda(r+\rho)-\rho]}$ 。∎

命题 2.3 给出了当消费者计划购买量服从指数分布时，零售商实施返券促销的条件及最优策略。令 $M_{\mathrm{e}}\equiv b\lambda r(\mathrm{e}^{b\lambda}-1)/\rho-b\lambda r+\mathrm{e}^{b\lambda}[b\lambda(r+\rho)-\rho]=(1-\alpha)$ $b\lambda(\mathrm{e}^{b\lambda}-1)/\{1-b\lambda(1-\alpha)+\mathrm{e}^{b\lambda}[b\lambda(2-\alpha)-1]\}$ ，则 M_{e} 为指数分布下零售商提供返券促销的临界利润率。当 $M\leqslant M_{\mathrm{e}}$ 时，零售商不进行返券促销；当 $M>M_{\mathrm{e}}$ 时，零售商才会进行返券促销，且只提供一张价值为 $b/\rho=b(1-\alpha)/r$ 的返券。与均匀分布下的临界利润率 M_{u} 相同的是， M_{e} 也是消费者增加购买商品价值系数 α 的减函数；但是，与均匀分布下的临界利润率 M_{u} 不同， M_{e} 与指数分布的参数 λ 和 b 相关。图 2-6 给出了均匀分布和指数分布下的临界利润率的对比情况。通过图 2-6 可以看出，均匀分布下的临界利润率高于指数分布下的临界利润率。

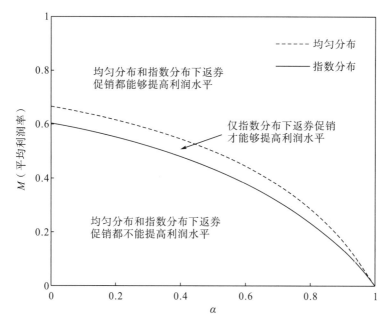

图 2-6   均匀分布和指数分布下的临界利润率曲线（ $\lambda=0.02$ 和 $b=100$ ）

由命题 2.2 和命题 2.3 可以看到，均匀分布和指数分布下，当零售商的平均利率大于临界利润率时，零售商实施返券促销的最优策略是只提供一张返券，且最优返券点 $T^* = b$ 和最优返券面值 $g^* = b / \rho$。这也意味着每一个消费者都将增加购买量到 b 而获得返券。

4. 正态分布

假设消费者的计划购买量 x 服从均值为 μ、方差为 σ^2 的正态分布，且 $x \in [0, b]$（截尾正态分布）。由于在正态分布下，由式 (2-8) 表示的模型运算比较复杂，难以给出理论解的分析，下面将采用数值分析的方式来分析零售商的最优返券策略。为了能直观展示且具有代表性，取 $n = 3$，分别计算零售商提供一张、两张和三张返券时的零售商最优期望利润及其对应的最优返券点和返券面值。针对每种情形，根据表 2-1 中给出的相关参数的组合，分别计算了 189 个最优化问题，相关计算结果平均后呈现在表 2-2 中，其中，π_1^* 为提供一张返券时的零售商最优期望利润，π_2^* 为提供两张返券时的零售商最优期望利润，π_3^* 为提供三张返券时的零售商最优期望利润。下面对比所有参数组合下的三种返券模式对应的期望利润，可以看出：提供两张返券时的最优期望利润大于提供三张返券时的最优期望利润，提供一张返券时的最优期望利润又大于提供两张返券时的最优期望利润。因此，在正态分布条件下零售商实施返券的最优决策为设置一个返券点。

表 2-1 参数取值情况

参数	取值
μ	50
b	100
σ	$\{10, 15, 20\}$
α	$\{0.5, 0.7, 0.9\}$
r	$\{0.4, 0.6, 0.8\}$
M	$\{0.1, 0.2, 0.3, 0.4, 0.5, 0.6, 0.7\}$

表 2-2 零售商最优期望利润

参数	π_1^*	π_2^*	π_3^*
$\sigma = 10$	30.88	23.49	21.63
$\sigma = 15$	30.09	23.24	21.63
$\sigma = 20$	29.53	23.24	21.63
$\alpha = 0.5$	25.96	20.95	20.24
$\alpha = 0.7$	29.35	22.65	21.10
$\alpha = 0.9$	35.18	26.37	23.57

续表

参数	π_1^*	π_2^*	π_3^*
$r = 0.4$	30.17	23.32	21.63
$r = 0.6$	30.17	23.32	21.63
$r = 0.8$	30.17	23.32	21.63
$M = 0.1$	5	5	5
$M = 0.2$	11.19	10	10
$M = 0.3$	18.21	15.78	15.11
$M = 0.4$	26.97	21.88	20.89
$M = 0.5$	37.90	28.45	26.67
$M = 0.6$	49.81	36.18	33.11
$M = 0.7$	62.08	45.98	40.67

接下来，针对零售商提供一张返券时的最优返券点和返券面值的设置情况进行详细分析。表 2-3 给出了部分参数组合下的零售商最优期望利润、最优返券点和最优返券面值。从算例结果可以看出，当平均利润率比较低时（如 $\alpha = 0.5$ 且 $M = 0.3$，平均利润率小于 $\tilde{M} = (1-\alpha)/(2-\alpha)$），零售商的最优策略是不提供返券。从表 2-3 中还可以看出，当消费者的计划购买量服从正态分布时，在零售商提供一张返券的模式下，最优返券点均等于 100，即消费者可能的最大计划购买量 b。这一结果与之前的均匀分布和指数分布所得到的理论分析结果相一致。但是，从表 2-3 的最后一列可以看出，在绝大多数情况下 $T - \rho g^*$ 的值都不为零，这一结果与前面均匀分布和指数分布所得到的 $T - \rho g = 0$ 的结果有所不同。$T - \rho g > 0$ 表明正态分布下返券促销活动不会对所有消费者都产生激励作用，这一结果更加贴近实际。同时，$T - \rho g > 0$ 也表明正态分布的最优返券面值小于 b/ρ。

表 2-3　单一返券下的数值分析

σ	α	r	M	π_1^*	T^*	g^*	$T - \rho g^*$
10	0.5	0.4	0.3	15	—	0	—
10	0.5	0.4	0.6	45.34	100	85.764	31.388
10	0.5	0.8	0.3	15	—	0	—
10	0.5	0.8	0.6	45.34	100	42.882	31.388
10	0.7	0.4	0.3	16.36	100	42.800	42.933
10	0.7	0.4	0.6	50.85	100	54.126	27.832
10	0.7	0.8	0.3	16.36	100	21.400	42.933
10	0.7	0.8	0.6	50.85	100	27.063	27.832
10	0.9	0.4	0.3	24.72	100	17.804	28.783
10	0.9	0.4	0.6	56.77	100	19.365	22.540
10	0.9	0.8	0.3	24.72	100	8.902	28.783

σ	α	r	M	π_1^*	T^*	g^*	$T - \rho g^*$
10	0.9	0.8	0.6	56.77	100	9.683	22.540
15	0.5	0.4	0.3	15	—	0	—
15	0.5	0.4	0.6	43.41	100	94.273	24.581
15	0.5	0.8	0.3	15	—	0	—
15	0.5	0.8	0.6	43.41	100	47.137	24.581
15	0.7	0.4	0.3	15.49	100	40.176	46.433
15	0.7	0.4	0.6	49.49	100	60.972	18.705
15	0.7	0.8	0.3	15.49	100	20.088	46.433
15	0.7	0.8	0.6	49.49	100	30.486	18.704
15	0.9	0.4	0.3	23.95	100	19.936	20.258
15	0.9	0.4	0.6	56.22	100	22.441	10.236
15	0.9	0.8	0.3	23.95	100	9.968	20.257
15	0.9	0.8	0.6	56.22	100	11.221	10.236
20	0.5	0.4	0.3	15	—	0	—
20	0.5	0.4	0.6	41.80	100	101.956	18.435
20	0.5	0.8	0.3	15	—	0	—
20	0.5	0.8	0.6	41.80	100	50.978	18.435
20	0.7	0.4	0.6	48.44	100	67.507	9.991
20	0.7	0.8	0.6	48.44	100	33.753	9.991
20	0.9	0.4	0.3	23.35	100	21.951	12.198
20	0.9	0.4	0.6	56.00	100	25.000	0.00
20	0.9	0.8	0.3	23.35	100	10.975	12.198
20	0.9	0.8	0.6	56.00	100	12.500	0.00

接下来进一步分析最优返券面值与相关参数之间的关系。图 2-7 反映了当消费者计划购买量服从正态分布时，最优返券面值 g^* 与平均利润率 M 、返券兑换率 r 和增加购买商品价值系数 α 之间的关系。图 2-7(a) 显示，当 $M > 0.256$（临界利润率）时，零售商提供返券是最优的，而且最优返券面值 g^* 随着平均利润率 M 的增大而增大。这是因为当商品的平均利润率增大时消费者增加购买量会给零售商带来更高的利润，所以零售商有意愿为消费者提供更大的返券以激励消费者采取扩大购买量的行动。图 2-7(a) 也表明，当消费者的计划购买量服从正态分布时，一般情况下返券推动的消费者最大增加购买量 $\rho g < b$ ；只有当 $M = 1$ 时， $\rho g = b$ 。这个结果不同于均匀分布和指数分布下得到的结论，即当平均利润率超过临界利润率时 $\rho g = b$ 。图 2-7(b) 显示，最优返券面值 g^* 随着返券兑换率 r 的增大而减小，这一结果和均匀分布、指数分布下得到的结论相同。图 2-7(c) 显示了当 M 分别为 0.4、0.5、0.6 和 0.7 时，最优返券面值 g^* 和消费者增加购买商品价值系数 α 之间的关系。可以看到，当 M 足够大（ $M = 0.6$ 和 $M = 0.7$ ）时，即使消费者认为增加购买的商品不产生价

值，零售商提供返券依然可以增加利润，只是此时零售商需提供较大面值的返券。随着消费者增加购买商品价值的增加，零售商将降低返券面值，但是最优的消费者最大增加购买量 ρg^* 却一直是增加的（图 2-7(d)）。当 M 比较小（$M=0.4$ 和 $M=0.5$）时，则需要较大地增加购买商品价值系数 α 才能保证零售商发放返券能够获利。而此时 g^* 可能随着 α 的增大先增大而后减小，但是最优的消费者最大增加购买量 ρg^* 却总是增加的。这告诉人们，当 M 和 α 相对较小时，为了获得足够高的最大增加购买量，就必须提供较大面值的返券；然而，当 α 变得足够大时，零售商可以减小返券面值，这时也能激励足够多的消费者增加其购买量。

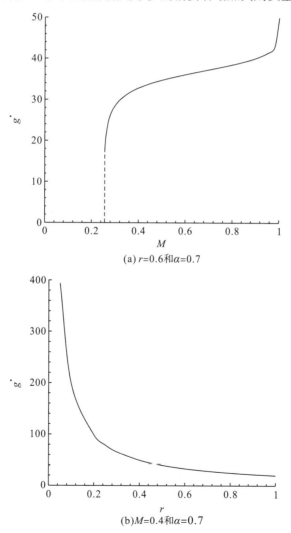

(a) $r=0.6$ 和 $\alpha=0.7$

(b) $M=0.4$ 和 $\alpha=0.7$

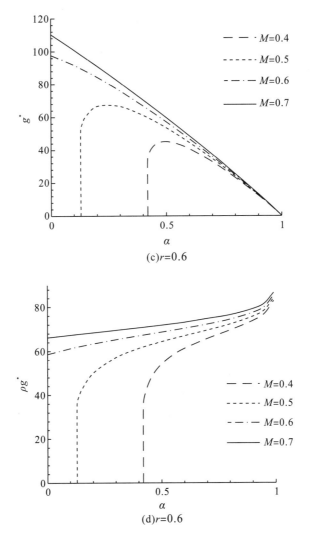

图 2-7　正态分布下的最优返券面值（$\mu=50$、$\sigma=10$ 和 $b=100$）

2.3　有消费支付约束的返券促销

　　在 2.2 节的分析中，得到零售商提供的一张返券是最优的选择。这意味着，即使消费者的计划购买量可能很小，但有了返券的激励，他仍然会花费更多的钱购买额外的商品以获得返券。然而，在实际中消费者可能会限制自己在购物中花费的金额。也就是说，尽管他们可以从增加的支出中受益，但他们会受到实际或自我施加的限制。这可能是实际的资金限制，需要在下个月薪水到来之前节约资金，或者是自我强加的配给和控制策略（Loewenstein，1996）。Wertenbroch（1998）

研究发现，消费者为了避免由于过分消费而导致的超额支出，会自主地缩减购买支出，不论是因金钱上的短缺或是消费者自己心理设定的消费上限。Stilley 等 (2010a，2010b)证明，杂货店购物者确实为每次购物行程制定了心理预算，尽管他们并不总是成功，但他们试图在自我施加的预算约束范围内消费。对于返券，消费者可以基于没有返券时的计划购买量施加相对比例支出的约束，或者对他们愿意超过计划购买量施加固定支出额度的约束。接下来分别研究这两种情景下的零售商返券促销策略。

2.3.1 消费支付约束

一些研究表明，消费者认为 10 元和 20 元之间的差异大于 110 元和 120 元之间的差异(Christensen，1989)。因此，消费者的计划购买量(金额)越大，为获得返券的增量支出就越高。这种约束的形式是：超过计划购买量的增量购买小于或等于原计划购买量的某一比例，即消费者愿意将其购买量最多增加 β 比例。或者，消费者不愿意增加计划购买量的固定比例支出，而是愿意增加不超过固定金额 R 的支出。即消费约束不再是计划购买量的比例，而是高于计划购买量的固定金额。下面研究这两种约束类型对零售商提供的返券数量和面值的影响。

2.3.2 单张返券

1. 固定比例约束

通过 2.2.2 节的分析可以知道，在无消费支付约束的情况下，当零售商设定为购买量达到阈值 T 的消费者提供一张面值为 g 的返券时，计划购买量 x 小于 T 的消费者只要满足 $x \geqslant T - \rho g$ 就会增加其购买量到 T，从而获得返券。但是，如果消费者存在固定比例的消费支付约束，那么消费者增加购买的行为还会受到 $T - x \leqslant \beta x$ 即 $x \geqslant T/(1+\beta)$ 的限制。因此，当消费支付存在固定比例约束时，零售商提供单张返券时的期望利润为

$$\pi_1(T,g) = M\mu + M\int_{\max\left\{T-\rho g,\frac{T}{1+\beta}\right\}}^{T}(T-x)f(x)\,\mathrm{d}x - (1-M)\int_{\max\left\{T-\rho g,\frac{T}{1+\beta}\right\}}^{b}rgf(x)\,\mathrm{d}x \quad (2\text{-}18)$$

除式(2-18)中积分下限存在预算约束，式(2-18)和式(2-5)基本相同。这说明，要想使消费者增加消费文出到 T，零售商不仅要通过提供返券来增加消费者效用，而且还必须使增加购买量控制在消费者预算约束范围内。

消费支付存在固定比例约束时，零售商提供单张返券的最优返券策略如命题 2.4 所示。

命题 2.4 假设消费者的计划购买量 x 在区间 $[0,b]$ 上服从均匀分布，并且其

消费支付约束为增加购买量不超过 β 比例的计划购买量，在零售商最多只提供一张返券的情况下，当 $M \leqslant \dfrac{2r}{2r+\rho}$ 时，零售商的最优策略是不提供返券；当 $M > \dfrac{2r}{2r+\rho}$ 时，零售商提供返券，最优策略是最优返券点 $T^* = b$、最优返券的面值 $g^* = \dfrac{\beta b}{(1+\beta)\rho}$。

证明 当消费支付存在固定比例约束时，有以下两种情景：

(1) 当 $T - \rho g \geqslant \dfrac{T}{1+\beta}$ 时，根据式 (2-18)，零售商的期望利润为

$$\begin{aligned}
\pi_{11}(T,g) &= M\mu + M\int_{T-\rho g}^{T}(T-x)f(x)\mathrm{d}x - (1-M)rg\int_{T-\rho g}^{b}f(x)\mathrm{d}x \\
&= \frac{Mb^2 + M\rho^2 g^2 - 2(1-M)rg(b-T+\rho g)}{2b}
\end{aligned} \tag{2-19}$$

根据式 (2-19)，求 $\pi_{11}(T,g)$ 关于 T 的一阶偏导数，得到

$$\frac{\partial \pi_{11}(T,g)}{\partial T} = \frac{(1-M)rg}{b}$$

对于任意 $g > 0$，均有 $\dfrac{\partial \pi_{11}(T,g)}{\partial T} \geqslant 0$，所以 $\pi_{11}(T,g)$ 是关于 T 的增函数。又因 $T \leqslant b$，所以 $T^* = b$，将 $T^* = b$ 代入式 (2-19) 得到

$$\pi_{11}(T^*,g) = \frac{Mb^2 + M\rho^2 g^2 - 2(1-M)r\rho g^2}{2b} \tag{2-20}$$

根据式 (2-20)，求 $\pi_{11}(T^*,g)$ 关于 g 的一阶偏导数，得到

$$\frac{\partial \pi_{11}(T^*,g)}{\partial g} = \frac{g[M\rho^2 - 2(1-M)r\rho]}{b}$$

根据 $T - \rho g \geqslant \dfrac{T}{1+\beta}$，有 $0 \leqslant g \leqslant \dfrac{\beta T}{(1+\beta)\rho} = \dfrac{\beta b}{(1+\beta)\rho}$。当 $M \leqslant \dfrac{2r}{2r+\rho}$ 时，$\dfrac{\partial \pi_{11}(T^*,g)}{\partial g} \leqslant 0$，则 $\pi_{11}(T^*,g)$ 是关于 g 的减函数，所以 $g^* = 0$。当 $M > \dfrac{2r}{2r+\rho}$ 时，$\dfrac{\partial \pi_{11}(T^*,g)}{\partial g} > 0$，则 $\pi_{11}(T^*,g)$ 是关于 g 的增函数，所以 $g^* = \dfrac{\beta b}{(1+\beta)\rho}$。

(2) 当 $T - \rho g \leqslant \dfrac{T}{1+\beta}$ 时，根据式 (2-18)，零售商的期望利润为

$$\begin{aligned}
\pi_{12}(T,g) &= M\mu + M\int_{\frac{T}{\beta+1}}^{T}(T-x)f(x)\mathrm{d}x - (1-M)rg\int_{\frac{T}{\beta+1}}^{b}f(x)\mathrm{d}x \\
&= \frac{1}{2b}\left[Mb^2 + \frac{M\beta^2 T^2}{(1+\beta)^2} - 2(1-M)rg\left(b - \frac{T}{1+\beta}\right) \right]
\end{aligned} \tag{2-21}$$

根据式 (2-21)，求 $\pi_{12}(T,g)$ 关于 T 的一阶偏导数，得到

$$\frac{\partial \pi_{12}(T,g)}{\partial T} = \frac{MT\beta^2 + g(1-M)r(1+\beta)}{b(1+\beta)^2}$$

对于任意 $g > 0$，均有 $\dfrac{\partial \pi_{12}(T,g)}{\partial T} \geqslant 0$，所以 $\pi_{12}(T,g)$ 是关于 T 的增函数。根据 $T - \rho g \leqslant \dfrac{T}{1+\beta}$ 和 $T \leqslant b$，得到：当 $0 < g \leqslant \dfrac{\beta b}{(1+\beta)\rho}$ 时，$T \leqslant \dfrac{(1+\beta)\rho g}{\beta}$；当 $g > \dfrac{\beta b}{(1+\beta)\rho}$ 时，$T \leqslant b$。所以：

①当 $0 < g \leqslant \dfrac{\beta b}{(1+\beta)\rho}$ 时，$T^* = \dfrac{(1+\beta)g\rho}{\beta}$。将 $T^* = \dfrac{(1+\beta)g\rho}{\beta}$ 代入式 (2-21) 得到

$$\pi_{12}(T^*,g) = \frac{b^2 M\beta - 2bg(1-M)r\beta + g^2\rho[2(1-M)r + M\beta\rho]}{2b\beta} \tag{2-22}$$

根据式 (2-22)，求 $\pi_{12}(T^*,g)$ 关于 g 的二阶导数，得到 $\dfrac{\partial^2 \pi_{12}(T^*,g)}{\partial g^2} = \dfrac{\rho[2(1-M)r + M\beta\rho]}{b\beta} > 0$，所以 $\pi_{12}(T^*,g)$ 是关于 g 的凸函数。令

$$\Delta \pi_{12} = \pi_{12}(T^*,g)\big|_{g=0} - \pi_{12}(T^*,g)\big|_{g=\frac{\beta b}{(1+\beta)\rho}} = \frac{b\beta^2\big[2(1-M)r - M\rho\big]}{2(1+\beta)^2\rho}$$

当 $M \leqslant \dfrac{2r}{2r+\rho}$ 时，$\Delta \pi_{12} \geqslant 0$，所以 $g^* = 0$；当 $M > \dfrac{2r}{2r+\rho}$ 时，$\Delta \pi_{12} < 0$，所以 $g^* = \dfrac{\beta b}{(1+\beta)\rho}$。

②当 $g > \dfrac{\beta b}{(1+\beta)\rho}$ 时，$T^* = b$。将 $T^* = b$ 代入式 (2-21) 得到

$$\pi_{12}(T^*,g) = \frac{1}{2b}\left[Mb^2 + \frac{M\beta^2 b^2}{(1+\beta)^2} - 2(1-M)rg\frac{\beta b}{1+\beta}\right] \tag{2-23}$$

根据式 (2-23)，求 $\pi_{12}(T^*,g)$ 关于 g 的一阶偏导数，得到 $\dfrac{\partial \pi_{12}(T^*,g)}{\partial g} = -\dfrac{(1-M)r\beta}{1+\beta} < 0$，所以 $\pi_{12}(T^*,g)$ 是关于 g 的减函数，$g^* = \dfrac{\beta b}{(1+\beta)\rho}$。

综合 (1) 和 (2) 的分析结果，得到命题 2.4。∎

对比命题 2.4 和命题 2.2 可以看出，消费支付存在固定比例约束时零售商发放返券的条件与无约束时的条件是一样的，均为 $M > \dfrac{2r}{2r+\rho}$，且最优返券点也是相同的，这说明消费支付约束并不会改变零售商实施返券的基本条件。但是，消费支付

存在固定比例约束时的最优返券面值与无约束时的最优返券面值不同, 消费支付存在固定比例约束时的最优返券面值 $\dfrac{\beta b}{(1+\beta)\rho}$ 小于无约束时的最优返券面值 $\dfrac{b}{\rho}$, 这也意味着因为消费支付约束会限制返券的激励作用, 所以零售商不会发放较大面额的返券。同时, 命题 2.4 也表明, 存在消费支付约束时的最优返券面值会随着比例系数 β 的增大而增大, 当 β 趋于无穷大时则趋近于无约束时的最优返券面值。

2. 固定金额约束

固定金额形式的消费支付约束意味着消费者为获得返券的增加购买量不得超过某一常数, 记为 R , 并且满足 $R<b$ 。若 $R \geqslant b$, 则问题简化为无消费约束的情形。在固定金额约束 R 的约束下, 消费者增加购买量必须满足条件 $T-x \leqslant R$, 即 $x \geqslant T-R$ 。因此, 类似于固定比例约束, 零售商提供一张返券时的期望利润为

$$\pi_1(T,g)=M\mu+M\int_{\max\{T-\rho g,T-R\}}^{T}(T-x)f(x)\mathrm{d}x-(1-M)rg\int_{\max\{T-\rho g,T-R\}}^{b}f(x)\mathrm{d}x \quad (2\text{-}24)$$

消费支付存在固定金额约束时, 零售商提供一张返券的最优返券策略如命题 2.5 所示。

命题 2.5 假设消费者的计划购买量 x 在区间 $[0,b]$ 上服从均匀分布, 并且消费支付约束为增加购买量不超过固定常数 R , 在零售商最多只提供一张返券的情况下, 当 $M \leqslant \dfrac{2r}{2r+\rho}$ 时, 零售商的最优策略是不提供返券; 当 $M > \dfrac{2r}{2r+\rho}$ 时, 零售商提供返券, 最优策略是最优返券点 $T^*=b$ 、最优返券面值 $g^*=\dfrac{R}{\rho}$ 。

证明 当消费支付存在固定金额约束时, 有以下两种情景:
(1)当 $T-\rho g \geqslant T-R$, 即 $\rho g \leqslant R$ 时, 根据式 (2-24), 零售商的期望利润为

$$\pi_{11}(T,g)=M\mu+M\int_{T-\rho g}^{T}(T-x)f(x)\mathrm{d}x-(1-M)rg\int_{T-\rho g}^{b}f(x)\mathrm{d}x$$

$$=\frac{Mb^2+M\rho^2g^2-2(1-M)rg(b-T+\rho g)}{2b}$$

此利润函数与固定比例约束时的利润函数 (2-19) 相同, 与命题 2.4 的分析与证明类似, 得到最优返券点 $T^*=b$, 最优返券面值为: 当 $M \leqslant \dfrac{2r}{2r+\rho}$ 时, $g^*=0$;

当 $M > \dfrac{2r}{2r+\rho}$ 时, $g^*=\dfrac{R}{\rho}$ 。

(2)当 $T-\rho g \leqslant T-R$, 即 $\rho g \geqslant R$ 时, 根据式 (2-24), 零售商的期望利润为

$$\pi_{12}(T,g)=M\mu+M\int_{T-R}^{T}(T-x)f(x)\mathrm{d}x-(1-M)rg\int_{T-R}^{b}f(x)\mathrm{d}x$$

$$=\frac{Mb^2+MR^2-2(1-M)rg(b-T+R)}{2b} \quad\quad (2\text{-}25)$$

根据式(2-25)，求 $\pi_{12}(T,g)$ 关于 T 的一阶导数，得到

$$\frac{\partial \pi_{12}(T,g)}{\partial T} = \frac{g(1-M)r}{b}$$

对于任意 $g > 0$，均有 $\frac{\partial \pi_{12}(T,g)}{\partial T} \geq 0$，所以 $\pi_{12}(T,g)$ 是关于 T 的增函数。又因 $T \leq b$，故 $T^* = b$，将 $T^* = b$ 代入式(2-25)并求 $\pi_{12}(T^*,g)$ 关于 g 的一阶偏导数，得到

$$\frac{\partial \pi_{12}(T^*,g)}{\partial g} = -\frac{(1-M)rR}{b}$$

由于 $\frac{\partial \pi_{12}(T^*,g)}{\partial g} \leq 0$，则 $\pi_{12}(T^*,g)$ 为关于 g 的减函数，所以 $g^* = \frac{R}{\rho}$。

综合(1)和(2)的分析结果，得到命题 2.5。∎

命题 2.5 表明，在零售商只提供一张返券的情况下，消费支付存在固定金额约束的最优返券策略与存在固定比例约束的最优返券策略相似，只是最优返券面值中的 $\frac{\beta b}{1+\beta}$ 被替换为了 R。

2.3.3 两张返券

1. 固定比例约束

在消费支付固定比例约束下，如果零售商计划提供两张返券，即单次购买量超过 T 的消费者会获得一张面值为 g 的返券，单次购买量超过 $2T$ 的消费者会获得两张面值为 g 的返券，那么消费者的购买行为将受到 $T - \rho g$、$T/(1+\beta)$、T、$2T - \rho g$、$2T/(1+\beta)$ 等之间关系大小的影响。表 2-4 给出了消费支付固定比例约束下，零售商提供两张返券时消费者的购买行为。

表 2-4 提供两张返券时固定比例约束下的消费者购买行为

情景	条件	计划购买量 x	消费者购买行为	
			实际购买量	获得返券数量
I	$\rho g < \dfrac{\beta T}{1+\beta}$	$[0, T-\rho g]$	x	0
		$[T-\rho g, T]$	T	1
		$[T, 2T-\rho g]$	x	1
		$[2T-\rho g, 2T]$	$2T$	2
		$[2T, b]$	x	2

情景	条件	计划购买量 x	消费者购买行为	
			实际购买量	获得返券数量
II	$\beta \leq 1$ 且 $\dfrac{\beta T}{1+\beta} \leq \rho g < \dfrac{2\beta T}{1+\beta}$ 或 $\beta > 1$ 且 $\dfrac{\beta T}{1+\beta} \leq \rho g < T$	$[0, T/(1+\beta)]$	x	0
		$[T/(1+\beta), T]$	T	1
		$[T, 2T-\rho g]$	x	1
		$[2T-\rho g, 2T]$	$2T$	2
		$[2T, b]$	x	2
III	$\beta \leq 1$ 且 $\rho g \geq \dfrac{2\beta T}{1+\beta}$	$[0, T/(1+\beta)]$	x	0
		$[T/(1+\beta), T]$	T	1
		$[T, 2T/(1+\beta)]$	x	1
		$[2T/(1+\beta), 2T]$	$2T$	2
		$[2T, b]$	x	2
IV	$\beta > 1$ 且 $T \leq \rho g$	$[0, T/(1+\beta)]$	x	0
		$[T/(1+\beta), 2T/(1+\beta)]$	T	1
		$[2T/(1+\beta), 2T]$	$2T$	2
		$[2T, b]$	x	2

命题 2.6 假设消费者的计划购买量 x 在区间 $[0, b]$ 上服从均匀分布,并且其消费支付约束为不得超过 β 比例的计划购买量,在最多只提供两张返券的情况下,零售商的最优返券促销策略如下:

(1) 当 $M \leq \dfrac{2(1-\alpha)}{3-2\alpha}$ 时,零售商不提供返券;

(2) 当 $\beta \leq 1$ 且 $\dfrac{2(1-\alpha)}{3-2\alpha} < M \leq \dfrac{4(1-\alpha)(1+2\beta)}{4+9\beta-\alpha(4+8\beta)}$,或 $\beta > 1$ 且 $\dfrac{2(1-\alpha)}{3-2\alpha} <$

$M \leq \dfrac{2(1-\alpha)(1+5\beta)}{1+12\beta-2\alpha(1+5\beta)}$ 时,零售商提供一张返券,最优返券点 $T^* = b$ 和最优返

券面值 $g^* = \dfrac{\beta b}{(1+\beta)\rho}$;

(3) 当 $\beta \leq 1$ 且 $M > \dfrac{4(1-\alpha)(1+2\beta)}{4+9\beta-\alpha(4+8\beta)}$ 时,零售商提供两张返券,最优返券点

$T^* = \dfrac{b}{2}$ 和最优返券面值 $g^* = \dfrac{\beta b}{(1+\beta)\rho}$ ；

(4) 当 $\beta > 1$ 且 $M > \dfrac{2(1-\alpha)(1+5\beta)}{1+12\beta-2\alpha(1+5\beta)}$ 时，零售商提供两张返券，最优返券

点 $T^* = \dfrac{b}{2}$ ，最优返券面值 $g^* = \dfrac{b}{2\rho}$ 。

证明 基于表 2-4 中的四种情景，分别进行模型求解。

(1) 情景 I：当 $\rho g < \dfrac{\beta T}{1+\beta}$ 时，零售商的期望利润为

$$
\begin{aligned}
\pi_{21}(T,g) = {} & M\mu + M\int_{T-\rho g}^{T}(T-x)f(x)\mathrm{d}x + M\int_{2T-\rho g}^{2T}(2T-x)f(x)\mathrm{d}x \\
& - (1-M)rg\left[\int_{T-\rho g}^{2T-\rho g}f(x)\mathrm{d}x + \int_{2T-\rho g}^{b}2f(x)\mathrm{d}x\right] \qquad (2\text{-}26) \\
= {} & \frac{Mb^2 + 2M\rho^2 g^2 - 2(1-M)rg(2b-3T+2\rho g)}{2b}
\end{aligned}
$$

根据式 (2-26)，求 $\pi_{21}(T,g)$ 关于 T 的一阶偏导数，得到 $\dfrac{\partial \pi_{21}(T,g)}{\partial T} = \dfrac{3(1-M)rg}{b} > 0$ ，所以 $\pi_{21}(T,g)$ 是关于 T 的增函数。又因为 $2T \leqslant b$ ，所以 $T^* = \dfrac{b}{2}$ 。

将 $T^* = \dfrac{b}{2}$ 代入式 (2-26)，并求 $\pi_{21}(T^*,g)$ 关于 g 的一阶和二阶偏导数，得到

$$
\frac{\partial \pi_{21}(T^*,g)}{\partial g} = \frac{4M\rho^2 g - (1-M)r(b+8\rho g)}{2b}
$$

$$
\frac{\partial^2 \pi_{21}(T^*,g)}{\partial g^2} = \frac{2M\rho^2 - 4(1-M)r\rho}{b}
$$

根据 $\rho g < \dfrac{\beta T}{1+\beta}$ ，有 $0 \leqslant g \leqslant \dfrac{\beta T}{(1+\beta)\rho} = \dfrac{\beta b}{2(1+\beta)\rho}$ 。当 $M \leqslant \dfrac{2r}{2r+\rho}$ 时，$\dfrac{\partial \pi_{21}(T^*,g)}{\partial g} < 0$ ，则 $\pi_{21}(T^*,g)$ 是关于 g 的减函数，所以 $g^* = 0$ 。当 $M > \dfrac{2r}{2r+\rho}$ 时，$\dfrac{\partial^2 \pi_{21}(T^*,g)}{\partial g^2} > 0$ ，则 $\pi_{21}(T^*,g)$ 是关于 g 的凸函数。令

$$
\Delta\pi_{21} = \pi_{21}(T^*,g)\big|_{g=0} - \pi_{21}(T^*,g)\big|_{g=\frac{\beta b}{2(1+\beta)\rho}} = \frac{b\beta[(1-M)r(1+3\beta)-M\beta\rho]}{4(1+\beta)^2\rho}
$$

当 $\dfrac{2r}{2r+\rho} < M \leqslant \dfrac{r(1+3\beta)}{r(1+3\beta)+\beta\rho}$ 时，$\Delta\pi_{21} \geqslant 0$ ，所以 $g^* = 0$ ；当 $M > \dfrac{r(1+3\beta)}{r(1+3\beta)+\beta\rho}$ 时，$\Delta\pi_{21} < 0$ ，所以 $g^* = \dfrac{\beta b}{2(1+\beta)\rho}$ 。

综上分析得到情景 I 的最优结果：当 $M \leqslant \dfrac{r(1+3\beta)}{r(1+3\beta)+\beta\rho}$ 时，$g^* = 0$；当

$M > \dfrac{r(1+3\beta)}{r(1+3\beta)+\beta\rho}$ 时，$T^* = \dfrac{b}{2}$ 和 $g^* = \dfrac{\beta b}{2(1+\beta)\rho}$。

(2)情景 II：当 $\beta \leqslant 1$ 且 $\dfrac{\beta T}{1+\beta} \leqslant \rho g < \dfrac{2\beta T}{1+\beta}$，或 $\beta > 1$ 且 $\dfrac{\beta T}{1+\beta} \leqslant \rho g < T$ 时，零

售商的期望利润为

$$
\begin{aligned}
\pi_{22}(T,g) ={}& M\mu + M\int_{\frac{T}{1+\beta}}^{T}(T-x)f(x)\mathrm{d}x + M\int_{2T-\rho g}^{2T}(2T-x)f(x)\mathrm{d}x \\
& -(1-M)rg\left[\int_{\frac{T}{1+\beta}}^{2T-\rho g}f(x)\mathrm{d}x + \int_{2T-\rho g}^{b}2f(x)\mathrm{d}x\right] \\
={}& \frac{1}{2b(1+\beta)^2}\{MT^2\beta^2 + b^2M(1+\beta)^2 - 4brg(1-M)(1+\beta)^2 \\
& + 2(1-M)rgT(3+5\beta+2\beta^2) + g^2(1+\beta)^2\rho[M\rho - 2(1-M)r]\}
\end{aligned}
\tag{2-27}
$$

根据式 (2-27)，求 $\pi_{22}(T,g)$ 关于 T 的一阶偏导数，得到 $\dfrac{\partial \pi_{22}(T,g)}{\partial T} = $

$\dfrac{TM\beta^2 + (1-M)rg(3+5\beta+2\beta^2)}{b(1+\beta)^2} > 0$，所以 $\pi_{22}(T,g)$ 是关于 T 的增函数。由于 $\beta \leqslant 1$

和 $\beta > 1$ 时的条件不同，接下来分两种情况分别讨论。

① 当 $\beta \leqslant 1$ 时，根据 $\dfrac{\beta T}{1+\beta} \leqslant \rho g < \dfrac{2\beta T}{1+\beta}$ 和 $2T \leqslant b$，可得：当 $0 < g \leqslant \dfrac{\beta b}{2(1+\beta)\rho}$

时，$\dfrac{(1+\beta)\rho g}{2\beta} < T \leqslant \dfrac{(1+\beta)\rho g}{\beta}$；当 $\dfrac{\beta b}{2(1+\beta)\rho} < g < \dfrac{\beta b}{(1+\beta)\rho}$ 时，$\dfrac{(1+\beta)\rho g}{2\beta} < T \leqslant \dfrac{b}{2}$。

所以有：

a. 当 $0 < g \leqslant \dfrac{\beta b}{2(1+\beta)\rho}$ 时，$T^* = \dfrac{(1+\beta)\rho g}{\beta}$。将 $T^* = \dfrac{(1+\beta)\rho g}{\beta}$ 代入式 (2-27)，

并求 $\pi_{22}(T^*,g)$ 关于 g 的二阶偏导数，得到 $\dfrac{\partial^2 \pi_{22}(T^*,g)}{\partial g^2} = $

$\dfrac{2\rho\big[(1-M)r(3+\beta)+M\beta\rho\big]}{b\beta} > 0$，所以 $\pi_{22}(T^*,g)$ 是关于 g 的凸函数。令

$$
\Delta\pi_{221} = \pi_{22}(T^*,g)\big|_{g=0} - \pi_{22}(T^*,g)\Big|_{g=\frac{\beta b}{2(1+\beta)\rho}} = -\frac{b\beta\big[(-1+M)r(1+3\beta)+M\beta\rho\big]}{4(1+\beta)^2\rho}
$$

当 $M \leqslant \dfrac{(1+3\beta)r}{(1+3\beta)r+\beta\rho}$ 时，$\Delta\pi_{221} \geqslant 0$，所以 $g^* = 0$；当 $M > \dfrac{(1+3\beta)r}{(1+3\beta)r+\beta\rho}$ 时，

$\Delta\pi_{221} < 0$，所以 $g^* = \dfrac{\beta b}{2(1+\beta)\rho}$ 和 $T^* = \dfrac{b}{2}$。

b. 当 $\dfrac{\beta b}{2(1+\beta)\rho} < g < \dfrac{\beta b}{(1+\beta)\rho}$ 时，$T^* = \dfrac{b}{2}$。将 $T^* = \dfrac{b}{2}$ 代入式 (2-27)，并求 $\pi_{22}(T^*, g)$ 关于 g 的一阶和二阶偏导数，得到

$$\frac{\partial \pi_{22}(T^*, g)}{\partial g} = \frac{2g(1+\beta)\rho[M\rho - 2(1-M)r] - b(1-M)r(1+2\beta)}{2b(1+\beta)}$$

$$\frac{\partial^2 \pi_{22}(T^*, g)}{\partial g^2} = \frac{\rho[M\rho - 2(1-M)r]}{b}$$

当 $M \leqslant \dfrac{2r}{2r+\rho}$ 时，$\dfrac{\partial \pi_{22}(T^*, g)}{\partial g} \leqslant 0$，则 $\pi_{22}(T^*, g)$ 是关于 g 的减函数，所以 $g^* = \dfrac{\beta b}{2(1+\beta)\rho}$。当 $M > \dfrac{2r}{2r+\rho}$ 时，$\dfrac{\partial^2 \pi_{22}(T^*, g)}{\partial g^2} > 0$，则 $\pi_{22}(T^*, g)$ 是关于 g 的凸函数。令

$$\Delta \pi_{222} = \pi_{22}(T^*, g)\Big|_{g=\frac{\beta b}{2(1+\beta)\rho}} - \pi_{22}(T^*, g)\Big|_{g=\frac{\beta b}{(1+\beta)\rho}} = -\frac{b\beta\big[2(-1+M)r(1+5\beta) + 3M\beta\rho\big]}{8(1+\beta)^2\rho}$$

当 $\dfrac{2r}{2r+\rho} < M \leqslant \dfrac{2(1+5\beta)r}{2(1+5\beta)r + 3\beta\rho}$ 时，$\Delta \pi_{222} \geqslant 0$，所以 $g^* = \dfrac{\beta b}{2(1+\beta)\rho}$；当 $M > \dfrac{2(1+5\beta)r}{2(1+5\beta)r + 3\beta\rho}$ 时，$\Delta \pi_{222} < 0$，所以 $g^* = \dfrac{\beta b}{(1+\beta)\rho}$。

综合 a. 和 b. 的分析，可得：若 $\beta \leqslant 1$，则当 $M \leqslant \dfrac{4(1+4\beta)r}{4(1+4\beta)r + 5\beta\rho}$ 时，$g^* = 0$；当 $M > \dfrac{4(1+4\beta)r}{4(1+4\beta)r + 5\beta\rho}$ 时，$g^* = \dfrac{\beta b}{(1+\beta)\rho}$ 和 $T^* = \dfrac{b}{2}$。

②当 $\beta > 1$ 时，根据 $\dfrac{\beta T}{1+\beta} \leqslant \rho g < T$ 和 $2T \leqslant b$，可得：当 $0 < g \leqslant \dfrac{\beta b}{2(1+\beta)\rho}$ 时，$\rho g < T \leqslant \dfrac{(1+\beta)\rho g}{\beta}$；当 $\dfrac{\beta b}{2(1+\beta)\rho} < g < \dfrac{b}{2\rho}$ 时，$\rho g < T \leqslant \dfrac{b}{2}$。所以有：

a. 当 $0 < g \leqslant \dfrac{\beta b}{2(1+\beta)\rho}$ 时，$T^* = \dfrac{(1+\beta)\rho g}{\beta}$。此条件下的解与①中 a. 的解完全相同，即当 $M \leqslant \dfrac{(1+3\beta)r}{(1+3\beta)r + \beta\rho}$ 时，$g^* = 0$；当 $M > \dfrac{(1+3\beta)r}{(1+3\beta)r + \beta\rho}$ 时，$g^* = \dfrac{\beta b}{2(1+\beta)\rho}$ 和 $T^* = \dfrac{b}{2}$。

b. 当 $\dfrac{\beta b}{2(1+\beta)\rho} < g < \dfrac{b}{2\rho}$ 时，$T^* = \dfrac{b}{2}$。将 $T^* = \dfrac{b}{2}$ 代入式 (2-27)，并求 $\pi_{22}(T^*, g)$ 关于 g 的一阶和二阶偏导数，得到

$$\frac{\partial \pi_{22}(T^*, g)}{\partial g} = \frac{2g(1+\beta)\rho[M\rho - 2(1-M)r] - b(1-M)r(1+2\beta)}{2b(1+\beta)}$$

$$\frac{\partial^2 \pi_{22}(T^*, g)}{\partial g^2} = \frac{\rho[M\rho - 2(1-M)r]}{b}$$

当 $M \leqslant \dfrac{2r}{2r+\rho}$ 时，$\dfrac{\partial \pi_{22}(T^*, g)}{\partial g} \leqslant 0$，则 $\pi_{22}(T^*, g)$ 是关于 g 的减函数，所以

$g^* = \dfrac{\beta b}{2(1+\beta)\rho}$。当 $M > \dfrac{2r}{2r+\rho}$ 时，$\dfrac{\partial^2 \pi_{22}(T^*, g)}{\partial g^2} > 0$，则 $\pi_{22}(T^*, g)$ 是关于 g 的凸函

数，此时的解取决于 $g = \dfrac{\beta b}{2(1+\beta)\rho}$ 和 $g = \dfrac{b}{2\rho}$ 时 $\pi_{22}(T^*, g)$ 的大小关系。我们知道，

若 $g = \dfrac{b}{2\rho}$，则有 $\rho g = T$，这意味着两个返券点之间存在交叉问题，即在没有预

算约束的情况下，发放一张返券是最优的，这与情景 II 表示的情景不符，所以 g

的取值最大只能为 $g = \dfrac{b}{2\rho} - \varepsilon$，其中 ε 为无穷小值。令

$$\Delta \pi_{223} = \pi_{22}(T^*, g)\Big|_{g=\frac{\beta b}{2(1+\beta)\rho}} - \pi_{22}(T^*, g)\Big|_{g=\frac{b}{2\rho}-\varepsilon} = -\frac{b(1+2\beta)[M\rho - 4(1-M)r]}{8(1+\beta)^2 \rho}$$

当 $\dfrac{2r}{2r+\rho} < M \leqslant \dfrac{4r}{4r+\rho}$ 时，$\Delta \pi_{223} \geqslant 0$，所以 $g^* = \dfrac{\beta b}{2(1+\beta)\rho}$；当 $M > \dfrac{4r}{4r+\rho}$ 时，

$\Delta \pi_{223} < 0$，所以 $g^* = \dfrac{b}{2\rho} - \varepsilon$。

综合 a. 和 b. 的分析，可得：若 $\beta > 1$，则当 $M \leqslant \dfrac{(1+3\beta)r}{(1+3\beta)r + \beta\rho}$ 时，$g^* = 0$；

当 $\dfrac{(1+3\beta)r}{(1+3\beta)r + \beta\rho} < M \leqslant \dfrac{4r}{4r+\rho}$ 时，$g^* = \dfrac{\beta b}{2(1+\beta)\rho}$ 和 $T^* = \dfrac{b}{2}$；当 $M > \dfrac{4r}{4r+\rho}$ 时，

$g^* = \dfrac{b}{2\rho} - \varepsilon$ 和 $T^* = \dfrac{b}{2}$。

综合 ① 和 ② 的分析，得到情景 II 的最优结果：若 $\beta \leqslant 1$，则当

$M \leqslant \dfrac{4(1+4\beta)r}{4(1+4\beta)r + 5\beta\rho}$ 时，$g^* = 0$；当 $M > \dfrac{4(1+4\beta)r}{4(1+4\beta)r + 5\beta\rho}$ 时，$g^* = \dfrac{\beta b}{(1+\beta)\rho}$ 和

$T^* = \dfrac{b}{2}$。若 $\beta > 1$，则当 $M \leqslant \dfrac{(1+3\beta)r}{(1+3\beta)r + \beta\rho}$ 时，$g^* = 0$；当 $\dfrac{(1+3\beta)r}{(1+3\beta)r + \beta\rho} < M \leqslant$

$\dfrac{4r}{4r+\rho}$ 时，$g^* = \dfrac{\beta b}{2(1+\beta)\rho}$ 和 $T^* = \dfrac{b}{2}$；当 $M > \dfrac{4r}{4r+\rho}$ 时，$g^* = \dfrac{b}{2\rho} - \varepsilon$ 和 $T^* = \dfrac{b}{2}$。

(3) 情景 III：当 $\beta \leqslant 1$ 且 $\rho g \geqslant \dfrac{2\beta T}{1+\beta}$ 时，零售商的期望利润为

$$\pi_{23}(T,g) = M\mu + M\int_{\frac{T}{1+\beta}}^{T}(T-x)f(x)\mathrm{d}x + M\int_{\frac{2T}{1+\beta}}^{2T}(2T-x)f(x)\mathrm{d}x$$

$$-(1-M)rg\left[\int_{\frac{T}{1+\beta}}^{\frac{2T}{\beta+1}}f(x)\mathrm{d}x + \int_{\frac{2T}{1+\beta}}^{b}2f(x)\mathrm{d}x\right] \tag{2-28}$$

$$= \frac{bM-4rg(1-M)}{2} + \frac{6rgT(1-M)}{2b(1+\beta)} + \frac{5MT^2\beta^2}{2b(1+\beta)^2}$$

根据式 (2-28)，求 $\pi_{23}(T,g)$ 关于 T 的一阶偏导数，得到 $\dfrac{\partial\pi_{23}(T,g)}{\partial T} = $

$\dfrac{5MT\beta^2 + 3g(1-M)r(1+\beta)}{b(1+\beta)^2} > 0$，所以 $\pi_{23}(T,g)$ 是关于 T 的增函数。根据 $\rho g > \dfrac{2\beta T}{1+\beta}$

和 $2T\leqslant b$，可得：当 $0 < g \leqslant \dfrac{\beta b}{(1+\beta)\rho}$ 时，$0 < T \leqslant \dfrac{(1+\beta)\rho g}{2\beta}$；当 $g > \dfrac{\beta b}{(1+\beta)\rho}$ 时，

$0 < T \leqslant \dfrac{b}{2}$。所以有：

①当 $0 < g \leqslant \dfrac{\beta b}{(1+\beta)\rho}$ 时，$T^* = \dfrac{(1+\beta)\rho g}{2\beta}$。将 $T^* = \dfrac{(1+\beta)\rho g}{2\beta}$ 代入式 (2-28)，

并求 $\pi_{23}(T^*,g)$ 关于 g 的二阶导数，得到 $\dfrac{\partial^2\pi_{23}(T^*,g)}{\partial g^2} = \dfrac{\rho\big[12(1-M)r+5M\beta\rho\big]}{4b\beta} > 0$，

所以 $\pi_{23}(T^*,g)$ 是关于 g 的凸函数。令

$$\Delta\pi_{23} = \pi_{23}(T^*,g)\big|_{g=0} - \pi_{23}(T^*,g)\Big|_{g=\frac{\beta b}{(1+\beta)\rho}} = -\frac{b\beta\big[5M\beta\rho-4(1-M)r(1+4\beta)\big]}{8(1+\beta)^2\rho}$$

当 $M \leqslant \dfrac{4(1+4\beta)r}{4(1+4\beta)r+5\beta\rho}$ 时，$\Delta\pi_{23} \geqslant 0$，所以 $g^* = 0$；当 $M > \dfrac{4(1+4\beta)r}{4(1+4\beta)r+5\beta\rho}$

时，$\Delta\pi_{23} < 0$，所以 $g^* = \dfrac{\beta b}{(1+\beta)\rho}$ 和 $T^* = \dfrac{b}{2}$。

②当 $g > \dfrac{\beta b}{(1+\beta)\rho}$ 时，$T^* = \dfrac{b}{2}$。将 $T^* = \dfrac{b}{2}$ 代入式 (2-28)，并求 $\pi_{23}(T^*,g)$ 关于 g

的一阶偏导数，得到 $\dfrac{\partial\pi_{23}(T^*,g)}{\partial g} = -\dfrac{(1-M)r(1+4\beta)}{2(1+\beta)} < 0$，所以 $\pi_{23}(T^*,g)$ 是关于 g

的减函数，因此 $g^* = \dfrac{\beta b}{(1+\beta)\rho}$。

综合①和②的分析，得到情景 III 的最优结果：若 $\beta\leqslant 1$，则当

$M \leqslant \dfrac{4(1+4\beta)r}{4(1+4\beta)r+5\beta\rho}$ 时，$g^* = 0$；当 $M > \dfrac{4(1+4\beta)r}{4(1+4\beta)r+5\beta\rho}$ 时，$g^* = \dfrac{\beta b}{(1+\beta)\rho}$ 和

$T^* = \dfrac{b}{2}$。

(4)情景 IV：$\beta > 1$ 且 $T \leqslant \rho g$ ，零售商的期望利润为

$$\pi_{24}(T,g) = M\mu + M\int_{\frac{T}{1+\beta}}^{\frac{2T}{1+\beta}}(T-x)f(x)\mathrm{d}x + M\int_{\frac{2T}{1+\beta}}^{2T}(2T-x)f(x)\mathrm{d}x$$

$$- (1-M)rg\left[\int_{\frac{T}{1+\beta}}^{\frac{2T}{1+\beta}}f(x)\mathrm{d}x + \int_{\frac{2T}{1+\beta}}^{b}2f(x)\mathrm{d}x\right] \qquad (2\text{-}29)$$

$$= \frac{bM - 4rg(1-M)}{2} + \frac{6rgT(1-M)}{2b(1+\beta)} + \frac{MT^2(4\beta^2+2\beta-1)}{2b(1+\beta)^2}$$

根据式(2-29)，求 $\pi_{24}(T,g)$ 关于 T 的一阶偏导数为

$$\frac{\partial \pi_{24}(T,g)}{\partial T} = \frac{3rg(1-M)(1+\beta) + MT(4\beta^2+2\beta-1)}{b(1+\beta)^2}$$

由 $\beta > 1$ 可知 $\dfrac{\partial \pi_{24}(T,g)}{\partial T} > 0$ ，所以 $\pi_{24}(T,g)$ 是关于 T 的增函数。根据 $T \leqslant \rho g$ 和

$2T \leqslant b$ ，可得：当 $0 < g \leqslant \dfrac{b}{2\rho}$ 时，$0 < T \leqslant \rho g$ ；当 $g > \dfrac{b}{2\rho}$ 时，$0 < T \leqslant \dfrac{b}{2}$ 。所以

有：

①当 $0 < g \leqslant \dfrac{b}{2\rho}$ 时，$T^* = \rho g$ 。将 $T^* = \rho g$ 代入式(2-28)，并求 $\pi_{24}(T^*,g)$ 关于

g 的二阶偏导数，得到 $\dfrac{\partial^2 \pi_{24}(T^*,g)}{\partial g^2} = \dfrac{\rho\left[6(1-M)r(1+\beta) + M\rho\left(4\beta^2+2\beta-1\right)\right]}{b(1+\beta)^2} > 0$ ，

所以 $\pi_{24}(T^*,g)$ 是关于 g 的凸函数。令

$$\Delta\pi_{24} = \pi_{24}(T^*,g)\Big|_{g=0} - \pi_{24}(T^*,g)\Big|_{g=\frac{b}{2\rho}}$$

$$= \frac{b\left[2(1-M)r\left(1+5\beta+4\beta^2\right) - M\rho\left(4\beta^2+2\beta-1\right)\right]}{8(1+\beta)^2\rho}$$

当 $M \leqslant \dfrac{2\left(4\beta^2+5\beta+1\right)r}{2\left(4\beta^2+5\beta+1\right)r + \left(4\beta^2+2\beta-1\right)\rho}$ 时，$\Delta\pi_{24} \geqslant 0$ ，所以 $g^* = 0$ ；当

$M > \dfrac{2\left(4\beta^2+5\beta+1\right)r}{2\left(4\beta^2+5\beta+1\right)r + \left(4\beta^2+2\beta-1\right)\rho}$ 时，$\Delta\pi_{24} < 0$ ，所以 $g^* = \dfrac{b}{2\rho}$ 和 $T^* = \dfrac{b}{2}$ 。

②当 $g > \dfrac{b}{2\rho}$ 时，$T^* = \dfrac{b}{2}$ 。将 $T^* = \dfrac{b}{2}$ 代入式(2-29)，并求 $\pi_{24}(T^*,g)$ 关于 g 的一

阶偏导数，得到 $\dfrac{\partial \pi_{24}(T^*,g)}{\partial g} = -\dfrac{(1-M)r(1+4\beta)}{2(1+\beta)} < 0$ ，$\pi_{24}(T^*,g)$ 是关于 g 的减函数，

所以 $g^* = \dfrac{b}{2\rho}$ 。

　　综合①和②的分析，得到情景 IV 的最优结果：若 $\beta > 1$，则当 $M \leq 2(4\beta^2 + 5\beta + 1)r / 2(4\beta^2 + 5\beta + 1)r + (4\beta^2 + 2\beta - 1)\rho$ 时，$g^* = 0$；当 $M > 2(4\beta^2 + 5\beta + 1)r / 2(4\beta^2 + 5\beta + 1)r + (4\beta^2 + 2\beta - 1)\rho$ 时，$g^* = \dfrac{b}{2\rho}$ 和 $T^* = \dfrac{b}{2}$。

　　最后，综合比较上述四种情景下的最优利润以及提供一张返券时的最优利润（见命题 2.4），并将 $\rho = r/(1-\alpha)$ 代入即可得到命题 2.6。　　■

　　命题 2.6 给出了当消费支付存在固定比例约束时，零售商最多只能提供两张返券情况下的返券促销实施条件和最优返券策略。命题 2.6 表明，当消费者增加支付固定比例较小（$\beta \leq 1$）时，零售商提供一张返券时的最优返券面值和提供两张返券时的最优返券面值是相等的；这是因为，固定比例越小意味着消费者的支付约束限制越强，零售商需要通过设置更多的返券点和更高面值的返券来获得更大的购买量。而当增加支付固定比例较大（$\beta > 1$）时，零售商提供两张返券时的最优返券面值是无约束情况下最优返券面值的一半；这意味着在有约束的情况下消费者增大购买量获得两张返券和无约束情况下消费者获得一张返券的价值相等。图 2-8 展示了固定比例约束下的零售商实施返券促销的平均利润率的边界条件。由图 2-8 可以看出，当消费支付存在固定比例约束时，在平均利润率相对较大的情况下，零售商提供两张返券成为最优，这一结论和无约束情况下的只提供一张返券的结论是不同的，同时也解释了为什么市场上会存在发放多张返券的现象。图 2-8 表明，存在固定比例约束时的平均利润率随着增加购买商品价值系数 α 的增大而减小，同时也随着增加消费支付固定比例 β 的增大而减小。

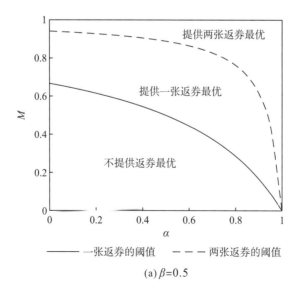

(a) β=0.5

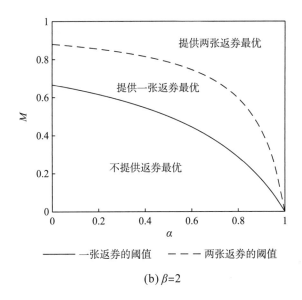

(b) $\beta=2$

图 2-8　固定比例约束下的平均利润率曲线

2. 固定金额约束

与消费支付存在固定比例约束类似，在固定金额约束下，当零售商计划提供两张返券时，由于受到 $T-\rho g$、$T-R$、T、$2T-\rho g$、$2T-R$ 等之间关系大小的影响，消费者的购买行为分以下四种情景展开讨论，如表 2-5 所示。

表 2-5　提供两张返券时固定金额约束下的消费者购买行为

情景	条件	计划购买量	消费者购买行为	
			实际购买量	获得返券数量
I	$\rho g \leqslant R$ 且 $\rho g < T$	$[0, T-\rho g]$	x	0
		$[T-\rho g, T]$	T	1
		$[T, 2T-\rho g]$	x	1
		$[2T-\rho g, 2T]$	$2T$	2
		$[2T, b]$	x	2
II	$R < \rho g < T$	$[0, T-R]$	x	0
		$[T-R, T]$	T	1
		$[T, 2T-R]$	x	1
		$[2T-R, 2T]$	$2T$	2
		$[2T, b]$	x	2

续表

情景	条件	计划购买量	消费者购买行为	
			实际购买量	获得返券数量
III	$R < T \leqslant \rho g$	$[0, T-R]$	x	0
		$[T-R, T]$	T	1
		$[T, 2T-R]$	x	1
		$[2T-R, 2T]$	$2T$	2
		$[2T, b]$	x	2
IV	$T < R$且$T < \rho g$	$[0, 2T-R]$	T	1
		$[2T-R, 2T]$	$2T$	2
		$[2T, b]$	x	2

命题 2.7 假设消费者的计划购买量 x 在区间 $[0, b]$ 上服从均匀分布,并且消费支付约束为增加购买量不超过固定常数 R,在最多只提供两张返券的情况下,零售商的最优返券促销策略是:

(1) 当 $R \leqslant \dfrac{b}{2}$ 且 $M \leqslant \dfrac{2(1-\alpha)}{3-2\alpha}$ 时,零售商不提供返券;

(2) 当 $\dfrac{2(1-\alpha)}{3-2\alpha} < M \leqslant \dfrac{(b+2R)(1-\alpha)}{b(1-\alpha)+R(3-2\alpha)}$ 时,零售商提供一张返券,最优返券点 $T^* = b$ 和最优返券面值 $g^* = \dfrac{R}{\rho}$;

(3) 当 $R \leqslant \dfrac{b}{2}$ 且 $M > \dfrac{(b+2R)(1-\alpha)}{b(1-\alpha)+R(3-2\alpha)}$ 时,零售商提供两张返券,最优返券点 $T^* = \dfrac{b}{2}$ 和最优返券面值 $g^* = \dfrac{R}{\rho}$;

(4) 当 $R > \dfrac{b}{2}$ 且 $M > \dfrac{(b+2R)(1-\alpha)}{b(1-\alpha)+R(3-2\alpha)}$ 时,零售商提供两张返券,最优返券点 $T^* = \dfrac{b}{2}$ 和最优返券面值 $g^* = \dfrac{b}{2\rho}$。

证明 基于表 2-5 中的四种情景,分别进行模型求解。

(1) 情景 I:当 $\rho g \leqslant R$ 且 $\rho g < T$ 时,零售商的期望利润为

$$\pi_{21}(T, g) = M\mu + M\int_{T-\rho g}^{T}(T-x)f(x)\mathrm{d}x + M\int_{2T-\rho g}^{2T}(2T-x)f(x)\mathrm{d}x$$
$$- (1-M)rg\left[\int_{T-\rho g}^{2T-\rho g}f(x)\mathrm{d}x + \int_{2T-\rho g}^{b}2f(x)\mathrm{d}x\right] \tag{2-30}$$
$$= \frac{Mb^2 + 2M\rho^2 g^2 - 2(1-M)rg(2b - 3T + 2\rho g)}{2b}$$

式 (2-30) 和式 (2-26) 相同，由此可知 $\pi_{21}(T,g)$ 是关于 T 的增函数，所以 $T^* = \dfrac{b}{2}$。将 $T^* = \dfrac{b}{2}$ 代入式 (2-30) 并求 $\pi_{21}(T^*,g)$ 关于 g 的一阶和二阶偏导数，得到

$$\frac{\partial \pi_{21}(T^*,g)}{\partial g} = \frac{4M\rho^2 g - (1-M)r(b+8\rho g)}{2b}$$

$$\frac{\partial^2 \pi_{21}(T^*,g)}{\partial g^2} = \frac{2M\rho^2 - 4(1-M)r\rho}{b}$$

根据 $\rho g \leqslant R$ 且 $\rho g < T$，可得：当 $R \leqslant \dfrac{b}{2}$ 时，$0 \leqslant g \leqslant \dfrac{R}{\rho}$；当 $R > \dfrac{b}{2}$ 时，$0 \leqslant g \leqslant \dfrac{b}{2\rho}$。当 $M \leqslant \dfrac{2r}{2r+\rho}$ 时，$\dfrac{\partial \pi_{21}(T^*,g)}{\partial g} < 0$，则 $\pi_{21}(T^*,g)$ 是关于 g 的减函数，所以 $g^* = 0$。当 $M > \dfrac{2r}{2r+\rho}$ 时，$\dfrac{\partial^2 \pi_{21}(T^*,g)}{\partial g^2} > 0$，则 $\pi_{21}(T^*,g)$ 是关于 g 的凸函数。

①当 $R \leqslant \dfrac{b}{2}$ 时，令

$$\Delta \pi_{211} = \pi_{21}(T^*,g)\Big|_{g=\frac{R}{\rho}} - \pi_{21}(T^*,g)\Big|_{g=0} = \frac{R[2MR\rho - (1-M)r(b+4R)]}{2b\rho}$$

当 $M \leqslant \dfrac{(b+4R)r}{(b+4R)r+2R\rho}$ 时，$\Delta \pi_{211} \leqslant 0$，所以 $g^* = 0$；当 $M > \dfrac{(b+4R)r}{(b+4R)r+2R\rho}$ 时，$\Delta \pi_{211} > 0$，所以 $g^* = \dfrac{R}{\rho}$。

②当 $R > \dfrac{b}{2}$ 时，令

$$\Delta \pi_{212} = \pi_{21}(T^*,g)\Big|_{g=\frac{b}{2\rho}} - \pi_{21}(T^*,g)\Big|_{g=0} = \frac{Mb\rho - 3b(1-M)r}{4\rho}$$

当 $M \leqslant \dfrac{3r}{3r+\rho}$ 时，$\Delta \pi_{212} \leqslant 0$，所以 $g^* = 0$；当 $M > \dfrac{3r}{3r+\rho}$ 时，$\Delta \pi_{212} > 0$，所以 $g^* = \dfrac{b}{2\rho}$。

综合上述分析，得到情景 I 的最优结果：当 $R \leqslant \dfrac{b}{2}$ 且 $M \leqslant \dfrac{(b+4R)r}{(b+4R)r+2R\rho}$ 时，$g^* = 0$；当 $R \leqslant \dfrac{b}{2}$ 且 $M > \dfrac{(b+4R)r}{(b+4R)r+2R\rho}$ 时，$T^* = \dfrac{b}{2}$ 和 $g^* = \dfrac{R}{\rho}$；当 $R > \dfrac{b}{2}$ 且 $M \leqslant \dfrac{3r}{3r+\rho}$ 时，$g^* = 0$；当 $R > \dfrac{b}{2}$ 且 $M > \dfrac{3r}{3r+\rho}$ 时，$T^* = \dfrac{b}{2}$ 和 $g^* = \dfrac{b}{2\rho}$。

(2) 情景 II：当 $R < \rho g < T$ 时，零售商的期望利润为

$$\pi_{22}(T,g) = M\mu + M\int_{T-R}^{T}(T-x)f(x)\mathrm{d}x + M\int_{2T-R}^{2T}(2T-x)f(x)\mathrm{d}x$$
$$-(1-M)rg\left[\int_{T-R}^{2T-R}f(x)\mathrm{d}x + \int_{2T-R}^{b}2f(x)\mathrm{d}x\right] \quad (2\text{-}31)$$
$$= \frac{Mb^2 + 2MR^2 - 2(1-M)rg(2b-3T+2R)}{2b}$$

根据式 (2-31)，求 $\pi_{22}(T,g)$ 关于 T 的一阶偏导数，得到 $\dfrac{\partial \pi_{22}(T,g)}{\partial T} =$ $\dfrac{3(1-M)rg}{b} > 0$，所以 $\pi_{22}(T,g)$ 是关于 T 的增函数。根据 $2T \leqslant b$，可得 $T^* = \dfrac{b}{2}$。将 $T^* = \dfrac{b}{2}$ 代入式 (2-31)，并求 $\pi_{22}(T^*,g)$ 关于 g 的一阶偏导数，得到 $\dfrac{\partial \pi_{22}(T^*,g)}{\partial g} = -\dfrac{(1-M)(b+4R)r}{2b} < 0$，所以 $\pi_{22}(T^*,g)$ 是关于 g 的减函数。根据 $R < \rho g < T$，可得 $R \leqslant \dfrac{b}{2}$ 且 $\dfrac{R}{\rho} \leqslant g < \dfrac{b}{2\rho}$，所以 $g^* = \dfrac{R}{\rho}$。因此，情景 II 的最优结果为：当 $R \leqslant \dfrac{b}{2}$ 时，$T^* = \dfrac{b}{2}$ 和 $g^* = \dfrac{R}{\rho}$。

(3) 情景 III：当 $R < T \leqslant \rho g$ 时，零售商的期望利润为

$$\pi_{23}(T,g) = M\mu + M\int_{T-R}^{T}(T-x)f(x)\mathrm{d}x + M\int_{2T-R}^{2T}(2T-x)f(x)\mathrm{d}x$$
$$-(1-M)rg\left[\int_{T-R}^{2T-R}f(x)\mathrm{d}x + \int_{2T-R}^{b}2f(x)\mathrm{d}x\right] \quad (2\text{-}32)$$
$$= \frac{1}{2b}\left[Mb^2 + 2MR^2 - 2(1-M)rg(2b-3T+2R)\right]$$

根据式 (2-32)，求 $\pi_{23}(T,g)$ 关于 g 的一阶偏导数，得到 $\dfrac{\partial \pi_{23}(T,g)}{\partial g} =$ $-\dfrac{(1-M)r(2b+2R-3T)}{b} < 0$，所以 $\pi_{23}(T,g)$ 是关于 g 的减函数。根据 $R < T \leqslant \rho g$ 和 $2T \leqslant b$，可得：当 $R \leqslant \dfrac{b}{2}$ 且 $R < T \leqslant \dfrac{b}{2}$ 时，$g \geqslant \dfrac{T}{\rho}$，所以 $g^* = \dfrac{T}{\rho}$。将 $g^* = \dfrac{T}{\rho}$ 代入式 (2-32)，并求 $\pi_{23}(T,g^*)$ 关于 T 的二阶偏导数，得到 $\dfrac{\partial^2 \pi_{23}(T,g)}{\partial T^2} = \dfrac{6(1-M)r}{b\rho} > 0$，所以 $\pi_{23}(T,g^*)$ 是关于 T 的凸函数。令

$$\Delta\pi_{23} = \pi_{23}(T,g^*)\big|_{T=R} - \pi_{23}(T,g^*)\big|_{T=\frac{b}{2}} = \frac{(1-M)r(b-2R)^2}{4b\rho} > 0$$

所以 $T^* = R$。因此，情景 III 的最优结果为：当 $R \leqslant \dfrac{b}{2}$ 时，$T^* = R$ 和 $g^* = \dfrac{R}{\rho}$。

(4) 情景 IV：$T \leqslant R$ 且 $T \leqslant \rho g$，零售商的期望利润为

$$\pi_{24}(T,g) = M\mu + M\int_0^{2T-R}(T-x)f(x)\mathrm{d}x + M\int_{2T-R}^{2T}(2T-x)f(x)\mathrm{d}x$$

$$- (1-M)rg\left[\int_0^{2T-R}f(x)\mathrm{d}x + \int_{2T-R}^b 2f(x)\mathrm{d}x\right] \quad (2\text{-}33)$$

$$= \frac{b^2M + 2MTR - 2(1-M)rg(2b-2T+R)}{2b}$$

根据式 (2-33)，求 $\pi_{24}(T,g)$ 关于 g 的一阶偏导数，得到 $\dfrac{\partial\pi_{24}(T,g)}{\partial g} =$

$-\dfrac{(1-M)r(2b+R-2T)}{b} < 0$，所以 $\pi_{24}(T,g)$ 是关于 g 的减函数。根据 $T<R$、$T<\rho g$

和 $2T \leqslant b$，可得：当 $R \leqslant \dfrac{b}{2}$ 且 $0 < T \leqslant R$，或者 $R > \dfrac{b}{2}$ 且 $0 < T \leqslant \dfrac{b}{2}$ 时，$g \geqslant \dfrac{T}{\rho}$，

因此 $g^* = \dfrac{T}{\rho}$。将 $g^* = \dfrac{T}{\rho}$ 代入式 (2-33)，并求 $\pi_{24}(T,g^*)$ 关于 T 的二阶偏导数，得

到 $\dfrac{\partial^2\pi_{24}(T,g)}{\partial T^2} = \dfrac{4(1-M)r}{b\rho} > 0$，所以 $\pi_{24}(T,g^*)$ 是关于 T 的凸函数。

① 当 $R \leqslant \dfrac{b}{2}$ 时，令

$$\Delta\pi_{241} = \pi_{24}(T,g^*)\big|_{T=0} - \pi_{24}(T,g^*)\big|_{T=R} = \frac{R[(2b-R)(1-M)r - MR\rho]}{b\rho}$$

当 $M \leqslant \dfrac{(2b-R)r}{(2b-R)r+R\rho}$ 时，$\Delta\pi_{241} \geqslant 0$，所以 $g^* = 0$；当 $M > \dfrac{(2b-R)r}{(2b-R)r+R\rho}$ 时，

$\Delta\pi_{241} < 0$，所以 $T^* = R$。

② 当 $R > \dfrac{b}{2}$ 时，令

$$\Delta\pi_{242} = \pi_{24}(T,g^*)\big|_{T=0} - \pi_{24}(T,g^*)\big|_{T=\frac{b}{2}} = \frac{(b+R)(1-M)r - MR\rho}{2\rho}$$

当 $M \leqslant \dfrac{(b+R)r}{(b+R)r+R\rho}$ 时，$\Delta\pi_{242} \geqslant 0$，所以 $g^* = 0$；当 $M > \dfrac{(b+R)r}{(b+R)r+R\rho}$ 时，

$\Delta\pi_{242} < 0$，所以 $T^* = \dfrac{b}{2}$。

综合上述分析，得到情景 IV 的最优结果为：当 $R \leqslant \dfrac{b}{2}$ 且 $M \leqslant \dfrac{(2b-R)r}{(2b-R)r+R\rho}$

时，$g^* = 0$；当 $R \leqslant \dfrac{b}{2}$ 且 $M > \dfrac{(2b-R)r}{(2b-R)r+R\rho}$ 时，$T^* = R$ 和 $g^* = \dfrac{R}{\rho}$；当 $R > \dfrac{b}{2}$ 且

$M \leqslant \dfrac{(b+R)r}{(b+R)r+R\rho}$ 时，$g^* = 0$；当 $R > \dfrac{b}{2}$ 且 $M > \dfrac{(b+R)r}{(b+R)r+R\rho}$ 时，$T^* = \dfrac{b}{2}$ 和

$$g^* = \frac{b}{2\rho}。$$

最后，综合比较上述四种情景下的最优利润，发现当 $R \leqslant \frac{b}{2}$ 时，情景 I 下的最优策略占优；当 $R > \frac{b}{2}$ 时，情景 IV 下的最优策略占优。然后与提供一张返券时的最优利润相比较，并将 $\rho = r/(1-\alpha)$ 代入即可得到命题 2.7 的结果。∎

命题 2.7 给出了当消费支付存在固定金额约束时，零售商最多只提供两张返券情况下的返券促销实施条件和最优返券策略。图 2-9 则展示了固定金额约束下的零售商实施返券促销的平均利润率的边界条件，可以看出随着 R 的增大临界平均利润率逐渐降低，也意味着零售商提供两张返券的机会更大。

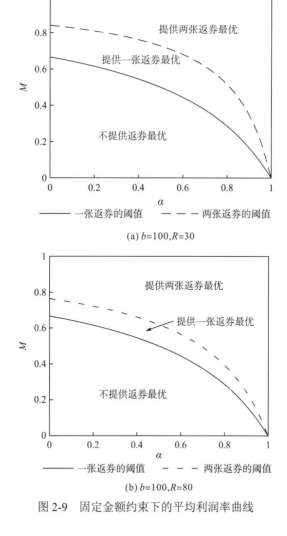

(a) $b=100, R=30$

(b) $b=100, R=80$

图 2-9　固定金额约束下的平均利润率曲线

2.4   相关因素影响性分析

2.4.1   消费者不一致性的影响

到目前为止，假设消费者的行为是一致的，即在兑换期内的返券兑换率等于他们购买时估计的兑换率。现在，考虑如果出现消费者行为不一致(consumer inconsistency)时，零售商的决策会发生怎样的改变。消费者行为的不一致在一些关于邮寄现金返利促销的相关研究中得到了验证，他们将其归因于购买和兑换决定之间的时间分离。一种观点认为，消费者常常会在获得激励和兑换激励之间"留有间隔(space out)"(Lu and Moorthy，2007)；另一种观点是，消费者误解了延迟激励的成本效益，倾向于在购买时高估它(Gilpatric，2009；Soman，1998；Kahneman and Lovallo，1993；Akerlof，1991)。当面临兑换决定时，兑换成本(包括在兑换期间必须访问商店)似乎比最初想象的要大，而奖励似乎没有吸引力。

还有一些研究人员用解释水平理论(construal-level theory)解释了消费者的不一致性行为(Lynch and Zauberman，2007)。解释水平理论描述了心理距离如何改变输入的心理表征，以及赋予不同层次决策标准的有效权重(Liberman and Trope，1998)。解释水平理论的初期研究集中于时间距离，并表明，与近期事件的表征相比，远期事件的表征更为抽象。在返券的情形下，兑换可行性的权重(即兑换返券的时间和努力)随着时间距离而减少。这种不一致性的另一种解释可以在前景理论中找到，该理论认为消费者对收益和损失的反应是不对称的，他们对损失的反应比对收益的反应更消极(Han et al.，2001)。如果没有得到返券则被消费者认为是"损失"，那么消费者可能会增加购买金额而不兑换返券。

不一致性的消费者基于 r 的兑换率做出购买决策。然而，实际兑换率仅为 r_{I}，其中 $0 \leqslant r_{\mathrm{I}} < r$。因此，用 $\tau = r - r_{\mathrm{I}}$ 表示消费者不一致性的度量。这不会改变利润函数 (2-8) 中的 $\rho = \dfrac{r}{1-\alpha}$，只是函数中的 r 被替换成 r_{I}。若 $M \leqslant \dfrac{r_{\mathrm{I}}}{r_{\mathrm{I}}+\rho} = \dfrac{r_{\mathrm{I}}(1-\alpha)}{r_{\mathrm{I}}(1-\alpha)+r}$，则命题 2.1 仍然成立。假定 $\tilde{M}_{\mathrm{I}} = \dfrac{r_{\mathrm{I}}(1-\alpha)}{r_{\mathrm{I}}(1-\alpha)+r}$ 是消费者不一致时临界利润率的下界，令 $\Delta \tilde{M}_{\mathrm{I}} = \tilde{M} - \tilde{M}_{\mathrm{I}}$，则

$$\Delta \tilde{M}_{\mathrm{I}} = \frac{\tau(1-\alpha)}{(2-\alpha)[r(2-\alpha)-\tau(1-\alpha)]} > 0$$

因此，$\tilde{M}_{\mathrm{I}} < \tilde{M}$，这意味着当消费者不一致时，进行返券促销所需的临界利润率会更低。求 $\Delta \tilde{M}_{\mathrm{I}}$ 关于 τ 的一阶偏导数，得到

$$\frac{\partial \Delta \tilde{M}_1}{\partial \tau} = \frac{\tau(1-\alpha)}{[r(2-\alpha)-\tau(1-\alpha)]^2} > 0$$

这表明 $\Delta \tilde{M}_1$ 随着 τ 的增大而增大，这意味着随着消费者行为越来越不一致，返券将会更加盈利。可以证明，对于存在不一致性的消费者，存在类似于命题 2.6 和命题 2.7 中的最优解。

2.4.2　超出返券面值的额外消费的影响

返券兑换将导致一些消费者返回商店。一些返券兑换者的花费可能会超过返券面值，因为他们会进行一些计划外的购买，或者购买在没有返券的情况下在竞争对手处购买的产品。在埃森哲的调查中，45% 的受访者表示，在兑换返券时，他们花的钱超过了返券的面值。假设在兑换一张面值为 g 的返券时，返券兑换者购买了价值 $(1+\eta)g$ 的产品，ηg 用现金支付，剩下的 g 用返券兑换。换句话说，每兑换一张价值为 g 的返券，每个消费者平均花费超出返券面值 ηg。在这种情况下，可以得到命题 2.8。

命题 2.8　若 $f(x)$ 服从区间 $[0,b]$ 上的均匀分布，当兑换面值为 g 的返券时，返券兑换者购买了价值 $(1+\eta)g$ 的产品，则最优返券策略为：当 $M \leqslant \dfrac{2r}{2r(1+\eta)+\rho}$

$= \dfrac{2(1-\alpha)}{3+2\eta-2\alpha(1+\eta)}$ 时，零售商不进行返券促销；当 $M > \dfrac{2(1-\alpha)}{3+2\eta-2\alpha(1+\eta)}$ 时，零

售商进行返券促销，最优返券点 $T^* = b$ 和最优返券面值 $g^* = \dfrac{b}{\rho}$。

命题 2.8 的证明与命题 2.2 的证明过程相似，这里不再赘述。

正如预期的那样，当 $\eta = 0$ 时，命题 2.8 等价于命题 2.2。临界利润率随着 η 的增大而减小。同时，也可以证明零售商的期望利润随着 η 的增大而增大。

管理者可以在赎回期间使用定价策略来增加超过返券面值的支出。根据返券促销期的销售数据，可以找到消费者持有的返券金额及其在消费者中的分布。在兑换期，价格较高的产品要求大多数返券持有人花费超过其所持的返券面值，因此，可以推广价格较高的产品以鼓励超过返券面值的消费。这应在新销售季节到来之前完成，以避免未来现金销售的抵消。

2.5　管　理　启　示

在本章的开头提出了一系列有关返券促销的问题，所有这些问题都具有重要的管理意义。具体而言，提到了返券盈利性的条件，关于消费者兑换时的不一致

和增量支出的影响，以及什么样的零售商适合采用返券促销，现在可以回答这些问题并讨论答案的意义。

显然，要想实施返券，必须产生超过成本的增量收入。产生收入的一种方法是诱导消费者进行额外购买以获得返券。当消费者认为他们有很大概率会回到零售商处兑换返券时，当他们对超出最佳购买金额的额外购买的效用不会迅速减少时，以及当实际或感知的限制不妨碍他们消费更多时，他们更可能进行额外购买。如果零售商提供的产品是消费者认为有用但他们没有的，他们则对额外购买的估价相对较高。当获得返券所需的额外支出占其预算很大一部分时，消费者最有可能遇到支出限制，因此这些限制的存在对于销售昂贵物品的零售商来说最为重要。解决这个问题的方法是提供涵盖不同支出水平的多张返券。此外，还需要提供与所需增量支出相匹配的理想商品。由于商家需要负担返券的兑换成本，随着利润率的降低，返券会变得更加费钱和不受欢迎。在相关因素的作用影响下，发现提供返券所需的利润率是相对较高的，特别是增量销售不能带来更高价值的情况下。这也是许多小的杂货店不提供返券的一个原因。消费者的不一致性(对兑换概率的过度乐观评估)和返券兑换时的增量支出都降低了返券盈利所需的利润率。这两个考虑因素最适用于消费者商店购物不频繁的情况，即返券可能丢失或其价值被遗忘，产生增量商店购物的可能性更高。特别是，当消费者商店购物频次较少时，返券是建立流量的有效手段。总而言之，实施返券获利的最有可能是那些产品分类很容易产生增量收入的零售商，因为消费者对计划购买之外的物品估值高，不经常或随意去商店可以产生增量流量，产品利润率高。而有着大量计划购买消费者的零售商最有可能面临消费者支出限制，因此提供多张返券是有利可图的。这里的研究结果为零售商考虑实施或优化返券策略时，提供了可参考的因素和决策依据。

2.6　本 章 小 结

本章在对返券促销下的消费者决策行为特征描述的基础上，通过构建相应的零售商利润最大化决策模型，研究零售商实施返券促销模式设计问题。考虑了消费者没有消费支付约束和有消费支付约束两种情形，在此两种情形下给出了返券促销的适用条件以及零售商的最优返券策略。

研究发现，零售商的利润率是零售商是否开展返券促销的关键性影响因素。对于高利润率的零售商，返券的盈利能力较强，它可以限制增量消费带来的价值并降低因素的影响。同时在兑换返券时，消费者超出返券面值的额外消费可以显著增强返券的盈利能力。在消费者没有消费支出约束的情况下，零售商最好为购买金额较大的消费者只提供一张返券，而在面临消费者存在消费支付约束的情况下，设置多个返券点提供多张返券则是有利可图的。此外研究还发现，消费者的不一致性行为，即在购买时高估返券兑换的概率，可以使返券增加盈利性。

参 考 文 献

Akerlof G A. 1991. Procrastination and obedience[J]. American Economic Review, 81(2): 1-19.

Banerjee S, Murphy J H. 2006. A simplified test for preference rationality of two commodity choice[J]. Journal Experimental Economics, 9(1): 67-75.

Cai G. 2010. Channel selection and coordination in dual-channel supply chains[J]. Journal of Retailing, 86(1): 22-36.

Christensen C. 1989. The psychophysics of spending[J]. Journal of Behavioral Decision Making, 2: 69-80.

Gilpatric S M. 2009. Slippage in rebate programs and present-biased preferences[J]. Marketing Science, 28(2): 229-238.

Han S, Gupta S, Lehmann D R. 2001. Consumer price sensitivity and price thresholds[J]. Journal of Retailing, 77(4): 435-456.

Kahneman D, Lovallo D. 1993. Timid choices and bold forecasts: A cognitive perspective on risk taking[J]. Management Science, 39(1): 17-31.

Liberman N, Trope Y. 1998. The role of feasibility and desirability considerations in near and distant future decisions: A test of temporal construal theory[J]. Journal of Personality and Social Psychology, 75: 5-18.

Loewenstein G. 1996. Out of control: Visceral influences on behavior[J]. Organizational Behavior and Human Decision Processes, 65: 272-279.

Lu Q, Moorthy S. 2007. Coupons versus rebates[J]. Marketing Science, 26(1): 67-82.

Lynch J G Jr, Zauberman G. 2007. Construing consumer decision making[J]. Journal of Consumer Psychology, 17(2): 107-112.

Putrevu S, Ratchford B T. 1997. A model of search behavior with an application to grocery shopping[J]. Journal of Retailing, 73(4): 463-486.

Saini R, Rao R S, Monga A. 2010. Is that deal worth my time? The interactive effect of relative and referent thinking on willingness to seek a bargain[J]. Journal of Marketing, 74(1): 34-48.

Soman D. 1998. The illusion of delayed incentives: Evaluating future effort-money transactions[J]. Journal of Marketing Research, 35(4): 427-437.

Stilley K M, Inman J J, Wakefield K L. 2010a. Spending on the fly: Mental budgets, promotions, and spending behavior[J]. Journal of Marketing, 74(3): 34-47.

Stilley K M, Inman J J, Wakefield K L. 2010b. Planning to make unplanned purchases? The role of in-store slack in budget deviation[J]. Journal of Consumer Research, 37(2): 264-278.

Wertenbroch K. 1998. Consumption self-control via purchase quantity rationing of virtue and vice[J]. Marketing Science, 17: 317-337.

第 3 章　零售商返券促销与订货联合决策

3.1　问题背景

近年来，返券促销工具的使用在一些零售超市随处可见。例如，遍布成都市大街小巷的红旗连锁，消费者每次购物后都会得到一张价值 1～3 元的商品抵扣券，消费者在下次购物时可以使用该抵扣券。红旗连锁主要销售的是家庭日常用品，如油盐酱醋、牛奶、鸡蛋、米面、饮料、清洁洗涤剂等，这些商品消费者购买频次会比较高，购买产品类型相对固定。因此，零售超市的返券促销会使消费者感受到等同于直接折扣促销，但是如第 1 章所述，返券促销延迟激励、不完全兑换等特点依然存在。

零售超市的经常性返券促销行为在一定程度上会刺激消费需求的增长，进而会影响零售商的订货策略，同时零售商的订货策略也会反向影响商品的定价和促销策略。本章重点研究经常性返券促销模式下，零售商的最优返券促销和订货联合决策问题。考虑零售商面向消费者实施返券促销，分别基于线性需求函数和非线性需求函数，通过建立零售商利润最大化决策模型，给出最优的返券面值、产品价格和订货量，并考察相关因素对决策策略的影响以及对零售商利润的影响，从而揭示返券促销策略与订货决策之间的联动关系，给出经常性促销下最优返券策略的设计规则。

3.2　基于线性需求的返券促销与订货策略

3.2.1　基本假设及参数说明

大多数研究中，最常用的需求函数是需求关于价格线性递减的函数形式（Abad，1988；Kunreuther and Richard，1971）。因为返券促销会带来消费者需求的增长，所以也假设需求和返券面值之间具有线性递增关系。因此，对返券促销下需求函数的假设为

$$D = a - bP + cg \tag{3-1}$$

其中，a 为基本市场需求，$a > 0$；b 为价格敏感系数，$b > 0$；c 为返券面值敏感系数，$c > 0$；P 为零售价格；g 为返券面值。

令

$$L = \frac{c}{b} \qquad (3\text{-}2)$$

表示每增加 1 元返券面值所增加的需求与每降低 1 元零售价格所增加的需求之比，用于衡量返券变化相对于价格变化对需求变化的影响程度，称为返券有效性。$L = 1$，意味着由于增加 1 元返券面值所带来的需求增加与由于降低 1 元价格所带来的需求增加是一样的；若 L 接近于零，则意味着增加返券面值与降低价格相比，在吸引消费者增加购买需求方面的成效非常低。

我们假设，消费者每购买一单位产品，即可获得面值为 g 的返券。基于返券的特点，消费者不能使用该返券抵扣当期的消费支付，只能在下次购买产品时才能够兑换使用。假设消费者的返券兑换率 r 取决于返券面值 g 和参考价格 G_0（参考价格是指返券被 100% 兑换时的返券价值）。令

$$r = \frac{g}{G_0} \qquad (3\text{-}3)$$

式 (3-3) 表示消费者兑换返券的比例会随着返券面值的增加而增加。当返券面值为零时，消费者的返券兑换率也为零；当返券面值等于参考价格时，消费者则会全部兑换返券。一般情况下，返券的兑换对产品没有严格限制，也就是说消费者在使用返券时可以选择购买实施促销的产品，也可以选择购买零售商销售的其他产品。因此，本章假设消费者使用返券兑换产品的平均利润率为 $M(0 \leqslant M \leqslant 1)$。

同时，假设零售商单位产品的采购价格为 w，订货成本为 s，单位时间内单位价值库存商品的持有成本为 h，订货数量为 Q，订货周期为 T，单位时间利润为 π；决策变量为零售价格 P、返券面值 g 和订货量 Q。

3.2.2　模型构建及优化求解

零售商的单位时间利润函数 π 表示为

$$\pi = \left[PDT - wDT - (1-M)rgDT - s - \frac{wD}{2}T^2 h \right] \Big/ T \qquad (3\text{-}4)$$

式 (3-4) 中括号内的第一项为每个订货周期的产品销售收入，第二项为每个订货周期的产品采购成本，第三项为每个订货周期返券兑换成本，第四项为每个订货周期的订货成本，第五项为每个周期的库存成本。该模型是一个基于返券促销的典型经济订货批量模型，目标是利润最大化。订货周期可以表示为

$$T = \frac{Q}{D} \qquad (3\text{-}5)$$

将式(3-1)、式(3-3)和式(3-5)代入式(3-4)，化简可以得到

$$\pi = \frac{(a - bP + cg)[(P - w)QG_0 - (1 - M)Qg^2 - sG_0]}{QG_0} - \frac{wQh}{2} \tag{3-6}$$

引理 3.1 当且仅当 $g = \dfrac{cG_0}{2b(1 - M)}$ 时，式(3-6)对应的利润最大。

证明（反证法） (1)假设 $g_1 = \dfrac{cG_0}{2b(1 - M)} + \Delta$ 是最优解，那么返券面值减少 Δ 和零售价格降低 $\Delta c/b$ 所带来的需求和库存成本相同。所以，零售商带来的收入变化为

$$d\left[\left(P - \frac{\Delta c}{b}\right) - P\right] = -\frac{d\Delta c}{b}$$

零售商的返券支付成本变化总量为

$$d(1 - M)\frac{g_1 - \Delta}{G_0}(g_1 - \Delta) - d(1 - M)\frac{g_1}{G_0}g_1 = -\frac{d\Delta[b\Delta(1 - M) + cG_0]}{bG_0}$$

因为收入减少，返券支付成本也减少，所以在利润上的净变化量为

$$-\frac{d\Delta c}{b} - \left\{-\frac{d\Delta[b\Delta(1 - M) + cG_0]}{bG_0}\right\} = \frac{d\Delta^2(1 - M)}{G_0} > 0 \tag{3-7}$$

式(3-7)表明返券面值相对于 g_1 减少 Δ 会带来零售商利润的增加，因此 g_1 不是最优解。

(2)假设 $g_2 = \dfrac{cG_0}{2b(1 - M)} - \Delta$ 是最优解，那么返券面值增加 Δ 和零售价格增加 $\Delta c/b$ 所带来的需求和库存成本相同。所以，零售商收入的变化为

$$d\left[\left(P + \frac{\Delta c}{b}\right) - P\right] = \frac{d\Delta c}{b}$$

零售商的返券支付成本变化总量为

$$d(1 - M)\frac{g_2 + \Delta}{G_0}(g_2 + \Delta) - d(1 - M)\frac{g_2}{G_0}g_2 = \frac{d\Delta[cG_0 - b\Delta(1 - M)]}{bG_0}$$

所以在利润上的净变化量为

$$\frac{d\Delta c}{b} - \frac{d\Delta[cG_0 - b\Delta(1 - M)]}{bG_0} = \frac{d\Delta^2(1 - M)}{G_0} > 0 \tag{3-8}$$

式(3-8)表明返券面值相对于 g_2 增加 Δ 会带来零售商利润的增加，因此 g_2 也不是最优解。   ∎

由引理 3.1 可知，零售商返券促销情况下的最优返券面值为

$$g^* = \frac{cG_0}{2b(1 - M)} \tag{3-9}$$

将 g^* 代入式(3-6)，化简可得

$$\pi(g^*) = \frac{\left[a - bP + \dfrac{c^2 G_0}{2b(1-M)}\right]\left[(P-w)QG_0 - \dfrac{c^2 G_0 Q}{4b^2(1-M)} - sG_0\right]}{G_0 Q} - \frac{wQh}{2} \quad (3\text{-}10)$$

根据式 (3-10)，分别求利润函数 $\pi(g^*)$ 关于 P 和 Q 的一阶偏导数、二阶偏导数和混合偏导数，可得

$$\frac{\partial \pi(g^*)}{\partial P} = a + \frac{3c^2 G_0}{4b(1-M)} + b\left(\frac{s}{Q} + w - 2P\right) \quad (3\text{-}11)$$

$$\frac{\partial^2 \pi(g^*)}{\partial P^2} = -2b \quad (3\text{-}12)$$

$$\frac{\partial \pi(g^*)}{\partial Q} = \frac{[2b(a-bP)(1-M) + c^2 G_0]s}{2bQ^2(1-M)} - \frac{wh}{2} \quad (3\text{-}13)$$

$$\frac{\partial^2 \pi(g^*)}{\partial Q^2} = -\frac{[2b(a-bP)(1-M) + c^2 G_0]s}{bQ^3(1-M)} \quad (3\text{-}14)$$

$$\frac{\partial^2 \pi(g^*)}{\partial P \partial Q} = -\frac{bs}{Q^2} \quad (3\text{-}15)$$

因而可以得到零售商利润函数 $\pi(g^*)$ 关于 P 和 Q 的黑塞 (Hessian) 矩阵为

$$H = \begin{bmatrix} -2b & -\dfrac{bs}{Q^2} \\ -\dfrac{bs}{Q^2} & -\dfrac{[2b(a-bP)(1-M) + c^2 G_0]s}{bQ^3(1-M)} \end{bmatrix}$$

其中，Hessian 矩阵 H 的一阶顺序主子式为

$$H_1 = -2b \quad (3\text{-}16)$$

Hessian 矩阵 H 的二阶顺序主子式为

$$H_2 = \frac{s[4ab(1-M)Q + 2c^2 G_0 Q - b^2(1-M)(4PQ+s)]}{(1-M)Q^4} \quad (3\text{-}17)$$

要使 $\pi(g^*)$ 是关于 P 和 Q 的凹函数，必须满足 $H_1 < 0$ 和 $H_2 > 0$。由式 (3-16) 不难判断 $H_1 < 0$。根据式 (3-17)，满足 $H_2 > 0$ 的条件是

$$4(a-hP) + \frac{2c^2 G_0}{b(1-M)} - \frac{bs}{Q} > 0 \quad (3\text{-}18)$$

由于参数较多且表达式复杂，无法直观判断式 (3-18) 是否恒成立。接下来通过具体的数据来判断 Hessian 矩阵的性质。对相关参数进行赋值，令 w 分别等于 4 元、7 元和 10 元，s 分别等于 50 元、100 元和 150 元，h 分别等于 0.06 元、0.12 元和 0.18 元，G_0 分别等于 30 元、65 元和 100 元，P 分别等于 $1.2 \times w$、$1.85 \times w$ 和 $2.5 \times w$，M 分别等于 0.2、0.4 和 0.6，a 分别等于 200000、350000 和 500000，b 分

别等于 $0.01 \times a$、$0.02 \times a$ 和 $0.03 \times a$，c 分别等于 $0.1 \times b$、$0.5 \times b$ 和 $0.9 \times b$，Q 分别等于 $0.5 \times Q_1$、Q_1 和 $1.5 \times Q_1$（其中 Q_1 为 $c = 0$ 即无返券情况下根据式(3-13)令 $\frac{\partial \pi(g^*)}{\partial Q} = 0$ 得到的 Q 值）。这些参数的取值组合形成 $3^{10} = 59049$ 个情景，计算所有情景下的 Hessian 矩阵，发现 $H_2 > 0$，这意味着 Hessian 矩阵为负定。所以，这些情景对应的利润函数 $\pi(g^*)$ 是关于 P 和 Q 的凹函数，通过一阶条件等于零可以得到最优的产品零售价格 P^* 和最优订货量 Q^*。根据式(3-11)和式(3-13)可以得到

$$P = \frac{1}{8}\left[\frac{4a}{b} + \frac{3c^2 G_0}{b^2(1-M)} + 4\left(\frac{s}{Q} + w\right)\right] \tag{3-19}$$

$$Q = \sqrt{\frac{[c^2 G_0 + 2b(a-bP)(1-M)]s}{whb(1-M)}} \tag{3-20}$$

通过联立求解式(3-18)和式(3-19)可得到零售商的最优零售价格 P^* 和最优订货数量 Q^*。

3.2.3 算例

考虑一个产品的需求函数为 $D = 250000 - 5000P + 2500g$，单位产品的采购成本 $w = 8$ 元，参考价格 $G_0 = 30$ 元，订货成本 $s = 100$ 元，每年每 1 元库存的持有成本 $h = 0.12$ 元，返券可兑换产品的平均利润率 $M = 0.4$。

在无返券促销的情况下（令 $c = 0$），可以根据式(3-19)和式(3-20)计算得到零售商的最优零售价格 $P^{N*} = 29.01$ 元和最优订货数量 $Q^{N*} = 4676$ 单位，产品年需求 $D^{N*} = 104947$ 单位，最大年利润 $\pi^{N*} = 2.2 \times 10^6$ 元。

在返券促销的情况下，根据式(3-9)、式(3-19)和式(3-20)计算得到零售商的最优返券面值 $g^* = 12.5$、最优零售价格 $P^{g*} = 33.70$ 元和最优订货数量 $Q^{g*} = 4847$ 单位，产品年需求 $D^{g*} = 112761$ 单位，最大利润 $\pi^{g*} = 2.54 \times 10^6$ 元。

将上述算例结果进行对比不难发现，与无返券促销的情形相比，零售商提供返券促销后，产品的最优零售价格提高了 16.17%，这说明零售商在促销时有提升零售价格的动机；但是零售价格的提高并没有降低产品的市场需求，由于返券的作用，产品市场需求反而增加了 7.45%，相应地零售商的利润增加了 15.45%。反观消费者的返券兑换率 $r = 41.67\%$，也就是说预期只有 41.67% 的消费者会来兑换返券，这即体现了返券促销的漏出效应，是零售商提供返券后利润增加的一个很重要的原因。

3.3　基于非线性需求的返券促销与订货策略

3.3.1　基本假设及参数说明

非线性需求函数是在研究中常用的另一种需求函数形式。常见的价格弹性需求函数为 $D=\alpha P^{-x}$（Abad，1988；Lee and Rosenblatt，1986），其中 $x>1$ 表示需求弹性。参照该价格需求函数，并且考虑返券对需求的影响，构建需求函数为

$$D=\alpha P^{-x}g^{y} \tag{3-21}$$

其中，$y<1$，表示 D 是关于 g 的凹函数，也就是返券对需求具有递减效用。该需求函数也描述了消费者对待返券的不同行为。在这里，返券面值对于需求的影响不再独立于零售价格。根据式(3-21)，当零售价格较低时，返券价值的变化对需求会产生较大的影响。也就是说，使用返券实现需求的同等增长，高价产品要比低价产品需要更大的返券面值。类似于线性需求，定义非线性需求下的返券有效性为

$$L_{n}=\frac{y}{x} \tag{3-22}$$

本节其余相关假设、变量和参数的定义和设置与 3.2.1 节相同。

3.3.2　模型构建及优化求解

将式(3-3)、式(3-5)和式(3-21)代入式(3-4)，得到非线性需求下的零售商的单位时间利润函数：

$$\pi=\frac{\alpha P^{-x}g^{y}[G_{0}(PQ-Qw-s)-(1-M)g^{2}Q]}{G_{0}Q}-\frac{Qwh}{2} \tag{3-23}$$

根据式(3-23)，分别求利润函数 π 关于 Q、P 和 g 的一阶偏导数、二阶偏导数和混合偏导数，可得

$$\frac{\partial\pi}{\partial Q}=\frac{\alpha sg^{y}P^{-x}}{Q^{2}}-\frac{wh}{2} \tag{3-24}$$

$$\frac{\partial^{2}\pi}{\partial Q^{2}}=-\frac{2\alpha sg^{y}P^{-x}}{Q^{3}} \tag{3-25}$$

$$\frac{\partial\pi}{\partial P}=\frac{\alpha g^{y}P^{-x-1}[Qg^{2}(1-M)x-G_{0}PQ(x-1)-G_{0}(s+Qw)x]}{G_{0}Q} \tag{3-26}$$

$$\frac{\partial^{2}\pi}{\partial P^{2}}=\frac{\alpha g^{y}P^{-x-2}x[-Qg^{2}(1-M)(1+x)+G_{0}PQ(x-1)-G_{0}(s+Qw)(1+x)]}{G_{0}Q} \tag{3-27}$$

$$\frac{\partial \pi}{\partial g} = \frac{\alpha g^{y-1} P^{-x}[G_0 y(PQ-s-Qw)-Qg^2(1-M)(2+y)]}{G_0 Q} \tag{3-28}$$

$$\frac{\partial^2 \pi}{\partial g^2} = \frac{\alpha g^{y-2} P^{-x}[G_0 y(y-1)(PQ-s-Qw)-Qg^2(1-M)(2+3y+y^2)]}{G_0 Q} \tag{3-29}$$

$$\frac{\partial^2 \pi}{\partial Q \partial P} = -\frac{\alpha s x g^y P^{-x-1}}{Q^2} \tag{3-30}$$

$$\frac{\partial^2 \pi}{\partial Q \partial g} = \frac{\alpha y s g^{y-1} P^{-x}}{Q^2} \tag{3-31}$$

$$\frac{\partial^2 \pi}{\partial P \partial g} = \frac{\alpha g^{y-1} P^{-x-1}[G_0 yPQ(1-x)+G_0 yx(s+Qw)+Qg^2 x(1-M)(2+y)]}{G_0 Q} \tag{3-32}$$

零售商利润函数 π 关于 Q、P 和 g 的 Hessian 矩阵为

$$H(Q,P,g) = \begin{vmatrix} \dfrac{\partial^2 \pi}{\partial Q^2} & \dfrac{\partial^2 \pi}{\partial Q \partial P} & \dfrac{\partial^2 \pi}{\partial Q \partial g} \\[2mm] \dfrac{\partial^2 \pi}{\partial P \partial Q} & \dfrac{\partial^2 \pi}{\partial P^2} & \dfrac{\partial^2 \pi}{\partial P \partial g} \\[2mm] \dfrac{\partial^2 \pi}{\partial g \partial Q} & \dfrac{\partial^2 \pi}{\partial g \partial P} & \dfrac{\partial^2 \pi}{\partial g^2} \end{vmatrix} \tag{3-33}$$

根据式(3-25)，可知 Hessian 矩阵 $H(P,Q,g)$ 的一阶顺序主子式 $H_1 < 0$，但其二阶顺序主子式 H_2 和三阶顺序主子式 H_3 的表达式非常复杂，难以直接判断其正负。采用与线性需求情景下的判断方式,对相关参数进行赋值,令 w 分别等于 4 元、7 元和 10 元，s 分别等于 50 元、100 元和 150 元，h 分别等于 0.06 元、0.12 元和 0.18 元，G_0 分别等于 30 元、65 元和 100 元，P 分别等于 $1.2 \times w$、$1.85 \times w$ 和 $2.5 \times w$，M 分别等于 0.2、0.4 和 0.6，α 分别等于 20000000、30000000 和 40000000，x 分别等于 1.5、1.75 和 2.0，y 分别等于 0.1、0.2 和 0.3，Q 分别等于 $0.5 \times Q_1$、Q_1 和 $1.5 \times Q_1$（其中 Q_1 为 $y=0$ 即无返券情况下根据式(3-24)令 $\dfrac{\partial \pi}{\partial Q}=0$ 所得到的 Q 值），g 分别等于 $0.2 \times P$、$0.4 \times P$ 和 $0.6 \times P$。这些参数的取值组合形成 $3^{11}=177147$ 个情景，计算所有情景下的 Hessian 矩阵，发现 $H_2 > 0$ 和 $H_3 < 0$，这意味着 Hessian 矩阵为负定。所以，这些情景对应的利润函数 π 是关于 Q、P 和 g 的凹函数，通过一阶条件等于零可以得到最优订货量 Q^*、最优零售价格 P^* 和最优返券面值 g^*。根据式(3-24)、式(3-26)和式(3-28)可以得到

$$Q = \sqrt{\frac{2\alpha s g^y}{whP^x}} \tag{3-34}$$

$$P = \frac{Qg^2 x(1-M)+G_0 x(s+Qw)}{G_0 Q(x-1)} \tag{3-35}$$

$$g = \sqrt{\frac{G_0 y [Q(P-w)-s]}{Q(2+y)(1-M)}} \quad (3-36)$$

通过联立求解式(3-34)、式(3-35)和式(3-36)可以得到零售商的最优订货数量 Q^*、最优零售价格 P^* 和最优返券面值 g^*。

3.3.3 算例

考虑一个产品的需求函数为 $D = 40000000 g^{0.1} / P^2$，单位产品的采购成本 $w = 8$ 元，参考价格 $G_0 = 30$ 元，订货成本 $s = 100$ 元，每年每 1 元库存的持有成本 $h = 0.12$ 元，返券可兑换产品的平均利润率 $M = 0.4$。

在无返券促销的情况下(令 $y = 0$)，可以根据式(3-34)和式(3-35)计算得到零售商的最优零售价格 $P^{N^*} = 16.03$ 元和最优订货数量 $Q^{N^*} = 5693$ 单位，产品年需求 $D^{N^*} = 155566$ 单位，最大年利润 $\pi^{N^*} = 1.24 \times 10^6$ 元。

在返券促销的情况下，根据式(3-34)、式(3-35)和式(3-36)计算得到零售商的最优返券面值 $g^* = 4.59$、最优零售价格 $P^{g^*} = 16.88$ 元和最优订货数量 $Q^{g^*} = 5837$ 单位，产品年需求 $D^{g^*} = 163539$ 单位，最大利润 $\pi^{g^*} = 1.38 \times 10^6$ 元。

将上述算例结果进行对比不难发现，与无返券促销的情形相比，零售商提供返券促销后，产品的最优零售价格提高了 5.3%，这说明零售商在促销时有提升零售价格的动机；但是零售价格的提高并没有降低产品的市场需求，由于返券的作用，产品市场需求反而增加了 5.13%，相应地零售商的利润增加了 11.29%。反观消费者的返券兑换率 $r = 15.3\%$，也就是说预期只有 15.3% 的消费者会来兑换返券，这体现了返券促销的漏出效应，是零售商提供返券后利润增加的一个很重要的原因。

3.4 敏感性分析与讨论

从前述分析可以发现，不论是线性需求还是非线性需求，零售商采取返券促销均会带来销售利润较大幅度的增长。同时也发现，返券促销情况下，返券有效性、参考价格和兑换产品平均利润率是影响零售商最优策略的关键因素。接下来分析这些因素对零售商最优策略和最优利润的影响。采用 3.2.3 节和 3.3.3 节算例中各参数的数据。

1. 返券有效性的影响分析

图 3-1 反映了线性需求下零售价格和返券面值随返券有效性的变化情况，

图 3-2 则反映了非线性需求下零售价格和返券面值随返券有效性变化的情况。由图 3-1 和图 3-2 可以看出，随着返券有效性的增加，零售商的最优零售价格和返券面值都在逐渐增加。这说明，返券面值相对于零售价格对需求的贡献在增大时，提高发放返券的面值更有利于促销效果的实现。但是，相比于线性需求函数，非线性需求函数下价格的增加速度低于返券面值的增加速度，这是因为返券对需求的影响递减，要求返券面值增加更大的数额，以抵消价格对需求的小幅增长的影响。

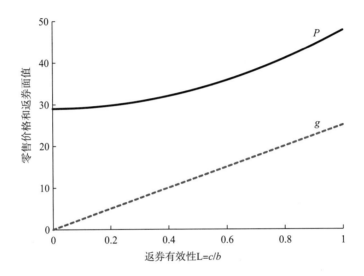

图 3-1   线性需求下零售价格和返券面值随返券有效性变化的情况

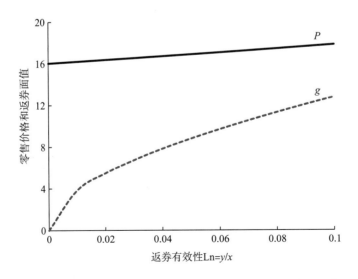

图 3-2   非线性需求下零售价格和返券面值随返券有效性变化的情况

　　图 3-3 和图 3-4 分别反映了线性需求和非线性需求下零售商利润随返券有效性变化的情况。两个图均表明，零售商利润随着返券有效性的增大而增大，而且是非线性增长。这说明，消费者对返券促销的敏感性越强，返券对零售商利润的贡献度就越大。

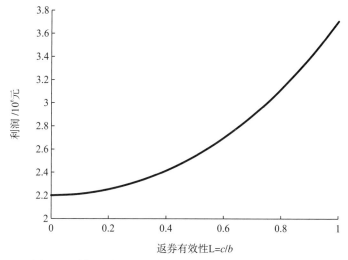

图 3-3　线性需求下零售商利润随返券有效性变化的情况

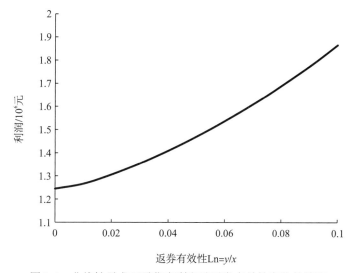

图 3-4　非线性需求下零售商利润随返券有效性变化的情况

2. 参考价格的影响分析

　　图 3-5 反映了线性需求下零售价格和返券面值随参考价格变化的情况。该图

显示随着参考价格的增大，零售价格和返券面值都将增大。这是因为，当参考价格升高时，在给定的返券面值下消费者兑换返券的可能性会减少，因此增加返券面值以抵消零售价格上升对需求的影响，这样才能保证零售商利润的最优。图 3-5 也表明，当参考价格相对比较大时，返券面值会等于零售价格。这也解释了在促销实践中，部分商家的返券面值比较接近甚至等于零售价格。图 3-6 则反映了非线性需求下零售价格和返券面值随参考价格变化的情况。该图显示，随着参考价格的增大，零售价格相对保持不变，返券面值则逐渐增大。这表明在非线性需求下，零售商主要是通过增加返券面值来增加需求。在非线性需求函数下零售价格

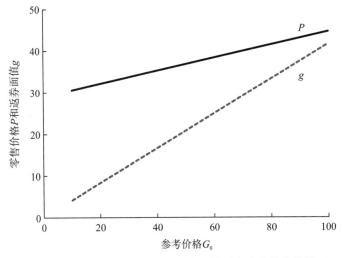

图 3-5　线性需求下零售价格和返券面值随参考价格变化情况

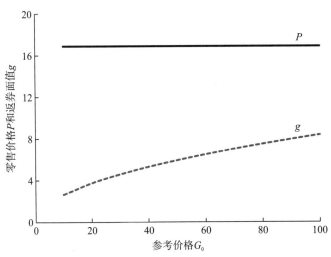

图 3-6　非线性需求下零售价格和返券面值随参考价格变化情况

保持相对不变的原因是非线性情况下零售价格上升导致需求的下降比线性情况下更大，因此零售商必须避免因零售价格上升所产生的抑制返券促销效果的影响。同时，由图 3-5 和图 3-6 可以看出，在线性需求情况下，识别参考价格的真实值更为重要，因为最优返券面值对参考价格的变化更为敏感。

图 3-7 和图 3-8 分别反映了线性需求和非线性需求下零售商利润随参考价格变化的情况，可以看出零售商利润随着参考价格的增大而增大。尽管如图 3-5 和图 3-6 所示，当消费者预期的参考价格较大时，零售商需要提供更大面值的返券，这意味着要增大促销成本，但是由于返券对需求的促进作用以及随着参考价格增大导致的返券兑换率的降低，这些因素则会为零售商带来正向的收益增加，从而使零售商依然会获得更大的利润增长。

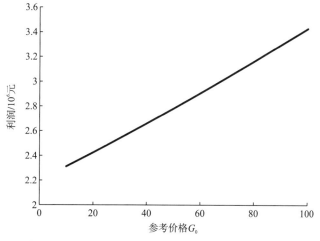

图 3-7　线性需求下零售商利润随参考价格变化的情况

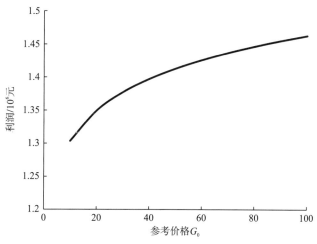

图 3-8　非线性需求下零售商利润随参考价格变化的情况

3. 兑换产品平均利润率的影响分析

图 3-9 反映了线性需求下零售价格和返券面值随兑换产品平均利润率变化的情况。该图显示，零售价格和返券面值均随着兑换产品平均利润率的增大而增大；而且，当兑换产品平均利润率较大（算例中 $M=0.8$）时，返券面值会等于参考价格。这是因为兑换产品的平均利润率越高，零售商支付的返券兑换成本就越低，那么零售商更愿意发放较大面额的返券去吸引更多的消费者增加购买量。图 3-10 显示的是非线性需求下零售价格和返券面值随兑换产品平均利润率变化的情况。该图表明，在非线性需求情况下，零售价格随着兑换产品平均利润率的增大而稍有下降趋势，这是由于非线性需求函数的价格对需求变化的影响较大。

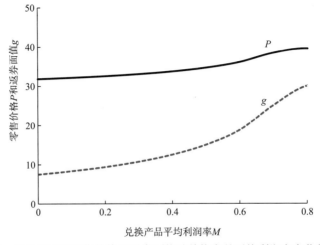

图 3-9　线性需求下零售价格和返券面值随兑换产品平均利润率变化的情况

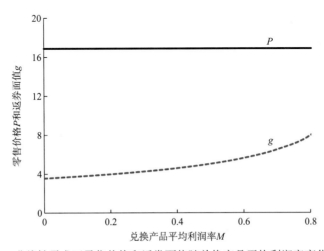

图 3-10　非线性需求下零售价格和返券面值随兑换产品平均利润率变化的情况

　　图 3-11 和图 3-12 分别反映了线性需求和非线性需求下零售商利润随兑换产品平均利润率变化的情况，可以看出，零售商利润随着返券可兑换产品平均利润率的增大而增大。这也暗示，零售商进行返券促销时，可以对消费者使用返券兑换的产品进行一定程度的限制或引导，尽可能使其兑换利润率比较高的产品。但是，如果对消费者兑换产品做出限制，也会影响消费者对返券促销的认可度，减弱返券促销的效果。因此，零售商必须做好权衡。

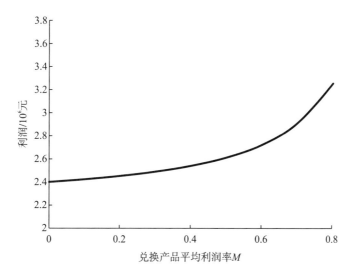

图 3-11　线性需求下零售商利润随兑换产品平均利润率变化的情况

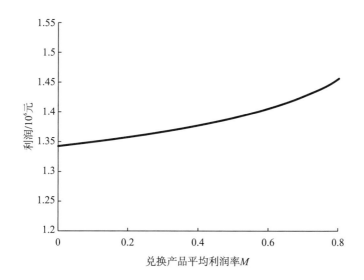

图 3-12　非线性需求下零售商利润随兑换产品平均利润率变化的情况

3.5 本 章 小 结

本章考虑零售商长期开展返券促销这一实际背景，分别基于两种常用的线性需求函数和非线性需求函数，构建零售商利润最大化决策模型，给出了零售商最优返券促销和订货策略，并考察了返券有效性、参考价格和兑换产品平均利润率对最优返券策略和零售商利润的影响。

研究结果表明，不论是线性需求函数形式下还是非线性需求函数形式下，零售商实施返券促销均能比无返券促销获得更高的收益，也就是说返券促销对零售商总是有利的。在实施返券促销时，零售商具有提升零售商价格的动力。随着返券有效性、参考价格和兑换产品平均利润率的增加，零售商发放的返券面值也会增加，零售商的利润也会增加。

参 考 文 献

Abad P L. 1988. Determining optimal selling price and lot size when the supplier offers all-unit quantity discounts[J]. Decision Science, 19(3): 622-635.

Kunreuther H, Richard J F. 1971. Optimal pricing and inventory decisions for non-seasonal items[J]. Econometrica, 39(1): 1973-1975.

Lee H, Rosenblatt M J. 1986. The effects of varying marketing policies and conditions on the economic ordering quantity[J]. International Journal of Production Research, 24(3): 593-598.

第 4 章　零售商主导型单产品供应链返券促销策略

4.1　问 题 背 景

电子商务的飞速发展，给实体零售业带来巨大的销售压力，许多零售商纷纷采用各种各样的促销来刺激消费，扩大商品销售，返券便是其中一种。返券作为一种近年来新兴的促销方式，倍受零售商青睐。例如，国美电器在 2022 年北京消费季中推出的"满 1999 元返 50 元、满 2999 元返 100 元、满 3999 元返 150 元"系列促销活动、沃尔玛在中秋节支付活动中推出的"微信支付全场满 100 元立返 10 元代金券"等。

随着零售业的发展，大型零售商在供应链中越来越占据主导地位。在零售商主导型供应链中，如何正确地使用返券这一促销工具，使之既可扩大销售，又能实现企业利润的增加，不仅是商家最迫切关心的问题，同时也是学者聚焦的研究问题。本章考虑由一个零售商作为主导者，一个制造商作为跟随者组成的两阶段分散化供应链系统，零售商对该制造商产品开展返券促销的相关决策问题。首先，构建无返券促销的分散化供应链决策系统，并求解出零售商和制造商最优的决策结果和相关结论作为基础；其次，考虑零售商开展返券促销下的分散化供应链，通过优化得到零售商和制造商的最优决策以及相关结论；最后，通过对比无返券促销和零售商返券促销的供应链模型得到零售商和制造商的最优决策。

4.2　基本假设及参数说明

本节考虑由一个零售商和一个制造商组成的单产品分散化供应链系统，零售商作为 Stackelberg 博弈的领导者，制造商是博弈的跟随者。无返券促销的供应链中，零售商首先决策产品的边际利润 m，制造商观察到零售商的决策行为后，决策产品的批发价格 w。产品的零售价格 $p = m + w$，制造商的单位生产成本为 c。消费者对该产品的保留价格为 V，且 V 在 $[0, b]$ 区间服从均匀分布。假定市场中的

消费者容量为 n，不失一般性，标准化为 1。返券促销的供应链中，零售商针对该制造商的产品(以下称促销产品)实施返券促销，并向消费者承诺凡购买该产品的消费者即可获得一张面值为 g 的返券，该返券用于抵扣消费者再次购买零售商销售任何产品的等额支付。此时的决策顺序为：零售商先同时决策促销产品的边际利润和返券面值，然后制造商决策产品的批发价格。假设消费者使用返券兑换产品的平均利润率为 $M(0 < M < 1)$。假设消费者兑换返券的兑换率 r 是关于返券面值 g 的函数，则有

$$r(g) = \begin{cases} \dfrac{g}{G_0}, & 0 < g \leqslant G_0 \\ 1, & g > G_0 \end{cases}$$

其中，G_0 为消费者感知的返券面值的最大阈值。当零售商提供的返券面值小于等于 G_0 时，返券的兑换率是返券面值的线性递增函数；当零售商提供的返券面值大于 G_0 时，返券的兑换率等于 1，即全部兑换。供应链模型决策中，零售商和制造商分别最大化各自的期望利润，消费者最大化其消费者剩余(当消费者剩余为负时，消费者不购买产品)。

为表述方便，用上标 NG 表示无返券促销，RG 表示返券促销，下标 r、m、sc 分别表示零售商、制造商和供应链。

4.3　无返券促销供应链决策模型

根据假设，无返券促销时，只有当消费者的保留价格 $V \geqslant p^{\text{NG}}$ 时，消费者才发生购买行为。因此，无返券促销时产品的期望需求为

$$D^{\text{NG}} = \int_{p^{\text{NG}}}^{b} \frac{1}{b} \mathrm{d}x = 1 - \frac{p^{\text{NG}}}{b} = 1 - \frac{m^{\text{NG}} + w^{\text{NG}}}{b} \tag{4-1}$$

无返券促销时的零售商和制造商的利润函数分别为

$$\pi_{\text{r}}^{\text{NG}}(m^{\text{NG}}) = m^{\text{NG}} D^{\text{NG}} \tag{4-2}$$

$$\pi_{\text{m}}^{\text{NG}}(w^{\text{NG}}) = (w^{\text{NG}} - c) D^{\text{NG}} \tag{4-3}$$

采用逆推法得到无返券促销时的零售商和制造商的最优决策策略，见命题 4.1。

命题 4.1　无返券促销时，零售商的最优产品边际利润 $m^{\text{NG}*} = \dfrac{b-c}{2}$，制造商的最优批发价格 $w^{\text{NG}*} = \dfrac{b+3c}{4}$。

证明　将式(4-1)代入式(4-3)，得到制造商的利润函数为

$$\pi_{\mathrm{m}}^{\mathrm{NG}}(w^{\mathrm{NG}}) = (w^{\mathrm{NG}} - c)\left(1 - \frac{m^{\mathrm{NG}} + w^{\mathrm{NG}}}{b}\right) \tag{4-4}$$

对式(4-4)中的 $\pi_{\mathrm{m}}^{\mathrm{NG}}$ 求关于 w^{NG} 的一阶和二阶导数，得

$$\frac{\mathrm{d}\,\pi_{\mathrm{m}}^{\mathrm{NG}}}{\mathrm{d}\,w^{\mathrm{NG}}} = \frac{b + c - m^{\mathrm{NG}} - 2w^{\mathrm{NG}}}{b} \tag{4-5}$$

$$\frac{\mathrm{d}^2\,\pi_{\mathrm{m}}^{\mathrm{NG}}}{\mathrm{d}\,w^{\mathrm{NG}^2}} = -\frac{2}{b} \tag{4-6}$$

因为 $\dfrac{\mathrm{d}^2\,\pi_{\mathrm{m}}^{\mathrm{NG}}}{\mathrm{d}\,w^{\mathrm{NG}^2}} < 0$，可知 $\pi_{\mathrm{m}}^{\mathrm{NG}}$ 是关于 w^{NG} 的凹函数，所以存在唯一最优解，使式(4-4)取得最大值。根据式(4-5)令 $\dfrac{\mathrm{d}\,\pi_{\mathrm{m}}^{\mathrm{NG}}}{\mathrm{d}\,w^{\mathrm{NG}}} = 0$，得到无返券促销时制造商的最优批发价格为

$$w^{\mathrm{NG}*}(m^{\mathrm{NG}}) = \frac{b + c - m^{\mathrm{NG}}}{2} \tag{4-7}$$

将式(4-1)和式(4-7)代入式(4-2)，得到零售商的利润函数为

$$\pi_{\mathrm{r}}^{\mathrm{NG}}(m^{\mathrm{NG}}) = \frac{m^{\mathrm{NG}}(b - c - m^{\mathrm{NG}})}{2b} \tag{4-8}$$

对式(4-8)中的 $\pi_{\mathrm{r}}^{\mathrm{NG}}$ 求关于 m^{NG} 的一阶和二阶导数，得

$$\frac{\mathrm{d}\,\pi_{\mathrm{r}}^{\mathrm{NG}}}{\mathrm{d}\,m^{\mathrm{NG}}} = \frac{b - c - 2m^{\mathrm{NG}}}{2b} \tag{4-9}$$

$$\frac{\mathrm{d}^2\,\pi_{\mathrm{r}}^{\mathrm{NG}}}{\mathrm{d}\,m^{\mathrm{NG}^2}} = -\frac{1}{b} \tag{4-10}$$

因为 $\dfrac{\mathrm{d}^2\,\pi_{\mathrm{r}}^{\mathrm{NG}}}{\mathrm{d}\,m^{\mathrm{NG}^2}} < 0$，可知 $\pi_{\mathrm{r}}^{\mathrm{NG}}$ 是关于 m^{NG} 的凹函数，所以存在唯一最优解，使式(4-2)取得最大值。根据式(4-9)令 $\dfrac{\mathrm{d}\,\pi_{\mathrm{r}}^{\mathrm{NG}}}{\mathrm{d}\,m^{\mathrm{NG}}} = 0$，得到无返券促销时零售商的最优产品边际利润为 $m^{\mathrm{NG}*} = \dfrac{b - c}{2}$。将其代入式(4-7)，可得制造商的最优批发价格 $w^{\mathrm{NG}*} = \dfrac{b + 3c}{4}$。 ■

命题 4.1 给出了无返券促销时零售商和制造商的最优决策策略。该结果与 Khouja 等(2013)的结果对比发现，与制造商主导的供应链模式下无返券促销的最优决策不同，当零售商占据主导地位时，零售商产品的最优边际利润更高，而制造商的最优批发价格更低。其原因与供应链中节点企业的决策顺序有关。由于在零售商主导的供应链中，零售商具有先动优势，因而可以首先制定一个更高的边际利润，以获得更高的期望收益。

根据命题 4.1 的结果可得推论 4.1。

推论 4.1　无返券促销时，产品的最优零售价格 $p^{\text{NG}*} = \dfrac{3b+c}{4}$，最优期望需求

$D^{\text{NG}*} = \dfrac{b-c}{4b}$；零售商的最优期望利润 $\pi_{\text{r}}^{\text{NG}*} = \dfrac{(b-c)^2}{8b}$，制造商的最优期望利润

$\pi_{\text{m}}^{\text{NG}*} = \dfrac{(b-c)^2}{16b}$，供应链的最优期望利润 $\pi_{\text{sc}}^{\text{NG}*} = \dfrac{3(b-c)^2}{16b}$。

将推论 4.1 的相关结果与 Khouja 等(2013)的研究结果对比发现，零售商主导的供应链结构下的产品最优零售价格、期望需求和供应链的最优期望利润与制造商主导的供应链结构下的最优结果一致。其主要原因是：尽管供应链的主导结构发生了改变，但是产品和市场结构并没有发生改变，因而终端市场的销售价格和市场需求以及供应链的整体利润都不会发生改变。同时，推论 4.1 也表明，由于供应链中节点企业的决策顺序的改变，相应地制造商和零售商的期望利润均发生了改变。具体表现为：无返券促销时，制造商主导型供应链中，制造商获得两倍于零售商的期望利润；而在零售商主导型供应链中，零售商获得两倍于制造商的期望利润。

4.4　零售商发放返券供应链决策模型

本节考虑零售商实施返券促销时的供应链相关决策策略。根据假设，消费者购买促销产品即可获得一张返券，并能够抵扣再次消费中的等额支付。因此，返券促销时消费者购买产品所获得的消费者剩余为 $V - p^{\text{RG}} + g$。所以只有当 $V - p^{\text{RG}} + g \geqslant 0$，即 $V \geqslant p^{\text{RG}} + g$ 时，消费者才发生购买行为。因此，返券促销时促销产品的期望需求为

$$D^{\text{RG}} = \int_{p^{\text{RG}}-g}^{b} \frac{1}{b}\,\mathrm{d}x = 1 - \frac{p^{\text{RG}}-g}{b} = 1 - \frac{m^{\text{RG}} + w^{\text{RG}} - g}{b} \tag{4-11}$$

返券促销时零售商和制造商的利润函数分别为

$$\pi_{\text{r}}^{\text{RG}}(m^{\text{RG}}, g) = m^{\text{RG}} D^{\text{RG}} - (1-M)rg D^{\text{RG}} \tag{4-12}$$

$$\pi_{\text{m}}^{\text{RG}}(w^{\text{RG}}) = (w^{\text{RG}} - c) D^{\text{RG}} \tag{4-13}$$

式(4-12)中，$m^{\text{RG}} D^{\text{RG}}$ 为促销产品的期望销售利润，$(1-M)rg D^{\text{RG}}$ 为消费者兑换返券时所产生的成本。同样，采用逆推法得到返券促销时零售商和制造商的最优决策策略，如命题 4.2 所述。

命题 4.2　在零售商返券促销模式下：

(1) 当 $0 < M < \dfrac{1}{2}$ 时，最优返券面值 $g^* = \dfrac{G_0}{2(1-M)}$，零售商的最优边际利润

$$m^{\mathrm{RG}*} = \frac{3G_0 + 4(b-c)(1-M)}{8(1-M)}$$ ，制造商的最优批发价格 $w^{\mathrm{RG}*} = \frac{G_0 + 4(b+3c)(1-M)}{16(1-M)}$ ；

(2) 当 $\dfrac{1}{2} \leqslant M < 1$ 时，最优返券面值 $g^* = G_0$ ，零售商的最优边际利润

$$m^{\mathrm{RG}*} = \frac{G_0(2-M) + b - c}{2}$$ ，制造商的最优批发价格 $w^{\mathrm{RG}*} = \dfrac{G_0 M + b + 3c}{4}$ 。

证明　将式(4-11)代入式(4-13)，得到制造商的利润函数为

$$\pi_{\mathrm{m}}^{\mathrm{RG}}(w^{\mathrm{RG}}) = (w^{\mathrm{RG}} - c)\left(1 - \frac{m^{\mathrm{RG}} + w^{\mathrm{RG}} - g}{b}\right) \tag{4-14}$$

对式(4-14)中的利润 $\pi_{\mathrm{m}}^{\mathrm{RG}}$ 求关于 w^{RG} 的一阶和二阶导数，得

$$\frac{\mathrm{d}\pi_{\mathrm{m}}^{\mathrm{RG}}}{\mathrm{d}w^{\mathrm{RG}}} = \frac{b + c + g - m^{\mathrm{RG}} - 2w^{\mathrm{RG}}}{b} \tag{4-15}$$

$$\frac{\mathrm{d}^2\pi_{\mathrm{m}}^{\mathrm{RG}}}{\mathrm{d}w^{\mathrm{RG}^2}} = -\frac{2}{b} \tag{4-16}$$

由 $\dfrac{\mathrm{d}^2\pi_{\mathrm{m}}^{\mathrm{RG}}}{\mathrm{d}w^{\mathrm{RG}^2}} < 0$ 可知， $\pi_{\mathrm{m}}^{\mathrm{RG}}$ 是关于 w^{RG} 的凹函数，因而存在唯一最优解，使式(4-14)取得最大值。根据式(4-15)令 $\dfrac{\mathrm{d}\pi_{\mathrm{m}}^{\mathrm{RG}}}{\mathrm{d}w^{\mathrm{RG}}} = 0$ ，得到返券促销时制造商的最优批发价格为

$$w^{\mathrm{RG}*}(m^{\mathrm{RG}}) = \frac{b + c + g - m^{\mathrm{RG}}}{2} \tag{4-17}$$

将式(4-11)和式(4-17)代入式(4-12)，得到零售商的期望利润函数为

$$\pi_{\mathrm{r}}^{\mathrm{RG}}(m^{\mathrm{RG}}, g) = \begin{cases} \dfrac{(b-c+g-m^{\mathrm{RG}})[G_0 m^{\mathrm{RG}} - g^2(1-M)]}{2bG_0}, & 0 < g \leqslant G_0 \\[3mm] \dfrac{(b-c+g-m^{\mathrm{RG}})[m^{RG} - g(1-M)]}{2b}, & g > G_0 \end{cases} \tag{4-18}$$

(1) 当 $0 < g \leqslant G_0$ 时，对式(4-18)中的 $\pi_{\mathrm{r}}^{\mathrm{RG}}$ 求关于 m^{RG} 的一阶和二阶导数，得

$$\frac{\mathrm{d}\pi_{\mathrm{r}}^{\mathrm{RG}}}{\mathrm{d}m^{\mathrm{RG}}} = \frac{G_0(b-c+g-2m^{\mathrm{RG}}) + g^2(1-M)}{2bG_0} \tag{4-19}$$

$$\frac{\mathrm{d}^2\pi_{\mathrm{r}}^{\mathrm{RG}}}{\mathrm{d}m^{\mathrm{RG}^2}} = -\frac{1}{b} \tag{4-20}$$

由 $\dfrac{\mathrm{d}^2\pi_{\mathrm{r}}^{\mathrm{RG}}}{\mathrm{d}m^{\mathrm{RG}^2}} < 0$ 可知， $\pi_{\mathrm{r}}^{\mathrm{RG}}$ 是关于 m^{RG} 的凹函数，因而存在唯一最优解，使式(4-18)取得最大值。根据式(4-19)令 $\dfrac{\mathrm{d}\pi_{\mathrm{r}}^{\mathrm{RG}}}{\mathrm{d}m^{\mathrm{RG}}} = 0$ ，得到零售商的最优边际利润为

$$m^{\mathrm{RG}*}(g) = \frac{G_0(b-c+g) + g^2(1-M)}{2G_0} \tag{4-21}$$

将式(4-21)代入式(4-18)，得到零售商的利润函数为

$$\pi_r^{RG}(g) = \frac{[G_0(b-c+g)-g^2(1-M)]^2}{8bG_0^2} \tag{4-22}$$

对式(4-22)中的 π_r^{RG} 求关于 g 的一阶导数，得

$$\frac{\mathrm{d}\pi_r^{RG}}{\mathrm{d}g} = \frac{\{G_0(b-c)+g[G_0-g(1-M)]\}[G_0-2g(1-M)]}{4bG_0^2} \tag{4-23}$$

由式(4-23)可知：①当 $G_0-2g(1-M) \geqslant 0$，即 $g \leqslant \dfrac{G_0}{2(1-M)}$ 时，$\dfrac{\mathrm{d}\pi_r^{RG}}{\mathrm{d}g} \geqslant 0$，此时 π_r^{RG} 是关于 g 的增函数。同时，由于 g 必须满足 $0 < g \leqslant G_0$，故当 $G_0 > \dfrac{G_0}{2(1-M)}$，即 $0 < M < \dfrac{1}{2}$ 时，$0 < g \leqslant \dfrac{G_0}{2(1-M)}$，此时 $g^* = \dfrac{G_0}{2(1-M)}$；当 $G_0 \leqslant \dfrac{G_0}{2(1-M)}$，即 $\dfrac{1}{2} \leqslant M < 1$ 时，$0 < g \leqslant G_0$，此时 $g^* = G_0$。②当 $G_0-2g(1-M) < 0$，即 $g > \dfrac{G_0}{2(1-M)}$ 时，$\dfrac{\mathrm{d}\pi_r^{RG}}{\mathrm{d}g} < 0$，此时 π_r^{RG} 是关于 g 的减函数。同理，g 必须满足 $0 < g \leqslant G_0$，所以当 $0 < M < \dfrac{1}{2}$ 时，$\dfrac{G_0}{2(1-M)} < g \leqslant G_0$，此时 $g^* = \dfrac{G_0}{2(1-M)}$；当 $\dfrac{1}{2} \leqslant M < 1$ 时，$G_0 \leqslant \dfrac{G_0}{2(1-M)}$，此时 g 无界。综合①和②两种情况可知，在 $0 < g \leqslant G_0$ 的情况下，当 $0 < M < \dfrac{1}{2}$ 时，$g^* = \dfrac{G_0}{2(1-M)}$；当 $\dfrac{1}{2} \leqslant M < 1$ 时，$g^* = G_0$。

(2)当 $g > G_0$ 时，利用同样的方法可证得此最优化问题无界(舍弃)。

综合 $0 < g \leqslant G_0$ 和 $g > G_0$ 两种情况，得到返券促销模式下的最优策略为：当 $0 < M < \dfrac{1}{2}$ 时，最优返券面值 $g^* = \dfrac{G_0}{2(1-M)}$，此时最优边际利润 $m^{RG*} = \dfrac{3G_0+4(b-c)(1-M)}{8(1-M)}$，最优批发价格 $w^{RG*} = \dfrac{G_0+4(b+3c)(1-M)}{16(1-M)}$；当 $\dfrac{1}{2} \leqslant M < 1$ 时，最优返券面值 $g^* = G_0$，此时最优边际利润 $m^{RG*} = \dfrac{G_0(2-M)+b-c}{2}$，最优批发价格 $w^{RG*} = \dfrac{G_0M+b+3c}{4}$。∎

命题 4.2 给出了返券促销时零售商和制造商的最优决策策略。由命题 4.2 可以看出，兑换产品的平均利润率是影响零售商和制造商最优决策策略选择的关键因素。当兑换产品的平均利润率小于 1/2 时，零售商设定的最优返券面值将小于消费者感知的返券面值的最大阈值；当兑换产品的平均利润率大于 1/2 时，零售商则将最优的返券面值设定在消费者感知的返券面值的最大阈值处。另外值得注意

的是，当 $0 < M < \dfrac{1}{2}$ 时，返券兑换率 $r = \dfrac{g}{G_0} = \dfrac{1}{2(1-M)}$，这表明此时返券兑换率只与兑换产品的平均利润率相关。兑换产品的平均利润率越大，返券兑换率越高。

将命题 4.2 中的结果代入式(4-11)~式(4-13)得到相应的最优零售价格、最优期望需求和最优期望利润，见推论 4.2。

推论 4.2　在零售商返券促销模式下：

(1) 当 $0 < M < \dfrac{1}{2}$ 时，促销产品的最优零售价格 $p^{RG*} = \dfrac{7G_0 + 4(3b+c)(1-M)}{16(1-M)}$，

最优期望需求 $D^{RG*} = \dfrac{G_0 + 4(b-c)(1-M)}{16b(1-M)}$，零售商的最优期望利润 $\pi_r^{RG*} =$

$\dfrac{[G_0 + 4(b-c)(1-M)]^2}{128b(1-M)^2}$，制造商的最优期望利润 $\pi_m^{RG*} = \dfrac{[G_0 + 4(b-c)(1-M)]^2}{256b(1-M)^2}$，供

应链的最优期望利润 $\pi_{sc}^{RG*} = \dfrac{3[G_0 + 4(b-c)(1-M)]^2}{256b(1-M)^2}$；

(2) 当 $\dfrac{1}{2} \leqslant M < 1$ 时，促销产品的最优零售价格 $p^{RG*} = \dfrac{G_0(4-M) + 3b+c}{4}$，最

优期望需求 $D^{RG*} = \dfrac{G_0 M + b - c}{4b}$，零售商的最优期望利润 $\pi_r^{RG*} = \dfrac{(G_0 M + b - c)^2}{8b}$，制

造商的最优期望利润 $\pi_m^{RG*} = \dfrac{(G_0 M + b - c)^2}{16b}$，供应链的最优期望利润 $\pi_{sc}^{RG*} =$

$\dfrac{3(G_0 M + b - c)^2}{16b}$。

由推论 4.2 可以看出，返券促销模式下零售商的最优期望利润仍然是制造商最优期望利润的 2 倍，这一结论与无返券促销时保持一致。同时，由命题 4.2 和推论 4.2 也可看出，返券促销时供应商和零售商的最优决策策略和最优绩效与兑换产品的平均利润率和消费者感知的返券面值的最大阈值密切相关。接下来，将通过比较静态分析的方法，分别考察兑换产品的平均利润率和消费者感知的返券面值的最大阈值对最优返券面值、零售商最优边际利润、零售商最优零售价格、制造商最优批发价格、产品最优期望需求、零售商最优期望利润、制造商最优期望利润和供应链最优期望利润的影响。

推论 4.3　在零售商返券促销模式下：

(1) 当 $0 < M < \dfrac{1}{2}$ 时，最优返券面值 g^*、零售商最优边际利润 m^{RG*}、零售商最优零售价格 p^{RG*} 和制造商最优批发价格 w^{RG*} 均随着兑换产品的平均利润率 M 和消费者感知的返券面值的最大阈值 G_0 的增大(减小)而增大(减小)。

(2) 当 $\dfrac{1}{2} \leqslant M < 1$ 时，零售商最优边际利润 m^{RG*} 和零售商最优零售价格 p^{RG*} 随

着兑换产品的平均利润率 M 的增大(减小)而减小(增大),制造商最优批发价格 w^{RG*} 随着兑换产品的平均利润率 M 的增大(减小)而增大(减小);最优返券面值 g^*、零售商最优边际利润 m^{RG*}、零售商最优零售价格 p^{RG*} 和制造商最优批发价格 w^{RG*} 均随着消费者感知返券面值的最大阈值 G_0 的增大(减小)而增大(减小)。

证明 根据命题 4.2 可知:

(1) 当 $0 < M < \dfrac{1}{2}$ 时, $\dfrac{\mathrm{d}\,g^*}{\mathrm{d}\,M} = \dfrac{G_0}{2(1-M)^2} > 0$, $\dfrac{\mathrm{d}\,g^*}{\mathrm{d}\,G_0} = \dfrac{1}{2(1-M)} > 0$, $\dfrac{\mathrm{d}\,m^{RG*}}{\mathrm{d}\,M} =$

$\dfrac{3G_0}{8(1-M)^2} > 0$, $\dfrac{\mathrm{d}\,m^{RG*}}{\mathrm{d}\,G_0} = \dfrac{3}{8(1-M)} > 0$, $\dfrac{\mathrm{d}\,p^{RG*}}{\mathrm{d}\,M} = \dfrac{7G_0}{16(1-M)^2} > 0$, $\dfrac{\mathrm{d}\,p^{RG*}}{\mathrm{d}\,G_0} =$

$\dfrac{7}{16(1-M)} > 0$, $\dfrac{\mathrm{d}\,w^{RG*}}{\mathrm{d}\,M} = \dfrac{G_0}{16(1-M)^2} > 0$, $\dfrac{\mathrm{d}\,w^{RG*}}{\mathrm{d}\,G_0} = \dfrac{1}{16(1-M)} > 0$;

(2) 当 $\dfrac{1}{2} \leqslant M < 1$ 时, $\dfrac{\mathrm{d}\,g^*}{\mathrm{d}\,G_0} = 1 > 0$, $\dfrac{\mathrm{d}\,m^{RG*}}{\mathrm{d}\,M} = -\dfrac{G_0}{2} < 0$, $\dfrac{\mathrm{d}\,m^{RG*}}{\mathrm{d}\,G_0} = \dfrac{2-M}{2} > 0$,

$\dfrac{\mathrm{d}\,p^{RG*}}{\mathrm{d}\,M} = -\dfrac{G_0}{4} < 0$, $\dfrac{\mathrm{d}\,p^{RG*}}{\mathrm{d}\,G_0} = \dfrac{4-M}{4} > 0$, $\dfrac{\mathrm{d}\,w^{RG*}}{\mathrm{d}\,M} = \dfrac{G_0}{4} > 0$, $\dfrac{\mathrm{d}\,w^{RG*}}{\mathrm{d}\,G_0} = \dfrac{M}{4} > 0$ 。 ∎

推论 4.3 表明,对于任意大小的兑换产品的平均利润率,最优返券面值、零售商最优边际利润、零售商最优零售价格和制造商最优批发价格均随着消费者感知返券面值的最大阈值的增大(减小)而增大(减小)。这是因为消费者感知的返券面值的最大阈值代表着消费者对返券促销激励作用的认知程度,也在一定程度上反映了消费者对返券促销的敏感程度。较大的阈值意味着消费者对返券促销的敏感程度较弱,此时零售商只有通过发放较大面值的返券,才能刺激消费者参与到返券促销活动中。返券面值的增大,也使得零售商和制造商提高相应的零售价格和批发价格来获取更高的利润。

推论 4.3 还表明,当兑换产品的平均利润率较小($0 < M < 1/2$)时,最优返券面值、零售商的最优边际利润和最优零售价格均随着兑换产品的平均利润率的增大(减小)而增大(减小)。其主要原因是:随着兑换产品的平均利润率的增大,零售商支付的返券兑换成本就越小,因而也就可以拿出更多的收益通过高的返券面值返还给消费者。同理,随着兑换产品的平均利润率的增大,尽管零售商支付的返券兑换成本会变小,返券面值会变大,因而零售商就会相应地提高促销产品的零售价格。然而,当兑换产品的平均利润率较高($1/2 \leqslant M < 1$)时,零售商的最优边际利润和最优零售价格则随着兑换产品平均利润率的增大(减小)而减小(增大)。这主要是因为:随着兑换产品的平均利润率的增大,零售商从返券兑换中获得的利润增加,而此时返券面值并没有随之增大,因而零售商会降低促销产品的价格(边际利润)以吸引更多的消费者购买,从而有更多的消费者兑换返券。另外,由推论 4.3 可以看出,制造商最优批发价格总是随着兑换产品的平均利润率的增

大(减小)而增大(减小)。这表明兑换产品的平均利润率越大,给制造商带来的提高批发价格的空间也越大。

推论 4.4 在零售商返券促销模式下,促销产品的最优期望需求 D^{RG*}、零售商的最优期望利润 π_r^{RG*} 和制造商的最优期望利润 π_m^{RG*} 均随着兑换产品的平均利润率 M 和消费者感知的返券面值的最大阈值 G_0 的增大(减小)而增大(减小)。

证明 由推论 4.2 可知:

(1) 当 $0 < M < \dfrac{1}{2}$ 时,$\dfrac{\mathrm{d}D^{RG*}}{\mathrm{d}M} = \dfrac{G_0}{16b(1-M)^2} > 0$,$\dfrac{\mathrm{d}D^{RG*}}{\mathrm{d}G_0} = \dfrac{1}{16b(1-M)} > 0$,

$\dfrac{\mathrm{d}\pi_r^{RG*}}{\mathrm{d}M} = \dfrac{G_0[G_0 + 4(b-c)(1-M)]}{64b(1-M)^3} > 0$,$\dfrac{\mathrm{d}\pi_r^{RG*}}{\mathrm{d}G_0} = \dfrac{G_0 + 4(b-c)(1-M)}{64b(1-M)^2} > 0$,$\dfrac{\mathrm{d}\pi_m^{RG*}}{\mathrm{d}M} =$

$\dfrac{G_0[G_0 + 4(b-c)(1-M)]}{128b(1-M)^3} > 0$,$\dfrac{\mathrm{d}\pi_m^{RG*}}{\mathrm{d}G_0} = \dfrac{G_0 + 4(b-c)(1-M)}{128b(1-M)^2} > 0$;

(2) 当 $\dfrac{1}{2} \leqslant M < 1$ 时,$\dfrac{\mathrm{d}D^{RG*}}{\mathrm{d}M} = \dfrac{G_0}{4b} > 0$,$\dfrac{\mathrm{d}D^{RG*}}{\mathrm{d}G_0} = \dfrac{M}{4b} > 0$,$\dfrac{\mathrm{d}\pi_r^{RG*}}{\mathrm{d}M} =$

$\dfrac{G_0(G_0M + b - c)}{4b} > 0$,$\dfrac{\mathrm{d}\pi_r^{RG*}}{\mathrm{d}G_0} = \dfrac{M(G_0M + b - c)}{4b} > 0$,$\dfrac{\mathrm{d}\pi_m^{RG*}}{\mathrm{d}M} = \dfrac{G_0(G_0M + b - c)}{8b} > 0$,

$\dfrac{\mathrm{d}\pi_m^{RG*}}{\mathrm{d}G_0} = \dfrac{M(G_0M + b - c)}{8b} > 0$。∎

推论 4.4 表明,促销产品的最优期望需求以及供应链中各节点企业的最优期望利润均受到消费者感知的返券面值的最大阈值和兑换产品的平均利润率的影响。由推论 4.3 可知,无论是消费者感知的返券面值的最大阈值的增大,还是兑换产品平均利润率的增大(当 $0 < M < 1/2$ 时),都会带来返券面值的增大,返券面值的增大会刺激更多的消费者购买促销产品,因而促销产品的需求就会越大。而当 $1/2 \leqslant M < 1$ 时,返券面值不变,由推论 4.3 可知,随着兑换产品平均利润率的增大,促销产品的零售价格减小,因而需求也会越来越大。促销产品的需求增大,进一步使得零售商和制造商的利润增加。

4.5 最优策略分析

基于前面的研究结论,本节首先通过对比零售商、制造商和供应链在返券促销和无返券促销时的最优利润,考察零售商发放返券的条件。其次,对比返券促销和无返券促销策略下的相关决策变量,考察两种策略下最优决策的变化和差异。

推论 4.5 与无返券促销时相比,$\pi_r^{RG*} > \pi_r^{NG*}$,$\pi_m^{RG*} > \pi_m^{NG*}$,$\pi_{sc}^{RG*} > \pi_{sc}^{NG*}$。

证明 由推论 4.2 和推论 4.1 可知

(1) 当 $0 < M < \dfrac{1}{2}$ 时：

$$\pi_{\mathrm{r}}^{\mathrm{RG}*} - \pi_{\mathrm{r}}^{\mathrm{NG}*} = \frac{G_0[G_0 + 8(b-c)(1-M)]}{128b(1-M)^2} > 0$$

$$\pi_{\mathrm{m}}^{\mathrm{RG}*} - \pi_{\mathrm{m}}^{\mathrm{NG}*} = \frac{G_0[G_0 + 8(b-c)(1-M)]}{256b(1-M)^2} > 0$$

$$\pi_{\mathrm{sc}}^{\mathrm{RG}*} - \pi_{\mathrm{sc}}^{\mathrm{NG}*} = \frac{3G_0[G_0 + 8(b-c)(1-M)]}{256b(1-M)^2} > 0$$

(2) 当 $\dfrac{1}{2} \leqslant M < 1$ 时：

$$\pi_{\mathrm{r}}^{\mathrm{RG}*} - \pi_{\mathrm{r}}^{\mathrm{NG}*} = \frac{[G_0 M + 2(b-c)]G_0 M}{8b} > 0$$

$$\pi_{\mathrm{m}}^{\mathrm{RG}*} - \pi_{\mathrm{m}}^{\mathrm{NG}*} = \frac{[G_0 M + 2(b-c)]G_0 M}{16b} > 0$$

$$\pi_{\mathrm{sc}}^{\mathrm{RG}*} - \pi_{\mathrm{sc}}^{\mathrm{NG}*} = \frac{3[G_0 M + 2(b-c)]G_0 M}{16b} > 0 \qquad ■$$

推论 4.5 表明，零售商实施返券促销能够有效提升自身利润。同时，零售商的返券促销也使促销产品的上游制造商能够获得利润的改进，进而使得整个供应链的期望利润比无返券时更高。因此，无论是考察关于零售商自身利润能否改善，还是整个供应链绩效的改进，零售商实施返券促销策略都是占优策略。

推论 4.6   与无返券促销相比，$p^{\mathrm{RG}*} > p^{\mathrm{NG}*}$，$w^{\mathrm{RG}*} > w^{\mathrm{NG}*}$，$D^{\mathrm{RG}*} > D^{\mathrm{NG}*}$。

证明   由命题 4.2、命题 4.1、推论 4.2 和推论 4.1 可知：

(1) 当 $0 < M < \dfrac{1}{2}$ 时，$p^{\mathrm{RG}*} - p^{\mathrm{NG}*} = \dfrac{7G_0}{16(1-M)} > 0$，$w^{\mathrm{RG}*} - w^{\mathrm{NG}*} = \dfrac{G_0}{16(1-M)} > 0$，

$D^{\mathrm{RG}*} - D^{\mathrm{NG}*} = \dfrac{G_0}{16b(1-M)} > 0$；

(2) 当 $\dfrac{1}{2} \leqslant M < 1$ 时，$p^{\mathrm{RG}*} - p^{\mathrm{NG}*} = \dfrac{G_0(4-M)}{4} > 0$，$w^{\mathrm{RG}*} - w^{\mathrm{NG}*} = \dfrac{G_0 M}{4} > 0$，

$D^{\mathrm{RG}*} - D^{\mathrm{NG}*} = \dfrac{G_0 M}{4b} > 0$。 ■

推论 4.6 表明，当零售商实施返券促销时，促销产品的最优零售价格和最优批发价格均高于无返券促销时的价格，这也说明实施返券促销时商家均有提高价格的动机。对于制造商，由于促销产品的单位制造成本不变，因而批发价格的提升也意味着生产每单位产品的边际利润增加。同时，推论 4.6 也表明促销产品的最优期望需求大于无返券促销时的需求，这也意味着返券促销能够激励更多的消费者购买促销产品。

推论 4.7   与无返券促销时相比，$m^{\mathrm{RG}*} - g^* < m^{\mathrm{NG}*}$ 和 $p^{\mathrm{RG}*} - g^* < p^{\mathrm{NG}*}$。

证明　由命题 4.2 和命题 4.1 可知：

(1) 当 $0 < M < \dfrac{1}{2}$ 时，$m^{\text{RG*}} - g^* - m^{\text{NG*}} = -\dfrac{G_0}{8(1-M)} < 0$，$p^{\text{RG*}} - g^* - p^{\text{NG*}} =$

$-\dfrac{G_0}{16(1-M)} < 0$；

(2) 当 $\dfrac{1}{2} \leqslant M < 1$ 时，$m^{\text{RG*}} - g^* - m^{\text{NG*}} = -\dfrac{G_0 M}{2} < 0$，$p^{\text{RG*}} - g^* - p^{\text{NG*}} = -\dfrac{G_0 M}{4}$

< 0。 ■

推论 4.7 表明，返券促销情况下促销产品的实际零售价格和批发价格之差小于无返券促销情况下的零售价格和批发价格之差，这意味着返券促销使零售商促销产品的实际最优边际利润下降，结合推论 4.5 和推论 4.6，进一步说明，尽管返券促销时零售商将提升促销产品的最优零售价格，但实际上，返券促销作用下促销产品能达到薄利多销的效果。同时，推论 4.7 也表明，促销产品的实际零售价格小于无返券促销情况下的零售价格，这也说明返券促销使得消费者剩余增加，进而提高了消费者福利。因此，综合来看，返券促销实现了消费者和企业之间的共赢。

4.6　数　值　分　析

为进一步验证本章的相关结果，并直观地检验参数变化对主要结论的影响，以下用数值实验的方法分别检验消费者感知的返券面值的最大阈值 G_0 和兑换产品的平均利润率 M 对促销产品最优零售价格和批发价格、促销产品最优期望需求以及零售商、制造商和供应链最优期望利润的影响。假定参数 $b = 5$，$c = 1$。首先考察消费者感知的返券面值的最大阈值 G_0 和兑换产品的平均利润率 M 对返券促销前后最优零售价格和最优批发价格的影响，如图 4-1 所示。

图 4-1(a) 表明，随着消费者感知的返券面值最大阈值的增加，零售商和制造商在返券促销中加价动机增加。该结果进一步验证了推论 4.3 的相关发现，而且直观地说明，零售商的加价动机比制造商高。图 4-1(b) 表明，当兑换产品的平均利润率增加时，相比无返券促销结果，促销产品的最优零售价格先增加后减小，而其最优批发价格单调增加。综合图 4-1(a) 和 (b) 可以看出，在零售商主导的供应链下，零售商实施返券促销时，其对促销产品的加价动机明显高于制造商对促销产品的加价动机。这也说明，国家在规制商家促销活动时，对零售商加价促销行为的管制是合理的。

消费者感知的返券面值的最大阈值 G_0 和兑换产品的平均利润率 M 对促销产品最优期望需求的影响如图 4-2 所示。结合推论 4.4 和推论 4.6，图 4-2 充分表明返券促销对产品扩大销售具有显著效果。其中，图 4-2(a) 进一步表明，随着消费者感知的返券面值最大阈值的增加，返券促销对产品的扩大销售效果增加。图 4-2(b)表明，兑换产品的平均利润率越大，返券促销对产品扩大销售的效果越显著。综合来看，兑换产品的平均利润率对产品扩大销售效果的影响更为明显。此时，建议零售商在实施返券促销时可以有针对性地开展。例如，零售商通过设置返券兑换的产品目录，进而实现对兑换产品的利润率的控制，达到更好的促销效果。

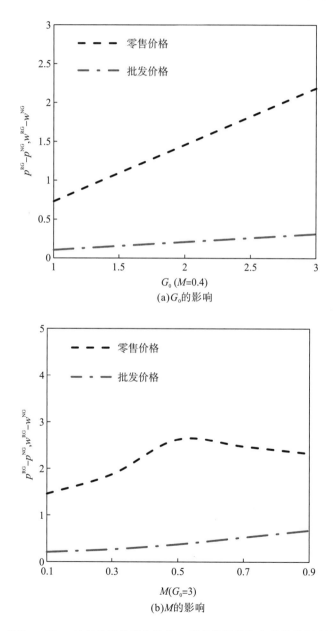

(a)G_0的影响

(b)M的影响

图 4-1　参数 G_0 和 M 对产品最优零售价格、最优批发价格和最优边际利润的影响

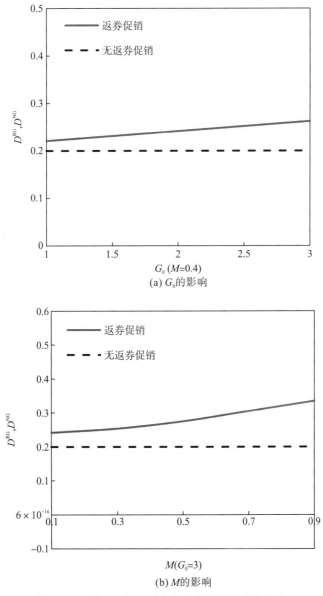

图 4-2　参数 G_0 和 M 对产品最优期望需求的影响

　　消费者感知的返券面值的最大阈值 G_0 和兑换产品的平均利润率 M 对促销前后各项利润差值（零售商、制造商和供应链）的影响，如图 4-3 所示。图 4-3(a)表明，零售商返券促销对零售商、制造商和供应链利润改进水平随着消费者感知返券面值最大阈值的增加而增加。结合推论 4.4 和推论 4.5 得知，消费者感知的返券面值的最大阈值越大，消费者对返券促销越不敏感，但零售商通过增加返券面值，能够获得更高的期望利润，与此同时制造商也能够实现搭便车，并获得更高的期望利润。由此，建议零售商在实施返券促销时，可以通过增加返券面值来推断消费者对返券的敏感程度，进而获得更好的促销效果。图 4-3(b)表明，兑换产品的平均利润率越高，返券促销对零售商、制造商和供应链的利润改进水平越大。而且，随着兑换产品平均利润的持续增加，返券促销所带来的利润改进也增加。综合图 4-3(a)和(b)发现，兑换产品的平均利润率对零售商和制造商的期望利润改进水平更加明显。

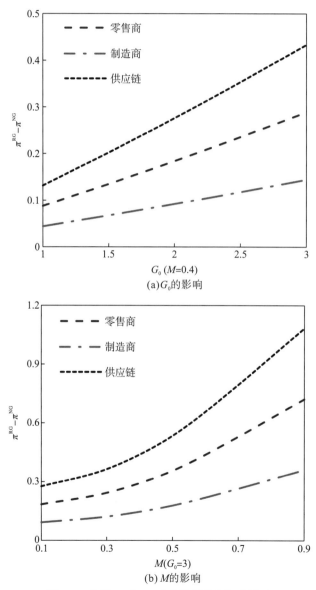

图 4-3　参数 G_0 和 M 对最优期望利润的影响

4.7　本　章　小　结

本章考虑了由一个制造商和一个零售商组成的分散化供应链系统中，零售商作为供应链的主导者开展返券促销时，供应链各节点企业的最优决策策略。通过构建博弈模型，并对比分析无返券促销和返券促销的相关结论，得出：首先，零售商开展返券促销能够使得自身利润得到改善的同时，也能增加制造商和整个供应链的收益；其次，零售商和制造商在返券促销中，会提高促销产品的零售价格和批发价格，但由于返券的优惠，促销产品的期望需求增加，并且该优惠使得兑换返券的消费者剩余也得到提升。此外，通过考察相关参数对决策变量等结果的影响，发现在返券促销中，一定条件下，最优返券面值、促销产品的最优批发价格和最优零售价格均随着消费者感知的返券面值最大阈值和兑换产品的平均利润率的增加而增加，并且促销产品的最优期望需求、零售商的最优期望利润和制造商的最优期望利润也均随消费者感知的返券面值的最大阈值和兑换产品的平均利润率的增加而增加。这意味着，在一定范围内，兑换产品的平均利润率越高，零售商实施返券促销的效果越好。

参 考 文 献

Khouja M, Rajagopalan H K, Zhou J. 2013. Analysis of effectiveness of manufacturer sponsored retailer gift cards in supply chains[J]. European Journal of Operational Research, 230(2): 333-347.

第 5 章　制造商主导型两产品供应链返券促销策略

5.1　问 题 背 景

实际中，商家开展的返券促销各式各样。部分商家允许消费者使用返券购买任何在售商品，而许多商家则限定了返券兑换的目标商品。例如，苏宁易购(Suning.com)电器推出返券促销中,消费者购买苹果手机(iPhone)即可获得一张价值 100 元的返券，该返券只能在购买绿联(Ugreen)牌无线充电器时使用；Delta 公司在家得宝(Home Depot)零售店推出购买 Delta 水龙头获得价值 20 美元的返券一张，该返券可以用于在家得宝商场购买厨房用品时抵扣等额消费；欧尚(Auchan)推出的电冰箱返券活动，凡购买美菱电冰箱的消费者即可获得价值 500 元的返券一张，该返券只能在购买格兰仕微波炉时使用；优派(ViewSonic)牌显示器在国美电器推出的返券活动中，消费者购买其品牌的指定显示器即可获得价值 200 元的返券一张，而该返券只能在购买指定品牌的计算机机箱时使用。通过以上返券促销的例子不难发现，商家往往通过限定促销产品和兑换产品实施返券的发放和兑换。消费者通过购买指定的促销产品(如格力空调、Delta 水龙头、美菱电冰箱及优派显示器)获得既定金额的返券，而该返券只能用于兑换相应的产品/服务(如空调清洗服务、厨房用具、格兰仕微波炉及计算机机箱)。事实上，零售商往往通过挑选和圈定促销产品及兑换产品来达到同时促销不同产品的目的。而指定的促销产品和兑换产品有些是相关的产品或服务(如空调清洗服务)，有些是不相关的产品(如电冰箱和微波炉)。因此，对于指定产品的返券促销的设计成为商家关注的焦点，同时也是学术界讨论的热点问题。

在这些指定的供应链返券促销活动中，有的促销活动是由零售商发起的，也有的促销活动是由制造商发起的(如优派的返券促销)。同时，在供应链的权力结构中，有的供应链由制造商主导(如苹果公司)，有的供应链则由零售商主导(如国美电器)。因此，在接下来的研究中，将分四种情景展开研究，即制造商主导型供应链中零售商发放返券、制造商主导型供应链中制造商发放返券、零售商主导型供应链中零售商发放返券、零售商主导型供应链中制造商发放返券。本章考虑制造商主导型两产品供应链结构下的返券促销策略，第 6 章则考虑零售商主导型两产品供应链结构下的返券促销策略。

　　本章构建由两个独立制造商和一个零售商组成的分散化供应链系统,两个制造商同时作为供应链系统的主导者,零售商作为系统的跟随者。首先,考虑并求解无返券促销时消费者的购买行为和产品的期望需求,构建无返券促销时供应链博弈模型,并将此作为基准。其次,考虑零售商返券促销时的消费者购买行为,得到两产品的期望需求,并建立零售商返券供应链博弈模型,求解博弈均衡得到最优的零售商返券促销策略。再次,考虑制造商返券促销时的消费者购买行为,得到两产品的期望需求,并建立制造商返券供应链博弈模型,求解博弈均衡得到最优的制造商返券促销策略。最后,对比分析零售商返券和制造商返券下的供应链绩效,得到制造商主导型供应链的最优返券促销策略,并设计相应的实现供应链协调的成本分摊机制。用上标 NG 表示无返券促销,上标 RG 表示零售商返券促销,上标 MG 表示制造商返券促销。

5.2　无返券促销

　　考虑由两个制造商和一个零售商组成的两产品分散化供应链系统。制造商 1 和制造商 2 分别生产和供应产品 1 和产品 2。为了表述简洁,本章模型中的“制造商”和“产品”除非特殊说明,均适用于“服务提供商”和“服务”。产品 1 区别于产品 2 并各自拥有独立的市场需求。零售商向消费者销售两产品,市场容量为 n。例如,在苏宁的例子中,苹果手机和无线充电器分别被两个不同的制造商生产,而苏宁作为零售商同时销售两个产品。假设消费者对两产品的估值是独立的,并且消费者对产品 $i(i=1,2)$ 的估值 v_i 是异质的。参考 Khouja 等(2011)的做法,消费者对产品 $i(i=1,2)$ 的估值 v_i 是随机变量,且服从 $[0,a_i]$ 上的均匀分布,其概率密度函数和累积分布函数分别为 $f_i(\cdot)$ 和 $F_i(\cdot)$。消费者估值(保留价格)服从均匀分布,广泛运用于营销和运作领域的研究(Bhargava,2013;Mussa and Rosen,1978)。不失一般性,假设当 $a_1 > a_2$ 时,产品 1 较产品 2 具有更高(平均)的价值;当 $a_1 < a_2$ 时,产品 2 较产品 1 具有更高的价值。

　　本章将分散化无返券促销模型作为基准模型。不失一般性,假设制造商的边际生产成本 c_i 标准化为 0。产品 $i(i=1,2)$ 的消费者需求为 D_i,两产品的联合消费者需求为 D_{12}(指同时购买产品 1 和产品 2 的消费者)。假设消费者对产品 $i(i=1,2)$ 具有单位需求,消费者购买产品的净效用为 u。同时,消费者为前瞻性(forward-looking)消费者,购买时依据最大化净效用原则进行采购。据此,消费者面临四个购买选择:①同时购买产品 1 和产品 2,其净效用为 $u_{12}=v_1+v_2-p_1-p_2$;②只购买产品 1,其净效用为 $u_1=v_1-p_1$;③只购买产品 2,其净效用为 $u_2=v_2-p_2$;

④不购买产品，其净效用为 0。容易得到，四种购买选择的触发条件分别为：当 $u_1 \geqslant 0$ 和 $u_2 \geqslant 0$ 时，消费者同时采购产品 1 和产品 2；当 $u_1 > 0$ 和 $u_2 < 0$ 时，消费者只采购产品 1；当 $u_2 > 0$ 和 $u_1 < 0$ 时，消费者只采购产品 2；当 $u_1 < 0$ 和 $u_2 < 0$ 时，消费者不购买任何产品。根据消费者的购买选择，将所有消费者分为四种类型，类型 I 消费者同时购买产品 1 和产品 2，类型 II 消费者只购买产品 1，类型 III 消费者只购买产品 2，类型 IV 消费者不发生购买。不同消费者的分类和购买情况如图 5-1 所示。

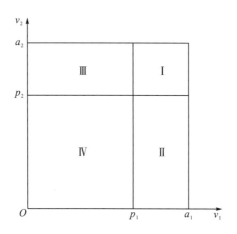

图 5-1 无返券促销时消费者购买类型

根据上述问题描述和消费者购买行为的分析，产品 1 和产品 2 的期望需求分别为

$$D_1^{\text{NG}} = \frac{n}{a_1}(a_1 - p_1) \tag{5-1}$$

$$D_2^{\text{NG}} = \frac{n}{a_2}(a_2 - p_2) \tag{5-2}$$

两产品的联合期望需求为

$$D_{12}^{\text{NG}} = \frac{n}{a_1 a_2}(a_1 - p_1)(a_2 - p_2) \tag{5-3}$$

当零售商无返券促销时，式 (5-1) 和式 (5-2) 表明，产品 $i(i=1,2)$ 的需求 D_i^{NG} 是关于零售价格 p_i 的单调递减函数，且与零售价格 $p_j(j=1,2, j \neq i)$ 保持独立。式 (5-3) 表明联合需求 D_{12}^{NG} 是关于零售价格 p_1 和 p_2 的单调递减函数。

基于消费者的期望需求，零售商的期望利润为

$$\pi_{\text{r}}^{\text{NG}}(p_1, p_2) = D_1^{\text{NG}}(p_1 - w_1) + D_2^{\text{NG}}(p_2 - w_2) \tag{5-4}$$

制造商 1 和制造商 2 的期望利润分别为

$$\pi_{\mathrm{m}1}^{\mathrm{NG}}(w_1) = D_1^{\mathrm{NG}} w_1 \tag{5-5}$$

$$\pi_{\mathrm{m}2}^{\mathrm{NG}}(w_2) = D_2^{\mathrm{NG}} w_2 \tag{5-6}$$

在分散化的两产品供应链系统中，制造商 1 和制造商 2 作为 Stackelberg 的领导者同时决定产品 $i(i=1,2)$ 的批发价格 w_i，然后零售商决定零售价格 p_i。采用逆向归纳法对该问题进行求解，得到引理 5.1。

引理 5.1　无返券促销时，制造商主导的两产品分散化供应链中，产品 1 和产品 2 的最优批发价格分别为 $w_1^{\mathrm{NG}*} = \dfrac{a_1}{2}$ 和 $w_2^{\mathrm{NG}*} = \dfrac{a_2}{2}$，最优零售价格分别为 $p_1^{\mathrm{NG}*} = \dfrac{3a_1}{4}$ 和 $p_2^{\mathrm{NG}*} = \dfrac{3a_2}{4}$。

证明　将式(5-1)和式(5-2)代入式(5-4)，得到

$$\pi_{\mathrm{r}}^{\mathrm{NG}}(p_1, p_2) = \frac{n(a_1 - p_1)(p_1 - w_1)}{a_1} + \frac{n(a_2 - p_2)(p_2 - w_2)}{a_2} \tag{5-7}$$

根据式(5-7)，分别求 $\pi_{\mathrm{r}}^{\mathrm{NG}}(p_1, p_2)$ 关于 p_1 和 p_2 的一阶、二阶和混合偏导数，可得

$$\frac{\partial \pi_{\mathrm{r}}^{\mathrm{NG}}(p_1, p_2)}{\partial p_1} = \frac{n(a_1 + w_1 - 2p_1)}{a_1}$$

$$\frac{\partial^2 \pi_{\mathrm{r}}^{\mathrm{NG}}(p_1, p_2)}{\partial p_1^2} = -\frac{2n}{a_1}$$

$$\frac{\partial \pi_{\mathrm{r}}^{\mathrm{NG}}(p_1, p_2)}{\partial p_2} = \frac{n(a_2 + w_2 - 2p_2)}{a_2}$$

$$\frac{\partial^2 \pi_{\mathrm{r}}^{\mathrm{NG}}(p_1, p_2)}{\partial p_2^2} = -\frac{2n}{a_2}$$

$$\frac{\partial^2 \pi_{\mathrm{r}}^{\mathrm{NG}}(p_1, p_2)}{\partial p_1 \partial p_2} = 0$$

由此得到，$\pi_{\mathrm{r}}^{\mathrm{NG}}(p_1, p_2)$ 关于 p_1 和 p_2 的 Hessian 矩阵为

$$H = \begin{bmatrix} \dfrac{\partial^2 \pi_{\mathrm{r}}^{\mathrm{NG}}(p_1, p_2)}{\partial p_1^2} & \dfrac{\partial^2 \pi_{\mathrm{r}}^{\mathrm{NG}}(p_1, p_2)}{\partial p_1 \partial p_2} \\ \dfrac{\partial^2 \pi_{\mathrm{r}}^{\mathrm{NG}}(p_1, p_2)}{\partial p_2 \partial p_1} & \dfrac{\partial^2 \pi_{\mathrm{r}}^{\mathrm{NG}}(p_1, p_2)}{\partial p_2^2} \end{bmatrix} = \begin{bmatrix} -\dfrac{2n}{a_1} & 0 \\ 0 & -\dfrac{2n}{a_2} \end{bmatrix}$$

容易得到上述 Hessian 矩阵的一阶顺序主子式 $|H_1| = -\dfrac{2n}{a_1} < 0$，二阶顺序主子式 $|H_2| = \dfrac{4n^2}{a_1 a_2} > 0$。因此，$\pi_{\mathrm{r}}^{\mathrm{NG}}(p_1, p_2)$ 是关于 p_1 和 p_2 的联合凹函数。令

$\dfrac{\partial \pi_r^{NG}(p_1, p_2)}{\partial p_1} = 0$ 和 $\dfrac{\partial \pi_r^{NG}(p_1, p_2)}{\partial p_2} = 0$ ，可得零售价格 p_1 和 p_2 关于批发价格 w_1 和 w_2 的最优反应函数为

$$p_1^*(w_1) = \frac{a_1 + w_1}{2} \tag{5-8}$$

$$p_2^*(w_2) = \frac{a_2 + w_2}{2} \tag{5-9}$$

将式(5-1)和式(5-8)代入式(5-5)，得到

$$\pi_{m1}^{NG}(w_1) = \frac{n(a_1 - w_1)w_1}{2a_1} \tag{5-10}$$

根据式(5-10)，分别求 $\pi_{m1}^{NG}(w_1)$ 关于 w_1 的一阶和二阶偏导数，可得

$$\frac{\partial \pi_{m1}^{NG}(w_1)}{\partial w_1} = \frac{n(a_1 - 2w_1)}{2a_1}$$

$$\frac{\partial^2 \pi_{m1}^{NG}(w_1)}{\partial w_1^2} = -\frac{n}{a_1}$$

由 $\dfrac{\partial^2 \pi_{m1}^{NG}(w_1)}{\partial w_1^2} < 0$ 可知，$\pi_{m1}^{NG}(w_1)$ 是关于 w_1 的凹函数。令 $\dfrac{\partial \pi_{m1}^{NG}(w_1)}{\partial w_1} = 0$，得到 $w_1^{NG*} = \dfrac{a_1}{2}$。将 $w_1^{NG*} = \dfrac{a_1}{2}$ 代入式(5-8)，得到 $p_1^{NG*} = \dfrac{3a_1}{4}$。

将式(5-2)和式(5-9)代入式(5-6)，得到

$$\pi_{m2}^{NG}(w_2) = \frac{n(a_2 - w_2)w_2}{2a_2} \tag{5-11}$$

根据式(5-11)，分别求 $\pi_{m2}^{NG}(w_2)$ 关于 w_2 的一阶和二阶偏导数，可得

$$\frac{\partial \pi_{m2}^{NG}(w_2)}{\partial w_2} = \frac{n(a_2 - 2w_2)}{2a_2}$$

$$\frac{\partial^2 \pi_{m2}^{NG}(w_2)}{\partial w_2^2} = -\frac{n}{a_2}$$

由 $\dfrac{\partial^2 \pi_{m2}^{NG}(w_2)}{\partial w_2^2} < 0$ 可知，$\pi_{m2}^{NG}(w_2)$ 是关于 w_2 的凹函数。令 $\dfrac{\partial \pi_{m2}^{NG}(w_2)}{\partial w_2} = 0$，得到 $w_2^{NG*} = \dfrac{a_2}{2}$。将 $w_2^{NG*} = \dfrac{a_2}{2}$ 代入式(5-15)，得到 $p_2^{NG*} = \dfrac{3a_2}{4}$。■

根据引理 5.1，将最优零售价格和批发价格分别代入式(5-1)~式(5-6)，得到推论 5.1。

推论 5.1 无返券促销时，制造商主导的两产品分散化供应链中，产品 1 和产品 2 的最优期望需求分别为 $D_1^{NG*} = \dfrac{n}{4}$ 和 $D_2^{NG*} = \dfrac{n}{4}$，两产品的最优联合期望需求为

$D_{12}^{\mathrm{NG}*} = \dfrac{n}{16}$，制造商 1 和制造商 2 的最优期望利润分别为 $\pi_{\mathrm{m1}}^{\mathrm{NG}*} = \dfrac{na_1}{8}$ 和 $\pi_{\mathrm{m2}}^{\mathrm{NG}*} = \dfrac{na_2}{8}$，零售商的最优期望利润为 $\pi_{\mathrm{r}}^{\mathrm{NG}*} = \dfrac{n(a_1 + a_2)}{16}$，供应链的最优期望利润为 $\pi_{\mathrm{sc}}^{\mathrm{NG}*} = \dfrac{3n(a_1 + a_2)}{16}$。

5.3　零售商返券促销

5.3.1　消费者购买行为分析与模型建立

假设消费者可以在购买产品 1 后"免费"获得一张由零售商提供的面值为 g 的返券。该返券只能用于抵扣在购买产品 2 时的等额消费。值得注意的是，本章模型同样适用于解释兑换产品是"一篮子"产品的情况。该"一篮子"产品具有相似或相近的产品属性（Khouja et al.，2011）。类似于 Khouja 等（2013a）的处理方式，将兑换的"一篮子"产品视为"一个"产品，其价格、利润率可以理解为平均价格和平均利润率。由此可知，返券仅对于同时购买产品 1 和产品 2 的消费者具有价值，若只购买产品 1，则该返券无效。就如在前面例子中提到的，消费者购买苹果手机后，可以获得价值 100 元的苏宁返券，该返券只能在购买绿联（Ugreen）牌无线充电器时抵扣等额消费。一般地，返券面值 g 将不超过产品的零售价格，因此本章假设 $0 \leqslant g \leqslant p_i (i = 1,2)$。

实际中，由于许多实体返券不能立即使用（消费者须再次购买或消费），消费者往往在购买产品 1（获得返券）时，考虑自己购买产品 2 并兑换返券的可能性。因此，消费者对面值为 g 的返券的感知价值将低于 g（Khouja et al.，2013a；Khouja et al.，2013b；Khouja et al.，2011）。本章假设消费者的期望兑换率为 $r(0 < r \leqslant 1)$，理性消费者在考虑到返券兑换率的前提下，视面值 g 的返券为 rg。根据 Khouja 等（2013a）的做法，本章假设兑换率 r 与产品的类型密切相关。这意味着，给定某一种产品，兑换率 r 是相对稳定且是消费者和零售商的共同知识。

基于以上假设，在返券促销中，消费者同样具有四种购买选择：①同时购买产品 1 和产品 2，其净效用为 $u_{12}^{\mathrm{G}} = v_1 + v_2 - p_1 - p_2 + rg$；②只购买产品 1，其净效用为 $u_1^{\mathrm{G}} = v_1 - p_1$；③只购买产品 2，其净效用为 $u_2^{\mathrm{G}} = v_2 - p_2$；④不购买产品，其净效用为 0。相应地，四种选择的触发条件依次为：当 $u_{12}^{\mathrm{G}} \geqslant 0$、$u_{12}^{\mathrm{G}} \geqslant u_1^{\mathrm{G}}$ 和 $u_{12}^{\mathrm{G}} \geqslant u_2^{\mathrm{G}}$ 时，消费者同时购买产品 1 和产品 2；当 $u_1^{\mathrm{G}} \geqslant 0$、$u_1^{\mathrm{G}} > u_{12}^{\mathrm{G}}$ 和 $u_1^{\mathrm{G}} \geqslant u_2^{\mathrm{G}}$ 时，消费者只购买产品 1；当 $u_2^{\mathrm{G}} \geqslant 0$、$u_2^{\mathrm{G}} > u_{12}^{\mathrm{G}}$ 和 $u_2^{\mathrm{G}} > u_1^{\mathrm{G}}$ 时，消费者只购买产品 2；当 $u_{12}^{\mathrm{G}} < 0$、

$u_1^G < 0$ 和 $u_2^G < 0$ 时，消费者不购买任何产品。因此，根据消费者不同选择和触发条件，如图 5-2 所示，将消费者分为四种类型。

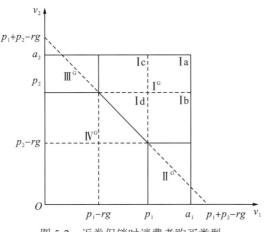

图 5-2 返券促销时消费者购买类型

对比图 5-2 和图 5-1 发现，当零售价格不变时，返券促销情况下两产品的需求较无返券促销时的需求有所增加。具体地，当零售商提供返券促销时，消费者在区域 Ib 和 Ic 将同时购买产品 1 和产品 2，而无返券促销时，该区域消费者只购买一种产品。消费者在区域 Id 同时购买产品 1 和产品 2，而无返券促销时，该区域消费者将不购买任何产品。

基于对消费者的行为分析，零售商返券情景下，产品 1 和产品 2 的期望需求如下：

$$D_1^G = \frac{n}{a_1 a_2}\left[(a_1 - p_1)a_2 + (a_2 - p_2)rg + \frac{r^2 g^2}{2}\right] \tag{5-12}$$

$$D_2^G = \frac{n}{a_1 a_2}\left[(a_2 - p_2)a_1 + (a_1 - p_1)rg + \frac{r^2 g^2}{2}\right] \tag{5-13}$$

两产品的联合期望需求为

$$D_{12}^G = \frac{n}{a_1 a_2}\left[(a_1 - p_1 + rg)(a_2 - p_2 + rg) - \frac{r^2 g^2}{2}\right] \tag{5-14}$$

由式 (5-12) 和式 (5-13) 可知，产品 $i(i=1,2)$ 的期望需求随零售价格 p_i 和 $p_j(j=1,2,\ j \neq i)$ 的增加而减少。这意味着，两产品的需求在返券促销的作用下，形成需求互补关系，这一观察与无返券促销时的结果不同。其次，产品 $i(i=1,2)$ 的期望需求是关于返券面值 g 的非线性函数（递增凹函数）。由式 (5-14) 得到，两产品的联合期望需求 D_{12}^G 是关于零售价格 p_i 的递减函数，也是关于返券面值 g 的非线性函数。

根据消费者需求，零售商返券促销下，零售商的期望利润为

$$\pi_r^{RG}(p_1, p_2, g) = D_1^G(p_1 - w_1) + D_2^G(p_2 - w_2) - D_{12}^G rg \qquad (5\text{-}15)$$

在式 (5-15) 中，$D_1^G(p_1 - w_1)$ 为产品 1 的期望利润，$D_2^G(p_2 - w_2)$ 为产品 2 的期望利润，$D_{12}^G rg$ 为返券期望兑换成本。此时，本节假设消费者在购买和兑换返券的过程中具有一致性 (Khouja et al., 2013a)，即消费者实际兑换返券的概率与其购买产品时的期望兑换概率相同。

零售商返券促销下，制造商 1 和制造商 2 的期望利润函数分别为

$$\pi_{m1}^{RG}(w_1) = D_1^G w_1 \qquad (5\text{-}16)$$

$$\pi_{m2}^{RG}(w_2) = D_2^G w_2 \qquad (5\text{-}17)$$

实际中，促销往往是间歇性的。当零售商决定是否开展返券促销时，零售商和制造商既可以改变其零售价格和批发价格，也可以选择在原有价格的基础上进行促销：一方面，制造商在短时间内很难和下游零售商重新协调新的批发价格；另一方面，由于零售价格受政府和相关部门的监管，不能先涨价再降价。例如，我国国家市场监督管理总局出台的《规范促销行为暂行规定》中明确，促销降价需明确促销的基准价，也就是原市场价。未标明或者表明促销基准价格的，其折价、减价应当以同一经营者在同一经营场所内，在本次促销活动前七日内以最低成交价格为基准。根据这一事实，本节分三个价格策略进行讨论：①固定批发价格和零售价格，即两制造商保持批发价格固定在无返券促销下的批发价格，零售商保持两产品的零售价格固定在无返券促销下的零售价格，用上标 GUWP 表示该策略；②只固定批发价格，即两制造商保持批发价格固定在无返券促销下的批发价格，而零售商可以决策新的零售价格和返券面值，用上标 GUW 表示该策略；③不固定价格，即制造商和零售商分别决策新的批发价格、零售价格和返券面值，用上标 DG 表示该策略。本节所研究的价格策略如表 5-1 所示。

表 5-1　两产品供应链的不同价格策略

策略	批发价格	零售价格	返券促销
NG	$w_i = a_i/2$	$p_i = 3a_i/4$	无返券
GUWP	$w_i = a_i/2$	$p_i = 3a_i/4$	有返券
GUW	$w_i = a_i/2$	内生	有返券
DG	内生	内生	有返券

1. 固定批发价格和零售价格模型

在 GUWP 模型中，批发价格和零售价格均为无返券促销时的最优结果，即批

发价格分别为 $w_1 = \dfrac{a_1}{2}$ 和 $w_2 = \dfrac{a_2}{2}$ ，零售价格分别为 $p_1 = \dfrac{3a_1}{4}$ 和 $p_2 = \dfrac{3a_2}{4}$ 。零售商

决策最优的返券面值 $g(0 \leqslant g \leqslant \dfrac{3a_i}{4}(i=1,2))$ ，其结果如命题 5.1 所示，其中令

$$R_1 = \frac{\sqrt{a_1^2 + 8a_1a_2 + a_2^2} - (a_1 + a_2)}{9a_1} \text{ 和 } R_2 = \frac{\sqrt{a_1^2 + 8a_1a_2 + a_2^2} - (a_1 + a_2)}{9a_2} \text{。}$$

命题 5.1　制造商主导型供应链中零售商返券且采用 GUWP 定价策略时，零售商的最优返券面值为

$$g^{\text{RGUWP*}} = \begin{cases} \dfrac{\sqrt{a_1^2 + 8a_1a_2 + a_2^2} - (a_1 + a_2)}{12r}, & (a_1, a_2, r) \in \Omega_1 \\[3mm] \dfrac{3a_1}{4}, & (a_1, a_2, r) \in \Omega_2 \\[3mm] \dfrac{3a_2}{4}, & (a_1, a_2, r) \in \Omega_3 \end{cases}$$

其中，Ω_1：$a_1 \leqslant a_2$ 且 $R_1 < r \leqslant 1$ ，或 $a_1 > a_2$ 且 $R_2 < r \leqslant 1$ 。Ω_2：$a_1 \leqslant a_2$ 且 $0 < r \leqslant R_1$ 。Ω_3：$a_1 > a_2$ 且 $0 < r \leqslant R_2$ 。

证明　将式(5-12)、式(5-13)、式(5-14)及引理 5.1 中的最优批发价格和零售价格代入式(5-15)，得到

$$\pi_r^{\text{RGUWP}}(g) = \frac{n\left[a_1a_2(a_1 + a_2) + a_1a_2rg - 2(a_1 + a_2)r^2g^2 - 8r^3g^3\right]}{16a_1a_2} \tag{5-18}$$

根据式(5-18)，求 $\pi_r^{\text{RGUWP}}(g)$ 关于 g 的一阶和二阶偏导数，得到

$$\frac{\partial \pi_r^{\text{RGUWP}}(g)}{\partial g} = \frac{n\left[a_1a_2 - 4(a_1 + a_2)rg - 24r^2g^2\right]}{16a_1a_2}$$

$$\frac{\partial^2 \pi_r^{\text{RGUWP}}(g)}{\partial g^2} = -\frac{n(a_1 + a_2 + 12rg)}{4a_1a_2}$$

由 $\dfrac{\partial^2 \pi_r^{\text{RGUWP}}(g)}{\partial g^2} < 0$ 可知，π_r^{RGUWP} 是关于 g 的凹函数。令 $\dfrac{\partial \pi_r^{\text{RGUWP}}(g)}{\partial g} = 0$ ，得到

$$g^{\text{RGUWP*}} = \frac{\sqrt{a_1^2 + 8a_1a_2 + a_2^2} - (a_1 + a_2)}{12r} \tag{5-19}$$

依据假设 $0 \leqslant g \leqslant 3a_i/4(i=1,2)$ ，得到：当 $a_1 \leqslant a_2$ 且 $0 < r \leqslant R_1$ 时，式(5-19)中最优返券面值大于零售价格 $3a_1/4$ 。当 $a_1 > a_2$ 且 $0 < r \leqslant R_2$ 时，式(5-19)中最优返券面值大于零售价格 $3a_2/4$ 。因此，在紧约束条件满足前提下得到式(5-19)成立的条件为 $a_1 \leqslant a_2$ 且 $R_1 < r \leqslant 1$ ，或 $a_1 > a_2$ 且 $R_2 < r \leqslant 1$ 。∎

命题 5.1 表明，当返券的兑换率较高（$R_i < r \leqslant 1(i=1,2)$）时，最优的返券面值随着兑换率的增加而减小，随产品价值的增加而增加。这是因为，当返券兑换率较低时，消费者将预估到未来兑换返券的概率降低，直接导致实际返券的有效价值 $rg^{\text{RGUWP*}}$ 降低，零售商通过增加返券的面值，吸引更多消费者参与购买。产品价值的增加，引起消费者对产品 1 和产品 2 的估值增加，相应地返券面值也会增加。当返券的兑换率较低（$r < R_i(i=1,2)$）时，零售商不得不将返券面值直接设定为价值较低的产品的零售价格。根据命题 5.1，可以得到推论 5.2。

推论 5.2　制造商主导型供应链中零售商返券且采用 GUWP 定价策略时，最优的期望需求和期望利润如表 5-2 所示，其中令 $\tau \equiv \sqrt{a_1^2 + 8a_1a_2 + a_2^2}$ 和 $Q \equiv 6r + 8 - 9r^2$。

表 5-2　零售商返券下的最优期望需求和利润

项目	$(a_1,a_2,r) \in \Omega_1$	$(a_1,a_2,r) \in \Omega_2$	$(a_1,a_2,r) \in \Omega_3$
$D_1^{\text{RGUWP*}}$	$\dfrac{n\left[a_1^2 + 38a_1a_2 - 2a_2^2 + (2a_2 - a_1)\tau\right]}{144a_1a_2}$	$\dfrac{n\left(9a_1r^2 + 6a_2r + 8a_2\right)}{32a_2}$	$\dfrac{n\left(9a_2r^2 + 6a_2r + 8a_1\right)}{32a_1}$
$D_2^{\text{RGUWP*}}$	$\dfrac{n\left[a_2^2 + 38a_1a_2 - 2a_1^2 + (2a_1 - a_2)\tau\right]}{144a_1a_2}$	$\dfrac{n\left(9a_1r^2 + 6a_1r + 8a_2\right)}{32a_2}$	$\dfrac{n\left(9a_2r^2 + 6a_1r + 8a_1\right)}{32a_1}$
$\pi_r^{\text{RGUWP*}}$	$\dfrac{n\left[96a_1a_2(a_1+a_2) - a_1^3 - a_2^3 + \tau^3\right]}{1728a_1a_2}$	$\dfrac{n\left[8a_2^2 - 9a_1^2r^2(1+3r) + 2a_1a_2Q\right]}{128a_2}$	$\dfrac{n\left[8a_1^2 - 9a_2^2r^2(3r+1) + a_1a_2Q\right]}{128a_1}$
$\pi_{m1}^{\text{RGUWP*}}$	$\dfrac{n\left[a_1^2 + 38a_1a_2 - 2a_2^2 + (2a_2 - a_1)\tau\right]}{288a_2}$	$\dfrac{na_1\left(9a_1r^2 + 6a_2r + 8a_2\right)}{64a_2}$	$\dfrac{n\left(9a_2r^2 + 6a_2r + 8a_1\right)}{64}$
$\pi_{m2}^{\text{RGUWP*}}$	$\dfrac{n\left[a_2^2 + 38a_1a_2 - 2a_1^2 + (2a_1 - a_2)\tau\right]}{288a_1}$	$\dfrac{n\left(9a_1r^2 + 6a_1r + 8a_2\right)}{64}$	$\dfrac{na_2\left(9a_2r^2 + 6a_1r + 8a_1\right)}{64a_1}$

推论 5.2 表明，当 $(a_1,a_2,r) \in \Omega_1$ 时，最优的产品期望需求和期望利润与返券兑换率无关，这主要由消费者的时间一致性（time-consistency）导致，即消费者购买时的期望兑换率和实际兑换率相同，此时零售商可以通过调节返券最优的返券面值使得 $rg^{\text{RGUWP*}}$ 为一个确定的值。消费者的兑换率越高，最优的返券面值越小，反之亦然。

推论 5.3　制造商主导型中供应链零售商返券且采用 GUWP 定价策略时，产品 $i(i=1,2)$ 的价值和返券兑换率对最优结果的影响如表 5-3 所示（"↘"表示最优结果随参数增加而减少；"↗"表示最优结果随参数增加而增加）。

表 5-3　零售商返券下产品价值和返券兑换率对最优结果的影响

	$(a_1,a_2,r)\in\Omega_1$		$(a_1,a_2,r)\in\Omega_2$			$(a_1,a_2,r)\in\Omega_3$		
	a_1	a_2	a_1	a_2	r	a_1	a_2	r
$D_1^{\text{RGUWP*}}$	↘	↗	↗	↘	↗	↘	↗	↗
$D_2^{\text{RGUWP*}}$	↗	↘	↗	↘	↗	↘	↗	↗
$\pi_{\text{r}}^{\text{RGUWP*}}$	↗	↗	↗	↗	↗	↗	↗	
$\pi_{\text{m1}}^{\text{RGUWP*}}$	↗	↗	↗	↘	↗	↗	↗	
$\pi_{\text{m2}}^{\text{RGUWP*}}$	↗	↗	↗	↗	↗	↘	↗	↗

证明　根据推论 5.2 得到，当 $(a_1,a_2,r)\in\Omega_1$ 时，均衡结果关于产品价值参数 a_1 和 a_2 的一阶偏导数分别为

$$\frac{\partial D_1^{\text{RGUWP*}}}{\partial a_1}=\frac{\left[-a_1^3-8a_1a_2^2+a_1^2(\tau-4a_2)+2a_2^2(\tau-a_2)\right]n}{144a_1^2a_2\tau}<0$$

$$\frac{\partial D_1^{\text{RGUWP*}}}{\partial a_2}=\frac{\left[a_1^3+8a_1a_2^2+2a_2^2(a_2-\tau)-a_1^2(\tau-4a_2)\right]n}{144a_1a_2^2\tau}>0$$

$$\frac{\partial D_2^{\text{RGUWP*}}}{\partial a_1}=\frac{\left[2a_1^3+4a_1a_2^2+a_2^2(a_2-\tau)-2a_1^2(\tau-4a_2)\right]n}{144a_1^2a_2\tau}>0$$

$$\frac{\partial D_2^{\text{RGUWP*}}}{\partial a_2}=\frac{\left[-2a_1^3-4a_1a_2^2+2a_1^2(\tau-4a_2)+a_2^2(\tau-a_2)\right]n}{144a_1a_2^2\tau}<0$$

$$\frac{\partial \pi_{\text{r}}^{\text{RGUWP*}}}{\partial a_1}=\frac{\left[-2a_1^3+4a_1a_2\tau+a_2^2(a_2-\tau)+2a_1^2(48a_2+\tau)\right]n}{1728a_1^2a_2}>0$$

$$\frac{\partial \pi_{\text{r}}^{\text{RGUWP*}}}{\partial a_2}=\frac{\left[a_1^3-a_1^2\tau+2a_2^2(\tau-a_2)+4a_1a_2(24a_2+\tau)\right]n}{1728a_1a_2^2}>0$$

$$\frac{\partial \pi_{\text{m1}}^{\text{RGUWP*}}}{\partial a_1}=\frac{\left[-2a_1^2+2a_1(\tau-5a_2)+a_2(7a_2+38\tau)\right]n}{288a_2\tau}>0$$

$$\frac{\partial \pi_{\text{m1}}^{\text{RGUWP*}}}{\partial a_2}=\frac{\left[a_1^3+8a_1a_2^2+2a_2^2(a_2-\tau)-a_1^2(\tau-4a_2)\right]n}{288a_2^2\tau}>0$$

$$\frac{\partial \pi_{\text{m2}}^{\text{RGUWP*}}}{\partial a_1}=\frac{\left[2a_1^3+4a_1a_2^2+a_2^2(a_2-\tau)-2a_1^2(\tau-4a_2)\right]n}{288a_1^2\tau}>0$$

$$\frac{\partial \pi_{\text{m2}}^{\text{RGUWP*}}}{\partial a_2}=\frac{\left[7a_1^2+2a_2(\tau-a_2)+2a_1(19\tau-5a_2)\right]n}{288a_1\tau}>0$$

当 $(a_1, a_2, r) \in \Omega_2$ 和 $(a_1, a_2, r) \in \Omega_3$ 时，均衡结果关于产品价值参数和返券兑换率的单调性分析相似，这里不予赘述。 ∎

推论 5.3 表明，当 $(a_1, a_2, r) \in \Omega_1$ 时，产品 1 的最优期望需求随产品 1 价值的增加而减少，随产品 2 价值的增加而增加。设消费者对产品 $i(i=1,2)$ 的价格感知为 $p_i - g$。消费者在购买产品 1 时的价格感知为 $p_1 - g^{\mathrm{RGUWP}*}$，容易得到 $\partial(p_1 - g^{\mathrm{RGUWP}*})/\partial a_1 > 0$ 和 $\partial(p_1 - g^{\mathrm{RGUWP}*})/\partial a_2 < 0$。因此，随着产品 1 价值的增加，消费者对产品 1 的实际价格感知增加，进而产品 1 的最优期望需求减少。然而，当产品 2 的价值增加时，消费者的实际价格感知降低，产品 2 的最优期望需求增加。类似地，可以解释最优的产品 2 的期望需求受产品 1 和产品 2 的价值的影响。当 $(a_1, a_2, r) \in \Omega_2$、最优的返券面值为 $3a_1/4$、产品 1 的价值增加时，产品 1 和产品 2 的最优期望需求均增加。当产品 2 的价值增加时，产品 1 和产品 2 的最优期望需求均减少。这是因为产品 1 价值的增加，最优的返券面值将会增加，消费者在得到返券后对产品 2 的购买力上升，此时消费者会同时增加对产品 1 和产品 2 的需求。然而，当产品 2 的价值增加时，产品 2 的最优零售价格上升，最优的返券面值不变，消费者对产品 2 的购买力下降，消费者自然降低对两产品的需求。其次，当 $(a_1, a_2, r) \in \Omega_3$、最优返券面值为 $3a_2/4$、产品 1 和产品 2 的最优期望需求随产品 1 的价值的增加而减少，随产品 2 的价值的增加而增加。这种情况下，消费者的真实价格感知为 $3(a_1 - a_2)/4$，容易得到，消费者的真实价格感知随产品 1 的价值的增加而增加，相应地获得返券的消费者数量将减少，进而产品 2 的购买数量随之减少。相反，当产品 2 的价值增加时，消费者的实际价格感知降低，消费者增加对产品 1 的需求，并且返券面值的增加使得消费者更加积极地兑换返券，产品 2 的需求增加。

推论 5.3 进一步说明，在绝大部分情况下，零售商、两制造商的最优期望利润是关于产品 1 和产品 2 价值的增函数。该结果较为直观，根据以上对产品期望需求、价格和最优返券面值的分析，产品价值的增加将引起产品期望需求或价格的增加，使各参与主体的期望利润得到提升。特别地，当 $(a_1, a_2, r) \in \Omega_2$、产品 2 的价值增加时，制造商 1 的最优期望利润减少。这主要是由产品 1 的期望需求减少导致的。类似地，可以解释当 $(a_1, a_2, r) \in \Omega_3$、产品 1 的价值增加时，制造商 2 的最优期望利润减少。此外，产品 1 和产品 2 的最优期望需求、零售商和两制造商的最优期望利润都随返券兑换率的增加而增加。

命题 5.2　制造商主导型供应链中零售商返券时，对比策略 GUWP 和无返券促销策略 NG，得到：$D_1^{\mathrm{RGUWP}*} > D_1^{\mathrm{NG}*}$，$D_2^{\mathrm{RGUWP}*} > D_2^{\mathrm{NG}*}$，$D_{12}^{\mathrm{RGUWP}*} > D_{12}^{\mathrm{NG}*}$，$\pi_r^{\mathrm{RGUWP}*} > \pi_r^{\mathrm{NG}*}$，$\pi_{m1}^{\mathrm{RGUWP}*} > \pi_{m1}^{\mathrm{NG}*}$ 和 $\pi_{m2}^{\mathrm{RGUWP}*} > \pi_{m2}^{\mathrm{NG}*}$。

证明　根据推论 5.2 和推论 5.1 得到，当 $(a_1, a_2, r) \in \Omega_1$ 时，比较零售商返券促

销时与无促销的均衡结果为

$$D_1^{RGUWP*} - D_1^{NG*} = \frac{\left[a_1^2 + a_1(2a_2 - \tau) - 2a_2(a_2 - \tau)\right]n}{144a_1a_2} > 0$$

$$D_2^{RGUWP*} - D_2^{NG*} = \frac{\left[-2a_1^2 + a_2(a_2 - \tau) + 2a_1(a_2 + \tau)\right]n}{144a_1a_2} > 0$$

$$D_{12}^{RGUWP*} - D_{12}^{NG*} = \frac{\left[-2a_1^2 + a_1(2\tau - a_2) + 2a_2(\tau - a_2)\right]n}{144a_1a_2} > 0$$

$$\pi_{m1}^{RGUWP*} - \pi_{m1}^{NG*} = \frac{\left[a_1^2 + a_1(2a_2 - \tau) + 2a_2(\tau - a_2)\right]n}{288a_2} > 0$$

$$\pi_{m2}^{RGUWP*} - \pi_{m2}^{NG*} = \frac{\left[-2a_1^2 + a_2(a_2 - \tau) + 2a_1(a_2 + \tau)\right]n}{288a_1} > 0$$

当 $(a_1, a_2, r) \in \Omega_2$ 和 $(a_1, a_2, r) \in \Omega_3$ 时，均衡结果的比较分析相似，这里不予赘述。∎

命题 5.2 表明，固定批发价和零售价格下的返券促销能够增加产品的期望需求，进而增加零售商、两制造商和供应链的期望利润。由于零售价格不变，兑换返券的消费者剩余增加，而其余消费者的剩余不减。因此，在 GUWP 定券策略下，消费者剩余和社会福利均增加。

设 $\Delta D_i^{RGUWP} = \left(D_i^{RGUWP} - D_i^{NG}\right) / D_i^{NG} (i=1,2)$，根据命题 5.2 得到，当 $(a_1, a_2, r) \in \Omega_1$ 时，$\Delta D_1^{RGUWP} - \Delta D_2^{RGUWP} = (a_1 - a_2)(a_1 + a_2 - \tau) / (12a_1a_2)$。若 $a_1 < a_2$，则 $\Delta D_1^{RGUWP} > \Delta D_2^{RGUWP}$；若 $a_1 > a_2$，则 $\Delta D_1^{RGUWP} < \Delta D_2^{RGUWP}$。这意味着，当零售商提供返券时，产品价值较小的产品需求增加的幅度较大。其次，由 $D_{12}^{RGUWP*} - D_{12}^{NG*} > n/20 = 4D_{12}^{NG*}/5$ 得到返券促销将两产品的联合需求提升 80%。设 $\Delta \pi_i^{RGUWP} = \left(\pi_i^{RGUWP*} - \pi_i^{NG*}\right)/\pi_i^{NG*} (i=r, m1, m2)$，根据 $\Delta \pi_{m1}^{RGUWP} - \Delta \pi_{m2}^{RGUWP} = (a_1 - a_2) \cdot (a_1 + a_2 - \tau)/(12a_1a_2)$ 得到，生产价值较小的制造商在零售商返券中反而获益更大。进一步，$\Delta \pi_{m1}^{RGUWP} > \Delta \pi_r^{RGUWP}$ 和 $\Delta \pi_{m2}^{RGUWP} > \Delta \pi_r^{RGUWP}$ 表明，返券促销下，两制造商的利润改善优于零售商的利润改善。零售商的促销溢出效应较高，制造商在返券促销中搭便车行为明显。这主要是由于零售商承担了所有返券的兑换成本。此外，当且仅当 $a_1 = a_2 = a$ 时，$\max(\Delta \pi_r^{RGUWP*}) = \left(5\sqrt{10} - 13\right)/108 \approx 2.6\%$。说明，零售商偏好于将两个价值相等（或相近）的产品搭配进行返券促销，进而获得最大的期望利润改进。当零售商获得最大利润改进时，两制造商获得相同的利润改进程度，即 $\Delta \pi_{m1}^{RGUWP} = \Delta \pi_{m2}^{RGUWP} = 5(210a^2 - 7)/36$。实际中，一些电商平台往往会将价值相近的产品进行返券促销，与本章结果相契合，例如，京东商城推出的购买文具得到 5 元返券，该返券用于购买优盘产品，同时该文具和优盘的价值和零售价格比较相近。

2. 只固定批发价格模型

在 GUW 模型中，批发价格为无返券时的最优结果，即批发价格分别为 $w_1 = a_1 / 2$ 和 $w_2 = a_2 / 2$。零售商决策零售价格和返券面值。

命题 5.3　制造商主导型供应链中零售商返券且采用 GUW 定价策略时，给定返券面值 $g > 0$，最优的零售价格分别为

$$p_1^{\text{RGUW*}} = \frac{6a_1^2 a_2 + a_1 a_2 rg - 9a_1 r^2 g^2 - 9r^3 g^3}{2\left(4a_1 a_2 - 9r^2 g^2\right)}$$

和

$$p_2^{\text{RGUW*}} = \frac{6a_1 a_2^2 + a_1 a_2 rg - 9a_2 r^2 g^2 - 9r^3 g^3}{2(4a_1 a_2 - 9r^2 g^2)}$$

证明　将式(5-12)、式(5-13)和式(5-14)及引理 5.1 中的最优批发价格代入式(5-15)，得到

$$\pi_r^{\text{RGUW}}(p_1, p_2) = \frac{n}{4a_1 a_2}\{a_2(10rgp_1 - 4p_1^2 - 5r^2 g^2) - 2rg[p_1(6p_2 - 3rg) + rg(rg - 3p_2)]$$

$$- a_1[2a_2^2 + 4p_2^2 - 10rgp_2 + 5r^2 g^2 - a_2(6p_1 + 6p_2 - 8rg)] - 2a_1^2 a_2\}$$

$$(5\text{-}20)$$

根据式(5-20)，求 $\pi_r^{\text{RGUW}}(p_1, p_2)$ 关于 p_1 和 p_2 的一阶、二阶和混合偏导数，得到

$$\frac{\partial \pi_r^{\text{RGUW}}(p_1, p_2)}{\partial p_1} = \frac{n(3a_1 a_2 + 5a_2 rg + 3r^2 g^2 - 4a_2 p_1 - 6rgp_2)}{2a_1 a_2}$$

$$\frac{\partial^2 \pi_r^{\text{RGUW}}(p_1, p_2)}{\partial p_1^2} = -\frac{2n}{a_1}$$

$$\frac{\partial \pi_r^{\text{RGUW}}(p_1, p_2)}{\partial p_2} = \frac{n(3a_1 a_2 + 5a_1 rg + 3r^2 g^2 - 4a_1 p_2 - 6rgp_1)}{2a_1 a_2}$$

$$\frac{\partial^2 \pi_r^{\text{RGUW}}(p_1, p_2)}{\partial p_2^2} = -\frac{2n}{a_2}$$

$$\frac{\partial^2 \pi_r^{\text{RGUW}}(p_1, p_2)}{\partial p_1 \partial p_2} = -\frac{3nrg}{a_1 a_2}$$

由此得到，$\pi_r^{\text{RGUW}}(p_1, p_2)$ 关于零售价格 p_1 和 p_2 的 Hessian 矩阵为

$$H = \begin{bmatrix} \dfrac{\partial^2 \pi_r^{\text{RGUW}}(p_1, p_2)}{\partial p_1^2} & \dfrac{\partial^2 \pi_r^{\text{RGUW}}(p_1, p_2)}{\partial p_1 \partial p_2} \\ \dfrac{\partial^2 \pi_r^{\text{RGUW}}(p_1, p_2)}{\partial p_2 \partial p_1} & \dfrac{\partial^2 \pi_r^{\text{RGUW}}(p_1, p_2)}{\partial p_2^2} \end{bmatrix} = \begin{bmatrix} -\dfrac{2n}{a_1} & -\dfrac{3nrg}{a_1 a_2} \\ -\dfrac{3nrg}{a_1 a_2} & -\dfrac{2n}{a_2} \end{bmatrix}$$

容易得到上述 Hessian 矩阵的一阶顺序主子式 $|H_1| = -\dfrac{2n}{a_1} < 0$，二阶顺序主子

式 $|H_2| = \dfrac{n^2\left(4a_1a_2 - 9r^2g^2\right)}{a_1^2a_2^2} > 0$。因此，$\pi_r^{\text{RGUW}}(p_1,p_2)$ 是关于 p_1 和 p_2 的联合凹函数。

令 $\dfrac{\partial \pi_r^{\text{RGUW}}(p_1,p_2)}{\partial p_1} = 0$ 和 $\dfrac{\partial \pi_r^{\text{RGUW}}(p_1,p_2)}{\partial p_2} = 0$，即可得到零售商的最优零售价格。∎

根据命题 5.3 得到推论 5.4。

推论 5.4 制造商主导型供应链中零售商返券且采用 GUW 定价策略时，给定返券面值 $g > 0$，可知：

$$\frac{\partial\left(p_i^{\text{RGUW}*} - a_i/2\right)}{\partial g} > 0, \quad i = 1,2$$

$$\frac{\partial\left(p_i^{\text{RGUW}*} - a_i/2\right)}{\partial r} > 0, \quad i = 1,2$$

$$\frac{\partial\left(p_1^{\text{RGUW}*} + p_2^{\text{RGUW}*} - rg\right)}{\partial g} < 0$$

$$\frac{\partial\left(p_1^{\text{RGUW}*} + p_2^{\text{RGUW}*} - rg\right)}{\partial r} < 0$$

证明 根据命题 5.3，得到

$$\frac{\partial\left(p_1^{\text{RGUW}*} - a_1/2\right)}{\partial g} = \frac{\partial\left(p_1^{\text{RGUW}*} - a_2/2\right)}{\partial g} = \frac{r\left[81g^4r^4 + 4a_1^2a_2\left(a_2 + 9gr\right) - 99a_1a_2g^2r^2\right]}{2\left(4a_1a_2 - 9g^2r^2\right)^2} > 0$$

$$\frac{\partial\left(p_2^{\text{RGUW}*} - a_1/2\right)}{\partial g} = \frac{\partial\left(p_2^{\text{RGUW}*} - a_2/2\right)}{\partial g} = \frac{r\left[4a_1^2a_2^2 + 81g^4r^4 + 9a_1a_2gr\left(4a_2 - 11gr\right)\right]}{2\left(4a_1a_2 - 9g^2r^2\right)^2} > 0$$

$$\frac{\partial\left(p_1^{\text{RGUW}*} - a_1/2\right)}{\partial r} = \frac{\partial\left(p_1^{\text{RGUW}*} - a_2/2\right)}{\partial r} = \frac{r\left[81g^4r^4 + 4a_1^2a_2\left(a_2 + 9gr\right) - 99a_1a_2g^2r^2\right]}{2\left(4a_1a_2 - 9g^2r^2\right)^2} > 0$$

$$\frac{\partial\left(p_2^{\text{RGUW}*} - a_1/2\right)}{\partial r} = \frac{\partial\left(p_2^{\text{RGUW}*} - a_2/2\right)}{\partial r} = \frac{r\left[4a_1^2a_2^2 + 81g^4r^4 + 9a_1a_2gr\left(4a_2 - 11gr\right)\right]}{2\left(4a_1a_2 - 9g^2r^2\right)^2} > 0$$

$$\frac{\partial\left(p_1^{\text{RGUW}*} + p_2^{\text{RGUW}*} - rg\right)}{\partial g} = \frac{\partial\left(p_1^{\text{RGUW}*} + p_2^{\text{RGUW}*} - rg\right)}{\partial r} = -\frac{3a_1a_2g\left(2a_1 - 3gr\right)\left(2a_2 - 3gr\right)}{\left(4a_1a_2 - 9g^2r^2\right)^2} < 0$$

∎

推论 5.4 说明，固定批发价格下的返券促销，零售商具有涨价动机。即给定返券面值 $g > 0$，$p_i^{\text{RGUW}*} > 3a_i/4(i=1,2)$。此时，产品 $i(i=1,2)$ 的边际利润 $p_i^{\text{RGUW}*} - a_i/2$ 将随着返券面值和返券兑换率的增加而增加。因此，零售商将会从未兑换返券的消费者中获益。而结果 $p_1^{\text{RGUW}*} + p_2^{\text{RGUW}*} - rg$ 反映了消费者实际购买两产品的期望支付，推论 5.4 表明，该实际期望支付将随着返券面值和返券兑换率的增加而减少，说明兑换返券的消费者将获得较无返券促销时更高的期望净效用。此外，p_1^{RGUW*} 和 p_2^{RGUW*} 关于产品价值参数 a_1 和 a_2 是对称的，因此在供应链采用 GUW 定价策略时，命题 5.4 将考虑当两个产品的消费者最大估值相等 $a_1 = a_2 = a$，即产品价值相当时，最优的产品零售价格和返券面值。

命题 5.4 制造商主导型供应链中零售商返券且采用 GUW 定价策略，当 $a_1 = a_2 = a$ 时，最优的产品零售价格 p_1^* 和 p_2^* 以及最优返券面值 g^* 由如下一阶条件唯一确定：

$$\begin{cases} \dfrac{n}{2a^2}\Big[3a^2 + a(5rg - 4p_1) + 3rg(rg - 2p_2)\Big] = 0 \\[3mm] \dfrac{n}{2a^2}\Big[3a^2 + a(5rg - 4p_2) + 3rg(rg - 2p_1)\Big] = 0 \\[3mm] \dfrac{n}{2a^2}\Big[(6rg + 5a)(p_1 + p_2) - 10rag - 4a^2 - 3r^2g^2 - 6p_1p_2\Big] = 0 \end{cases}$$

证明 类似于命题 5.3，当 $a_1 = a_2 = a$ 时，给定返券面值 $g > 0$，$\pi_r^{RGUW}(p_1, p_2)$ 是关于 p_1 和 p_2 的凹函数，其最优零售价格由一阶条件确定：

$$\begin{cases} \dfrac{\partial \pi_r^{RGUW}(p_1, p_2)}{\partial p_1} = \dfrac{3a^2 + a(5rg - 4p_1) + 3rg(rg - 2p_2)}{2a^2} = 0 \\[3mm] \dfrac{\partial \pi_r^{RGUW}(p_1, p_2)}{\partial p_2} = \dfrac{3a^2 + a(5rg - 4p_2) + 3rg(rg - 2p_1)}{2a^2} = 0 \end{cases}$$

联立求解上述方程组得到最优的产品 1 和产品 2 的零售价格为

$$p_1^{RGUW*} = p_2^{RGUW*} = \frac{3a^2 + 5rga + 3r^2g^2}{2(2a + 3rg)} \tag{5-21}$$

将式 (5-21) 代入式 (5-15) 并求解 π_r^{RGUW} 关于 g 的一阶和二阶偏导数，得到

$$\frac{\partial \pi_r^{RGUW}}{\partial g} = \frac{n(a^4 - 4a^3rg - 27a^2r^2g^2 + 27r^4g^4)}{4a^2(2a + 3rg)^2}$$

$$\frac{\partial^2 \pi_r^{RGUW}}{\partial g^2} = \frac{n(81r^4g^4 + 108ar^3g^3 - 48a^3rg - 7a^4)}{2a^2(2a + 3rg)^3}$$

由 $\partial^2 \pi_r^{RGUW} / \partial g^2 < 0$ 可知，π_r^{RGUW} 是关于 g 的凹函数，最优返券面值 g^* 由一阶条件决定。此外，当 $a/7 < rg < a/2$ 时，由一阶导数得到 $\partial \pi_r^{RGUW} / \partial g < 0$；当 $rg < a/7$ 时，$\partial \pi_r^{RGUW} / \partial g > 0$，所以 $g^* \leqslant a/(7r)$。∎

命题 5.4 提供了零售商最优返券促销的价格策略和返券策略。此外，两产品分散化供应链采用 GUW 定价策略，当 $a_1 = a_2 = a$ 时，最优的返券面值满足 $g^* \leqslant a/(7r)$。据估计，在发放返券后的 9 个月内，没有被兑换的返券的数量为总量的 19%(Horne, 2007)。这说明通常情况下，对于大多数产品，返券的平均兑换

率高于 80%。此时，$g^* \leqslant a/(7r) < a/2$，同样说明本章假设返券面值不超过产品零售价格是合理的。

3. 不固定价格模型

在 DG 模型中，制造商 1 和制造商 2 同时决策批发价格 w_1 和 w_2，零售商决定零售价格 p_1 和 p_2 以及返券面值 g。命题 5.5 揭示了给定返券面值 g 时的最优价格策略。在 DG 模型中，假设返券面值满足条件 $g \leqslant a_i/2(i=1,2)$。这是由于通过对无返券模型的考察发现，产品 $i(i=1,2)$ 的最优批发价格为 $a_i/2$，消费者的保留价格上界为 a_i。因此，零售商的产品边际利润不超过 $a_i/2$，假设 $g \leqslant a_i/2(i=1,2)$ 能够保证零售商返券的正的期望利润。

命题 5.5 制造商主导型供应链中零售商返券且采用 DG 定价策略时，给定返券面值 $g > 0$，最优的批发价格分别为

$$w_1^{\text{RDG}*} = \frac{\left[4a_1^3 a_2^3 (4a_1 + rg) - 2a_1^2 a_2^2 r^2 g^2 (37a_1 + 3rg) + a_1 a_2 r^4 g^4 (89a_1 - 6rg) - 9a_1 r^6 g^6 \right]}{2\left(16a_1^3 a_2^3 - 65a_1^2 a_2^2 r^2 g^2 + 70a_1 a_2 r^4 g^4 - 9r^6 g^6 \right)}$$

$$w_2^{\text{RDG}*} = \frac{\left[4a_1^3 a_2^3 (4a_2 + rg) - 2a_1^2 a_2^2 r^2 g^2 (37a_2 + 3rg) + a_1 a_2 r^4 g^4 (89a_2 - 6rg) - 9a_2 r^6 g^6 \right]}{2\left(16a_1^3 a_2^3 - 65a_1^2 a_2^2 r^2 g^2 + 70a_1 a_2 r^4 g^4 - 9r^6 g^6 \right)}$$

最优的零售价格分别为

$$p_1^{\text{RDG}*} = \frac{24a_1^4 a_2^4 X_{11} - 4a_1^3 a_2^3 r^2 g^2 X_{21} + 2a_1^2 a_2^2 r^4 g^4 X_{31} - 3a_1 a_2 r^6 g^6 X_{41} + 81 r^8 g^8 X_{51}}{2\left(16a_1^3 a_2^3 - 65a_1^2 a_2^2 r^2 g^2 + 70a_1 a_2 r^4 g^4 - 9r^6 g^6 \right)\left(4a_1 a_2 - 9r^2 g^2 \right)}$$

$$p_2^{\text{RDG}*} = \frac{24a_1^4 a_2^4 X_{12} - 4a_1^3 a_2^3 r^2 g^2 X_{22} + 2a_1^2 a_2^2 r^4 g^4 X_{32} - 3a_1 a_2 r^6 g^6 X_{42} + 81 r^8 g^8 X_{52}}{2\left(16a_1^3 a_2^3 - 65a_1^2 a_2^2 r^2 g^2 + 70a_1 a_2 r^4 g^4 - 9r^6 g^6 \right)\left(4a_1 a_2 - 9r^2 g^2 \right)}$$

其中，$X_{1i} = 4a_i + rg$，$X_{2i} = 139a_i + 56rg$，$X_{3i} = 538a_i + 321rg$，$X_{4i} = 245a_2 + 207rg$，$X_{5i} = a_i + rg$，$i = 1,2$。

证明 给定返券面值 $g > 0$，将式(5-12)、式(5-13)和式(5-14)代入式(5-15)，得到

$$\begin{aligned} \pi_r^{\text{RDG}}(p_1, p_2) = \frac{n}{2a_1 a_2} \{ &-2a_2(p_1 - rg)(p_1 - rg - w_1) - 2a_1(p_2 - rg)(p_2 - rg - w_2) \\ &- rg[r^2 g^2 - 2p_2 w_1 + p_1(6p_2 - 3rg - 2w_2) + rg(w_1 + w_2 - 3p_2)] \\ &+ 2a_1 a_2(p_1 + p_2 - rg - w_1 - w_2) \} \end{aligned} \quad (5\text{-}22)$$

根据式(5-22)求 $\pi_r^{\text{RDG}}(p_1, p_2)$ 关于 p_1 和 p_2 的一阶、二阶和混合偏导数，得到

$$\frac{\partial \pi_r^{\text{RDG}}(p_1, p_2)}{\partial p_1} = \frac{n[2a_2(a_1 + 2rg - 2p_1 + w_1) + rg(3rg - 6p_2 + 2w_2)]}{2a_1 a_2}$$

$$\frac{\partial \pi_r^{\text{RDG}}(p_1, p_2)}{\partial p_2} = \frac{n[2a_1(a_2 + 2rg - 2p_2 + w_2) + rg(3rg - 6p_1 + 2w_1)]}{2a_1 a_2}$$

$$\frac{\partial^2 \pi_{\mathrm{r}}^{\mathrm{RDG}}(p_1, p_2)}{\partial p_1^2} = -\frac{2n}{a_1}$$

$$\frac{\partial^2 \pi_{\mathrm{r}}^{\mathrm{RDG}}(p_1, p_2)}{\partial p_2^2} = -\frac{2n}{a_2}$$

$$\frac{\partial^2 \pi_{\mathrm{r}}^{\mathrm{RDG}}(p_1, p_2)}{\partial p_1 \partial p_2} = -\frac{3nrg}{a_1 a_2}$$

由此得到 $\pi_{\mathrm{r}}^{\mathrm{RDG}}(p_1, p_2)$ 关于 p_1 和 p_2 的 Hessian 矩阵为

$$H = \begin{bmatrix} \dfrac{\partial^2 \pi_{\mathrm{r}}^{\mathrm{RDG}}(p_1, p_2)}{\partial p_1^2} & \dfrac{\partial^2 \pi_{\mathrm{r}}^{\mathrm{RDG}}(p_1, p_2)}{\partial p_1 \partial p_2} \\[3mm] \dfrac{\partial^2 \pi_{\mathrm{r}}^{\mathrm{RDG}}(p_1, p_2)}{\partial p_2 \partial p_1} & \dfrac{\partial^2 \pi_{\mathrm{r}}^{\mathrm{RDG}}(p_1, p_2)}{\partial p_2^2} \end{bmatrix} = \begin{bmatrix} -\dfrac{2n}{a_1} & -\dfrac{3nrg}{a_1 a_2} \\[3mm] -\dfrac{3nrg}{a_1 a_2} & -\dfrac{2n}{a_2} \end{bmatrix}$$

容易得到上述 Hessian 矩阵的一阶顺序主子式 $|H_1| = -\dfrac{2n}{a_1} < 0$，二阶顺序主子

式 $|H_2| = \dfrac{n^2(4a_1 a_2 - 9r^2 g^2)}{a_1^2 a_2^2} > 0$。因此，$\pi_{\mathrm{r}}^{\mathrm{RDG}}(p_1, p_2)$ 是关于 p_1 和 p_2 的凹函数。令

$\dfrac{\partial \pi_{\mathrm{r}}^{\mathrm{RDG}}(p_1, p_2)}{\partial p_1} = 0$ 和 $\dfrac{\partial \pi_{\mathrm{r}}^{\mathrm{RDG}}(p_1, p_2)}{\partial p_2} = 0$，可得零售价格关于批发价格的最优反应函

数为

$$\begin{cases} p_1^{\mathrm{RDG}*}(w_1, w_2) = \dfrac{2a_1 a_2(2a_1 + 2w_1 + rg) - rg[(6a_1 + 9rg + 6w_1)rg + 2a_1 w_2]}{2(4a_1 a_2 - 9r^2 g^2)} \\[4mm] p_2^{\mathrm{RDG}*}(w_1, w_2) = \dfrac{2a_1 a_2(2a_2 + 2w_2 + rg) - rg[(6a_2 + 9rg + 6w_2)rg + 2a_2 w_1]}{2(4a_1 a_2 - 9r^2 g^2)} \end{cases} \tag{5-23}$$

令 $C = 4a_1^2 a_2^2 - 10a_1 a_2 r^2 g^2$，将式 (5-23) 和式 (5-12) 代入式 (5-16)，得到

$$\pi_{\mathrm{m1}}^{\mathrm{RDG}}(w_1) = \frac{nw_1[C + r^2 g^2(8a_2 w_1 + 6rgw_2 - 3a_2 rg) + 2a_1 a_2(a_2 rg - 2a_2 w_1 - rgw_2)]}{2a_1 a_2(4a_1 a_2 - 9r^2 g^2)} \tag{5-24}$$

根据式 (5-24) 求 $\pi_{\mathrm{m1}}^{\mathrm{RDG}}(w_1)$ 关于 w_1 的一阶和二阶偏导数，得到

$$\frac{\partial \pi_{\mathrm{m1}}^{\mathrm{RDG}}(w_1)}{\partial w_1} = \frac{n[C + r^2 g^2(16a_2 w_1 + 6rgw_2 - 3a_2 rg) + 2a_1 a_2(a_2 rg - 4a_2 w_1 - rgw_2)]}{2a_1 a_2(4a_1 a_2 - 9r^2 g^2)}$$

$$\frac{\partial^2 \pi_{\mathrm{m1}}^{\mathrm{RDG}}(w_1)}{\partial w_1^2} = -\frac{4n(a_1 a_2 - 2r^2 g^2)}{a_1(4a_1 a_2 - 9r^2 g^2)}$$

由 $\dfrac{\partial^2 \pi_{\mathrm{m1}}^{\mathrm{RDG}}(w_1)}{\partial w_1^2} < 0$ 可知，$\pi_{\mathrm{m1}}^{\mathrm{RDG}}(w_1)$ 是关于 w_1 的凹函数。

将式 (5-23) 和式 (5-13) 代入式 (5-17)，得到

$$\pi_{\mathrm{m2}}^{\mathrm{RDG}}(w_2) = \frac{nw_2[C + r^2 g^2(8a_1 w_2 + 6rgw_1 - 3a_1 rg) + 2a_1 a_2(a_1 rg - 2a_1 w_2 - rgw_1)]}{2a_1 a_2(4a_1 a_2 - 9r^2 g^2)} \tag{5-25}$$

根据式(5-25)求 $\pi_{m2}^{RDG}(w_2)$ 关于 w_2 的一阶和二阶偏导数，得到

$$\frac{\partial \pi_{m2}^{RDG}(w_2)}{\partial w_2} = \frac{n[C + r^2 g^2(16a_1 w_2 + 6rg w_1 - 3a_1 rg) + 2a_1 a_2(a_1 rg - 4a_1 w_2 - rg w_1)]}{2a_1 a_2(4a_1 a_2 - 9r^2 g^2)}$$

$$\frac{\partial^2 \pi_{m2}^{RDG}}{\partial w_2^2} = -\frac{4n(a_1 a_2 - 2r^2 g^2)}{a_2(4a_1 a_2 - 9r^2 g^2)}$$

由 $\dfrac{\partial^2 \pi_{m2}^{RDG}(w_2)}{\partial w_2^2} < 0$ 得知，$\pi_{m2}^{RDG}(w_2)$ 是关于 w_2 的凹函数。

令 $\dfrac{\partial \pi_{m1}^{RDG}(w_1)}{\partial w_1} = 0$ 和 $\dfrac{\partial \pi_{m2}^{RDG}(w_2)}{\partial w_2} = 0$，联合求解得到制造商 1 和制造商 2 的最优批发价格为

$$w_1^{RDG*} = \frac{\left[4a_1^3 a_2^3(4a_1 + rg) - 2a_1^2 a_2^2 r^2 g^2(37a_1 + 3rg) + a_1 a_2 r^4 g^4(89a_1 - 6rg) - 9a_1 r^6 g^6\right]}{2(16a_1^3 a_2^3 - 65a_1^2 a_2^2 r^2 g^2 + 70a_1 a_2 r^4 g^4 - 9r^6 g^6)}$$

$$w_2^{RDG*} = \frac{\left[4a_1^3 a_2^3(4a_2 + rg) - 2a_1^2 a_2^2 r^2 g^2(37a_2 + 3rg) + a_1 a_2 r^4 g^4(89a_2 - 6rg) - 9a_2 r^6 g^6\right]}{2(16a_1^3 a_2^3 - 65a_1^2 a_2^2 r^2 g^2 + 70a_1 a_2 r^4 g^4 - 9r^6 g^6)}$$

将 w_1^{RDG*} 和 w_2^{RDG*} 代入式(5-23)，即可得到最优的零售价格。∎

无返券促销时，产品 $i(i=1,2)$ 最优的批发价格和零售价格只与产品 i 的价值有关(参见引理 5.1)。然而，命题 5.5 表明，当零售商进行返券促销时，最优的批发价格和零售价格与两个产品的价值都有关系。这主要是由于消费者利用返券同时购买两个产品，并提升自身的消费者剩余，此时两个独立产品的需求呈现出互补需求的特征。其次，最优的批发价格和零售价格都是关于参数 rg 的函数。当返券兑换率增加时，返券对消费的效用增加(折扣价值 $(1-r)g$ 减少)，更多位于高估值区域的消费者(high-end consumer)将同时购买产品 1 和产品 2。由此，高返券兑换率意味着消费者的净效用增加，进而影响最优价格的决策。根据命题 5.5 得到如下推论。

推论 5.5 制造商主导型供应链中零售商返券且采用 DG 定价策略时，给定返券面值 $g > 0$，$\dfrac{\partial p_i^{RDG*}}{\partial g} > 0$，$\dfrac{\partial p_i^{RDG*}}{\partial r} > 0(i=1,2)$，$\dfrac{\partial\left(p_1^{RDG*} + p_2^{RDG*} - rg\right)}{\partial g} < 0$ 和 $\dfrac{\partial\left(p_1^{RDG*} + p_2^{RDG*} - rg\right)}{\partial r} < 0$。

证明 推论 5.5 的证明类似于推论 5.4，这里不予赘述。∎

推论 5.5 揭示，不固定价格的返券促销中，零售商具有涨价动机。进一步，返券面值越大，零售价格越高；返券的兑换率越大，零售价格越高。对零售商而言，更大的返券面值或更高的返券兑换率将导致产品 2 产生更高的返券兑换成本。由此，零售商可以通过提高产品 1 的零售价格来抑制过高的返券兑换成本。

推论 5.5 和推论 5.4 同时表明，零售商在返券促销时，尽管涨价行为在许多国家是被禁止的，但是最优的零售价格均高于无返券促销的情况。另外，推论 5.5 揭示了消费者在返券促销中的平均支付随着返券面值的增加而减少，随着兑换率的增加而减少。因此，零售商的返券促销和更高的兑换率使消费者的剩余增加。根据推论 5.4、推论 5.5 和命题 5.2 得到，兑换返券的消费者在 DG、GUW 和 GUWP 定价策略中，其消费者剩余增加，在 DG 和 GUW 定价策略中，非兑换返券消费者的剩余有所减少，而在 GUWP 定价策略中，非兑换返券的消费者剩余不变。因此，从消费者剩余的角度来看，GUWP 定价策略是三种定价策略中的最优策略。

推论 5.6　制造商主导型供应链中零售商返券且采用 DG 定价策略时，给定返券面值 $g > 0$：

(1) 当 $a_1 \leqslant a_2$ 或 $a_1 > a_2$ 且 $0 < rg \leqslant G_1^{DG}$ 时，最优批发价格满足 $w_1^{RDG*} \geqslant w_1^{NG*}$；当 $a_1 > a_2$ 且 $G_1^{DG} < rg \leqslant a_2 / 2$ 时，最优批发价格满足 $w_1^{RDG*} < w_1^{NG*}$。

(2) 当 $a_1 \geqslant a_2$ 或 $a_1 < a_2$ 且 $0 < rg \leqslant G_2^{DG}$ 时，最优批发价格满足 $w_2^{RDG*} \geqslant w_2^{NG*}$；当 $a_1 < a_2$ 且 $G_2^{DG} < rg \leqslant a_1 / 2$ 时，最优批发价格满足 $w_2^{RDG*} < w_2^{NG*}$。

其中，G_1^{DG} 是方程 $6G^4 - 19a_1 G^3 + 6a_1 a_2 G^2 + 9a_1^2 a_2 G - 4a_1^2 a_2^2 = 0$ 的最小正实根，G_2^{DG} 是方程 $6G^4 - 19a_2 G^3 + 6a_1 a_2 G^2 + 9a_2^2 a_1 G - 4a_1^2 a_2^2 = 0$ 的最小正实根，$G = rg$。

证明　设 $G = rg$，根据命题 5.5 和引理 5.1 得到

$$w_1^{RDG*} - w_1^{NG*} = \frac{a_1 a_2 G \left(4a_1^2 a_2^2 - 9a_1^2 a_2 G - 6a_1 a_2 G^2 + 19a_1 G^3 - 6G^4\right)}{2\left(16a_1^3 a_2^3 - 65a_1^2 a_2^2 G^2 + 70a_1 a_2 G^4 - 9G^6\right)}$$

$$w_2^{RDG*} - w_2^{NG*} = \frac{a_1 a_2 G \left(4a_1^2 a_2^2 - 9a_2^2 a_1 G - 6a_1 a_2 G^2 + 19a_2 G^3 - 6G^4\right)}{2\left(16a_1^3 a_2^3 - 65a_1^2 a_2^2 G^2 + 70a_1 a_2 G^4 - 9G^6\right)}$$

(1) 当 $a_1 \leqslant a_2$ 时，$w_1^{DG*} - w_1^{NG*} \geqslant 0$。设 G_1^{DG} 是方程 $6G^4 - 19a_1 G^3 + 6a_1 a_2 G^2 + 9a_1^2 a_2 G - 4a_1^2 a_2^2 = 0$ 的最小正实根。当 $a_1 > a_2$ 且 $0 < rg \leqslant G_1^{DG}$ 时，$w_1^{DG*} - w_1^{NG*} \geqslant 0$；当 $a_1 > a_2$ 且 $G_1^{DG} < rg \leqslant a_2 / 2$ 时，$w_1^{DG*} - w_1^{NG*} < 0$。

(2) 当 $a_1 \geqslant a_2$ 时，$w_2^{DG*} - w_2^{NG*} \geqslant 0$。设 G_2^{DG} 是方程 $6G^4 - 19a_2 G^3 + 6a_1 a_2 G^2 + 9a_2^2 a_1 G - 4a_1^2 a_2^2 = 0$ 的最小正实根。当 $a_1 < a_2$ 且 $0 < rg \leqslant G_2^{DG}$ 时，$w_2^{DG*} - w_2^{NG*} \geqslant 0$；当 $a_1 < a_2$ 且 $G_2^{DG} < rg \leqslant a_1 / 2$ 时，$w_2^{DG*} - w_2^{NG*} < 0$。　■

由推论 5.6 可得，如果产品 1 的价值小于产品 2，或者产品 1 的价值大于产品 2 但返券面值相对较低 $(0 < rg \leqslant G_1^{DG})$，那么最优的批发价格高于无返券时的最优批发价格。这一结果符合直觉，由于零售商的返券促销增加了产品的期望需求，给制造商创造了提升批发价格的机会。然而，如果产品 1 的价值大于产品 2 且返券面值相对较大 $(G_1^{DG} < rg \leqslant a_2 / 2)$，那么最优的批发价格低于无返券时的最优批发价格。这主要是因为，当产品 1 价值较大时，最优的无返券促销的批发价格 w_1^{NG*}

本身较大，加之零售商提供较大返券带来的兑换成本较高，根据推论 5.5 得知，零售商将决策较高的零售价格来对冲高转移支付和返券兑换成本，此时导致消费者需求减少，利润损失。因此，制造商通过降低批发价格来激励下游零售商提供返券促销，进而实现搭便车行为。产品 2 的相关结论类似。

5.3.2 数值分析

本节利用数值分析的方法，直观地揭示三种策略下的最优定价策略和返券策略，并进一步挖掘相关管理启示。首先，针对不固定价格的返券策略模型，给出最优的零售商和制造商的决策结果。其次，对比三种定价策略下的最优返券策略以及相关参与者的期望利润结果。

图 5-3 显示了在 DG 模型中，当 $a_1 = a_2 = 1$ 时，制造商的最优期望利润 $\pi_{\mathrm{m}i}^{\mathrm{RDG^*}}(i=1,2)$ 与批发价格 w_1 和 w_2 的关系。结果显示，制造商 1 的最优期望利润 $\pi_{\mathrm{m}1}^{\mathrm{RDG^*}}$ 是关于批发价格 w_1 的单峰函数，且是关于批发价格 w_2 的单调递减函数。制造商 2 的最优期望利润 $\pi_{\mathrm{m}2}^{\mathrm{RDG^*}}$ 是关于批发价格 w_2 的单峰函数，且是关于批发价格 w_1 的单调递减函数。这主要是因为，制造商 1 和制造商 2 同时作为斯克伯格博弈 (Stackelberg) 的领导者，形成同时行动博弈 (simultaneous-move game)，存在唯一的纯策略对称的纳什均衡。注意到，若系统只存在一个制造商，则最优的批发价格为 $w = 0.505$。而策略 $\{w_1 = 0.505, w_2 = 0\}$ 和策略 $\{w_1 = 0, w_2 = 0.505\}$ 对于两个制造商均不是均衡策略。在均衡策略下，制造商 1 和制造商 2 均决策最优的批发价格为 $w_1 = w_2 = 0.504 < 0.505$。

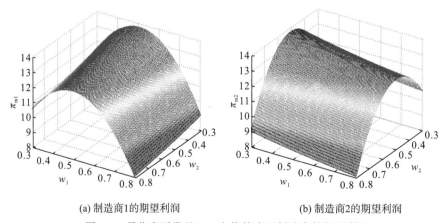

(a) 制造商1的期望利润   (b) 制造商2的期望利润

图 5-3 零售商返券且 DG 定价策略下制造商的期望利润

利用 Mathematica，分别取 $a_i(i=1,2)$ 从 1 到 5，兑换率 r 从 0.6 到 1，步长均为 0.0001，固定参数 $n=10$，在每一组给定参数 a_i 和 r 数值下，得到了 11900 余条数值

分析结果，利用同时博弈原则选择出最优的批发价格、零售价格和返券面值。本节呈现当 $a_i=\{1,2,3\}$ 时的最优结果，如表 5-4（$r=1$）、表 5-5（$r=1$）和表 5-6（$r=\{0.6,1\}$）所示。表 5-4 显示，当 $a_1=a_2$ 时，最优的产品批发价格满足 $w_1^*=w_2^*$。其次，当给定产品 1 的价值 a_1 时，制造商 1 的最优批发价格在 $a_1=a_2$ 处取得最大，类似的结果适用于产品 2 的批发价格。最后，表 5-5 显示了最优的零售价格随着产品价值 $a_i(i=1,2)$ 的增加而增加，而最优的零售价格高于无返券促销的最优零售价格。

表 5-4　零售商返券且 DG 定价策略下最优批发价格

a_2	a_1		
	1	2	3
1	(0.5045，0.5045)	(0.5028，1.0077)	(0.5021，1.5097)
2	(1.0077，0.5028)	(1.0086，1.0086)	(1.0077，1.5128)
3	(1.5097，0.5021)	(1.5128，1.0077)	(1.5145，1.5145)

表 5-5　零售商返券且 DG 定价策略下最优零售价格

a_2	a_1		
	1	2	3
1	(0.7766，0.7766)	(0.7801，1.5418)	(0.7817，2.3014)
2	(1.5418，0.7801)	(1.5531，1.5531)	(1.5580，2.3204)
3	(2.3014，0.7817)	(2.3204，1.5580)	(2.3303，2.3303)

表 5-6　零售商返券且 DG 定价策略下最优返券面值

a_1	$r=1$			$r=0.6$		
	a_2			a_2		
	1	2	3	1	2	3
1	0.1313	0.1774	0.2023	0.2188	0.2956	0.3372
2	0.1774	0.2627	0.3166	0.2956	0.4378	0.5276
3	0.2023	0.3166	0.3934	0.3372	0.5276	0.6557

如表 5-6 所示，在 DG 定价策略下，零售商的最优返券面值随着产品 $i(i=1,2)$ 价值的增加而增加。选取参数 $n=10$，$r=1$，$a_i=2$，$a_j\in[1,3](j=1,2,\ j\neq i)$，图 5-4 显示了三种价格策略下，产品价值对最优返券面值的影响。如图 5-4 所示，存在 $g^{\mathrm{RGUW}*}>g^{\mathrm{RDG}*}>g^{\mathrm{RGUWP}*}$，其反映了最优返券面值的决定性因素是批发价格和零售价格的差异，即产品边际利润的大小是决定返券面值的关键。具体地，当 $a_1=a_2=2$ 时，$p_1^{\mathrm{RGUW}*}+p_2^{\mathrm{RGUW}*}-w_1^{\mathrm{RGUW}*}-w_2^{\mathrm{RGUW}*}=1.0999$，$p_1^{\mathrm{RDG}*}+p_2^{\mathrm{RDG}*}-w_1^{\mathrm{RDG}*}-$

$w_2^{\text{RDG}*} = 1.089$ ， $p_1^{\text{RGUWP}*} + p_2^{\text{RGUWP}*} - w_1^{\text{RGUWP}*} - w_2^{\text{RGUWP}*} = 1$ 。

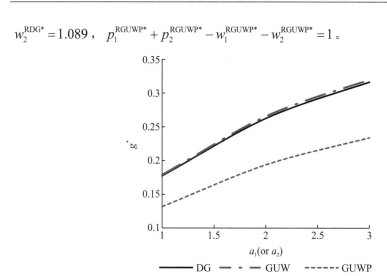

图 5-4　零售商返券下的最优返券面值

本节比较三种不同定价策略的返券促销中零售商和制造商的最优期望利润。设 $\Delta\pi_i^* = (\pi_i^* - \pi_i^{\text{NG}*})/\pi_i^{\text{NG}*}(i=\text{r,m1,m2,sc})$ ，由于产品价值 $a_i(i=1,2)$ 对最优结果的影响具有对称性，本节呈现产品 1 的价值对最优结果的影响，产品 2 的价值对最优结果的影响类似。选取参数 $n=10$ ， $r=1$ ， $a_2=2$ ， $a_1 \in [1,3]$ ，图 5-5 揭示了不同返券策略下最优期望利润较无返券促销时的利润变化百分比。结果表明，三种价格策略下的零售商返券均使得制造商和零售商的期望利润有所改进。图 5-5(a) 和(b)反映了生产价值较小产品的制造商的最优利润改进幅度较大。而对于零售商和供应链，返券用于促销价值相等的两个产品时，利润改进幅度最大，如图 5-5(c) 和(d)所示。因此，制造商宁愿生产价值更小的产品，而零售商在返券促销时，更倾向于搭配价值相同或相近的产品进行促销。这一结果不但在 GUWP 定价策略时给予证明，数值分析显示，在 GUW 和 DG 定价策略中仍然适用。

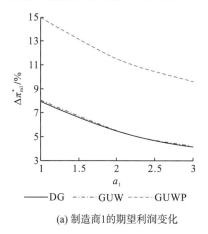

(a) 制造商1的期望利润变化

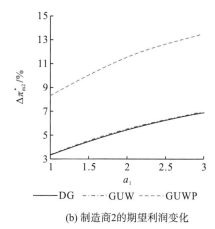

(b) 制造商2的期望利润变化

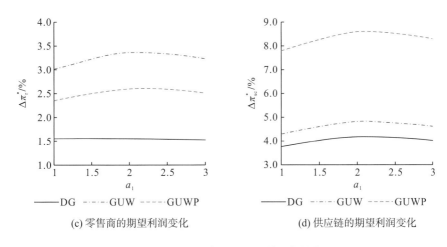

(c) 零售商的期望利润变化　　　　　　　　(d) 供应链的期望利润变化

图 5-5　零售商返券下的期望利润变化情况

同时, 图 5-5 表明, $\Delta\pi_{m1}^{RGUWP*} > \Delta\pi_{m1}^{RGUW*} > \Delta\pi_{m1}^{RDG*}$, $\Delta\pi_{m2}^{RGUWP*} > \Delta\pi_{m2}^{RGUW*} > \Delta\pi_{m2}^{RDG*}$, $\Delta\pi_{r}^{RGUW*} > \Delta\pi_{r}^{RGUWP*} > \Delta\pi_{r}^{RDG*}$ 和 $\Delta\pi_{sc}^{RGUWP*} > \Delta\pi_{sc}^{RGUW*} > \Delta\pi_{sc}^{RDG*}$。这意味着, 在零售商返券的情况下, 返券 GUW 定价策略对于零售商是主导策略, 而策略 GUWP 对于制造商和供应链是主导策略。这主要是因为: 零售商在 GUW 定价策略下可以获得最大的产品边际利润, 而产品 1 和产品 2 的最优期望需求在 GUWP 定价策略下最高, 使得制造商 1 和制造商 2 以及供应链在 GUWP 定价策略中帕累托改进最大。一方面, 零售商在促销时可以自由选择促销策略, 若制造商不改变批发价格, 则零售商有动机调整新的零售价格。所以, 如果两个制造商希望零售商采取 GUWP 定价策略, 就需要和零售商通过协调(如成本分担、收益共享)来实现。另一方面, 实际中, 策略 GUWP 最容易实施和操作, 并符合相关法律和规定的监管。例如, 国家发展改革委规定指出, 在促销期间, 零售价格不得高于(低于)七日内最高(低)的零售交易价格。因此, 从整个供应链和消费者剩余出发(社会总福利最大), GUWP 定价策略是主导策略。

5.3.3　消费者不一致性

如果消费者的实际兑换概率与购买产品时预估兑换概率不同, 这种行为称为消费者的不一致性(inconsistency)(Gilpatric, 2009)。如果消费者的实际兑换率与购买时的期望兑换意图出现不一致, 那么零售商可能从消费者未兑换的返券中获益(Khouja et al., 2011)。本节将讨论在 GUWP 定价策略情形下, 消费者时间不一致性对最优返券决策和零售商期望利润的影响。假设消费者在购买时的期望返券兑换率为 $r_e (0 < r_e \leqslant 1)$, 而在产品 2 购买过程中实际的兑换率为 $r_a (0 < r_a \leqslant 1)$。由

此，当 $r_e = r_a = r$ 时，消费者表现为时间一致；当 $r_e > r_a$ 时，消费者为乐观型消费者，过高估计了自身未来的返券兑换概率；当 $r_e < r_a$ 时，消费者为消极型消费者，低估了自身未来的返券兑换概率。根据以上假设和说明，由于消费者购买产品时的期望兑换率为 r_e，产品的期望需求式(5-14)、式(5-15)和式(5-16)中返券兑换率变为 r_e。由于消费者的实际兑换率为 r_a，零售商的期望利润函数(5-17)中的返券成本变为 $D_{12}^G r_a g$。选取参数 $n = 10$，$a_1 = a_2 = 1$，$r_e = 0.6$，$r_a \in [0.1,1]$ 得到零售商的最优返券策略和期望利润结果，图 5-6 表明了消费者时间不一致性对最优结果的影响。

如图 5-6(a)所示，最优的返券面值 g^* 是关于实际兑换率 r_a 的非增函数。当实际兑换率充分小（$r_a < 0.25 < r_e = 0.6$）时，最优的返券面值等于零售价格（$g^* = 3a_1/4 = 0.75$）。这是由于过低的兑换率导致产品 2 的需求过低，而零售商通过提高返券面值吸引更多消费者兑换并购买产品 2。这时，返券促销类似于不同产品的"买一赠一"促销。当实际兑换率适中（$0.25 < r_a < r_e = 0.6$），消费者是乐观型消费者时，最优返券面值随实际兑换率的增加而减少。这主要是由于实际兑换率的增加导致返券的兑换成本增加，零售商通过降低返券面值进而降低返券的实际兑换成本。直觉地，当返券的实际兑换率继续增加（$r_a > 0.6$）时，消费者转变为悲观型消费者，零售商将持续降低返券面值来抵消期望之外的兑换成本。如图 5-6(b)所示，零售商的最优期望利润随实际兑换率的增加而减少。进一步说明，零售商可以从未兑换的返券中获益（低兑换率/乐观型消费者），这与 Thomas 和 Dillenbeck(2004)的调查结果相吻合。此外，随着实际兑换率的增加，零售商的最优期望利润关于乐观型消费者的利润减少更快；零售商的最优期望利润关于悲观型消费者的利润减少较慢。

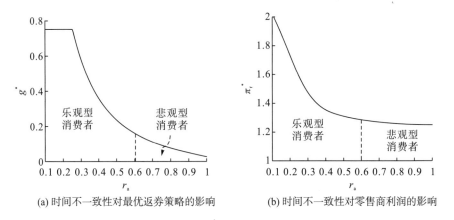

(a) 时间不一致性对最优返券策略的影响   (b) 时间不一致性对零售商利润的影响

图 5-6   消费者时间不一致性行为的影响

5.3.4　两互补产品的零售商返券

零售商往往希望通过搭配具有相关性的产品，利用返券促销实现最大化收益。例如，在苏宁电器返券促销的例子中，苹果手机和无线充电器可以视为互补性产品。当两个产品具有互补性时，消费者对两产品的保留价格相比于单独购买时保留价格之和具有超加性(super-additive)。Guiltinan(1987)指出，由于搜索的经济性、消费者满意度加强和提升消费者总的消费意识，都将会使得互补产品的超加性增强。

本节在基础模型中考虑两个独立产品的返券促销可以进一步扩展到互补品的返券促销。假设消费者对两产品的互补性(complementarity)程度的感知为$\theta(\theta > 0)$ (Venkatesh and Kamakura，2003)，设$\theta \equiv \left[u_{12}^{\mathrm{NG}} - (u_1^{\mathrm{NG}} + u_2^{\mathrm{NG}}) \right] / (u_1^{\mathrm{NG}} + u_2^{\mathrm{NG}})$，并假设$\theta$在不同消费者之间是恒定的。根据对产品互补性的定义得到，无返券促销时，消费者同时购买产品 1 和产品 2 的净效用为$u_{12}^{\mathrm{NG}} = (1+\theta)(u_1^{\mathrm{NG}} + u_2^{\mathrm{NG}})$。返券促销时，消费者同时购买产品 1 和产品 2 的净效用为$u_{12}^{\mathrm{G}} = (1+\theta)(u_1^{\mathrm{G}} + u_2^{\mathrm{G}}) + rg$。消费者只购买产品 1 或只购买产品 2 的净效用依然分别为$u_1^{\mathrm{G}} = v_1 - p_1^{\mathrm{G}}$和$u_2^{\mathrm{G}} = v_2 - p_2^{\mathrm{G}}$。因此，互补产品的返券促销下，产品 1 和产品 2 的期望需求分别为

$$D_1^{\mathrm{G}} = \frac{n}{a_1 a_2}\left[I_2 + (a_1 + p_2 - \gamma)(a_2 + p_1 - \gamma) - I_3 + (a_1 - p_1)(\gamma - p_1) \right] \tag{5-26}$$

$$D_2^{\mathrm{G}} = \frac{n}{a_1 a_2}\left[I_1 + (a_1 + p_2 - \gamma)(a_2 + p_1 - \gamma) - I_3 + (a_2 - p_2)(\gamma - p_2) \right] \tag{5-27}$$

两产品的联合期望需求为

$$D_{12}^{\mathrm{G}} = \frac{n}{a_1 a_2}\left[I_1 + I_2 - I_3 + (a_1 + p_2 - \gamma)(a_2 + p_1 - \gamma) \right] \tag{5-28}$$

其中，$I_1 = \dfrac{\theta(a_1 - p_1)^2}{2(1+\theta)}$，$I_2 = \dfrac{\theta(a_2 - p_2)^2}{2(1+\theta)}$，$I_3 = \dfrac{(p_1 + p_2 - \gamma)^2}{2}$，$\gamma = \dfrac{p_1 + p_2 - rg}{1+\theta}$。

为了聚焦产品的互补性对返券决策和相关利润的影响，本节同样在 GUWP 定价策略下进行分析。上标 RCG 表示两互补产品的返券促销相关结果，令

$$G_0^{\mathrm{RCG}} = \frac{\sqrt{8a_1 a_2(1+2\theta)^2 + (a_1^2 + a_2^2)(16\theta^2 + 13\theta + 1)} - (1+8\theta)(a_1 + a_2)}{12r}$$

$$\hat{\theta} = \frac{\sqrt{(a_1^4 + a_2^4) + 128a_1 a_2(a_1^2 + a_2^2) + 258a_1^2 a_2^2} - (a_1^2 + a_2^2)}{32(a_1 + a_2)^2} \leqslant 0.16$$

命题 5.6　制造商主导型供应链中零售商返券且采用 GUWP 定价策略，当$0 < \theta < \hat{\theta}$时，零售商的最优返券面值为$g^{\mathrm{RCG}*} = \min\{G_0^{\mathrm{RCG}}, 3a_1/4, 3a_2/4\}$；当$\theta > \hat{\theta}$时，零售商的最优返券面值为$g^{\mathrm{RCG}*} = 0$。

证明　将式(5-26)、式(5-27)、式(5-28)以及引理 5.1 中的最优批发价格和零

售价格代入零售商期望利润函数(5-15)中，并求利润函数关于返券面值 g 的一阶和二阶偏导数，得到

$$\frac{\partial \pi_r^{RCG}}{\partial g^{RCG}} = \frac{1}{32(1+\theta)^2} \{r[2a_1(a_2 - 4g^{RCG}r) - 8g^{RCG}r(a_2 + 6g^{RCG}r)]$$
$$- \theta[a_1^2 + a_2^2 + 64(a_1 + a_2)g^{RCG}r] - 16(a_1 + a_2)^2\theta^2\}$$

$$\frac{\partial^2 \pi_r^{RCG}}{\partial g^{RCG\,2}} = -\frac{r^2[a_1 + a_2 + 12g^{RCG}r + 8(a_1 + a_2)\theta]}{4(1+\theta)^2}$$

由 $\dfrac{\partial^2 \pi_r^{RCG}}{\partial g^{RCG\,2}} < 0$ 可知,零售商的期望利润函数 π_r^{RCG} 是关于返券面值 g 的凹函数。

令一阶偏导数等于零，得到

$$g^{RCG*} = \frac{\sqrt{8a_1a_2(1+2\theta)^2 + (a_1^2 + a_2^2)(16\theta^2 + 13\theta + 1)} - (1+8\theta)(a_1 + a_2)}{12r}$$

依据假设 $0 \leqslant g \leqslant 3a_i/4(i=1,2)$，得到：当 $0 < \theta < \hat{\theta}$ 时，结合返券面值小于零售价格的紧约束，$g^{RCG*} = \min\{G_0^{RCG}, 3a_1/4, 3a_2/4\}$；当 $\theta > \hat{\theta}$ 时，$g^{RCG*} = 0$。　■

命题 5.6 表明，当两个产品的互补性相对较小（$0 < \theta < \hat{\theta}$）时，零售商将提供返券给消费者。当两个产品的互补性相对较大并超过确定的阈值（$\theta > \hat{\theta}$）时，零售商的最优策略是不提供返券。这一结果与命题 5.1 不同，当两个产品为独立产品（$\theta=1$）时，零售商总是会向消费者提供返券促销。其次，当两个产品为互补品，且最优的返券面值较小（$G^{RCG*} = G_0^{RCG}$）时，最优的返券面值随着返券兑换率的增加而减少，这一结果与命题 5.1 一致，这里不再赘述。当两产品价值相同（$a_1 = a_2$）或相近时，最优的返券面值随着两产品互补性的增加而减小。

5.4　制造商返券促销

5.4.1　模型建立

制造商返券模型中，考虑制造商 1 作为返券的发起方，首先决定产品 1(促销产品)的批发价格 w_1 和返券面值 g。与此同时，制造商 2 决定产品 2(兑换产品)的批发价格 w_2。零售商随后决定产品 1 和产品 2 的零售价格 p_1 和 p_2。制造商返券促销时的消费者需求与零售商返券促销时的消费者需求相同(参见 5.3.1 节)。

根据消费者的期望需求，制造商返券促销下，零售商的期望利润函数为

$$\pi_r^{MG}(p_1, p_2) = D_1^G(p_1 - w_1) + D_2^G(p_2 - w_2) \tag{5-29}$$

制造商返券促销下，制造商 1 的期望利润函数为

$$\pi_{m1}^{MG}(w_1, g) = D_1^G w_1 - D_{12}^G rg \tag{5-30}$$

制造商返券促销下，制造商 2 的期望利润函数为

$$\pi_{m2}^{MG}(w_2) = D_2^G w_2 \tag{5-31}$$

与零售商返券促销模型的分析一样，本节分三个价格策略进行讨论：①固定批发价格和零售价格，即两制造商保持批发价格固定在无返券促销下的批发价格，零售商保持两产品的零售价格固定在无返券促销下的零售价格，促销产品的制造商(制造商 1)决策最优返券面值，用上标 GUWP 表示；②只固定批发价格，即两制造商保持批发价格固定在无返券促销下的批发价格，但制造商 1 决策返券面值，且零售商决策零售价格，用上标 GUW 表示；③不固定价格，即制造商和零售商都决策新的批发价格、零售价格和返券面值，用上标 DG 表示。

1. 固定批发价格和零售价格模型

在 GUWP 模型中，批发价格和零售价格均为无返券促销时的最优结果，即批发价格分别为 $w_1 = \dfrac{a_1}{2}$ 和 $w_2 = \dfrac{a_2}{2}$，零售价格分别为 $p_1 = \dfrac{3a_1}{4}$ 和 $p_2 = \dfrac{3a_2}{4}$。制造商 1 决策最优的返券面值 $g(0 \leqslant g \leqslant 3a_i / 4(i=1,2))$，其结果如命题 5.7 所述，其中令

$$r_1 = \frac{\sqrt{6a_1a_2 + 4a_2^2} - 2a_2}{9a_2} \text{ 和 } r_2 = \frac{\sqrt{6a_1a_2 + 4a_2^2} - 2a_2}{9a_1}。$$

命题 5.7 制造商主导型供应链中制造商返券且采用 GUWP 定价策略时，制造商 1 的最优返券面值为

$$g^{MGUWP*} = \begin{cases} \dfrac{\sqrt{6a_1a_2 + 4a_2^2} - 2a_2}{12r}, & (a_1, a_2, r) \in \varpi_1 \\[3mm] \dfrac{3a_1}{4}, & (a_1, a_2, r) \in \varpi_2 \\[3mm] \dfrac{3a_2}{4}, & (a_1, a_2, r) \in \varpi_3 \end{cases}$$

其中，ϖ_1：$\dfrac{2a_1}{39} \leqslant a_2 < a_1$ 且 $r_1 < r \leqslant 1$，或 $a_1 \leqslant a_2$ 且 $r_2 < r \leqslant 1$。ϖ_2：$a_1 < a_2$ 且 $0 < r \leqslant r_2$。ϖ_3：$0 < a_2 < \dfrac{2a_1}{39}$，或 $\dfrac{2a_1}{39} \leqslant a_2 < a_1$ 且 $0 < r \leqslant r_1$。

证明 将式(5-12)、式(5-14)及引理 5.1 中的最优零售价格和批发价格代入式(5-30)，得到

$$\pi_{m1}^{MGUWP}(g) = \frac{n[2a_1^2 a_2 + a_1 a_2 gr - 4g^2 r^2(a_2 + 2gr)]}{16a_1 a_2} \tag{5-32}$$

根据式(5-32)求 $\pi_{m1}^{MGUWP}(g)$ 关于 g 的一阶和二阶偏导数，得到

$$\frac{\partial \pi_{m1}^{MGUWP}(g)}{\partial g} = \frac{nr[a_1 a_2 - 8gr(a_2 + 3gr)]}{16a_1 a_2}$$

$$\frac{\partial^2 \pi_{m1}^{MGUWP}(g)}{\partial g^2} = -\frac{nr^2(a_2 + 6gr)}{2a_1 a_2}$$

由 $\dfrac{\partial^2 \pi_{m1}^{MGUWP}(g)}{\partial g^2} < 0$ 可知，$\pi_{m1}^{MGUWP}(g)$ 是关于 g 的凹函数。令 $\dfrac{\partial \pi_{m1}^{MGUWP}(g)}{\partial g} = 0$，得到

$$g^{MGUWP*} = \frac{\sqrt{6a_1 a_2 + 4a_2^2} - 2a_2}{12r} \tag{5-33}$$

依据假设 $0 \leqslant g \leqslant \dfrac{3a_i}{4}(i=1,2)$ 得到，当 $a_1 < a_2$ 且 $0 < r \leqslant r_2$ 时，式 (5-33) 中最优返券面值大于零售价格 $3a_1/4$。当 $0 < a_2 < \dfrac{2a_1}{39}$，或 $\dfrac{2a_1}{39} \leqslant a_2 < a_1$ 且 $0 < r \leqslant r_1$ 时，式 (5-33) 中最优返券面值大于零售价格 $3a_2/4$。因此，在紧约束条件满足前提下得到式 (5-33) 成立的条件为 $\dfrac{2a_1}{39} \leqslant a_2 < a_1$ 且 $r_1 < r \leqslant 1$，或 $a_1 \leqslant a_2$ 且 $r_2 < r \leqslant 1$。■

命题 5.7 揭示了固定价格下的制造商最优返券策略。当 $(a_1, a_2, r) \in \Omega$，返券兑换率相对较大（$r_i < r \leqslant 1(i=1,2)$）时，最优的返券面值随产品价值增加而增加，随返券兑换率的增加而减少（参见命题 5.1 的解释）。其次，当返券兑换率较小（$0 < r \leqslant r_i(i=1,2)$）时，最优返券面值为边界解（boundary solution），即产品的最优零售价格。具体地，当返券兑换率较小（$0 < r \leqslant r_i(i=1,2)$）时，制造商的最优返券面值等于产品 1 的零售价格。此时，无论是产品 2 的价值更高（$a_1 < a_2$）或产品 1 的价值更高（$2a_1/39 \leqslant a_2 < a_1$），低兑换率迫使制造商"营造"更低的产品价格感知，促进产品 1 的消费者需求。当产品 1 的价值远高于产品 2（$0 < a_2 < 2a_1/39$）时，容易得知，最优的返券面值等于产品 2 的零售价格。根据命题 5.7 得到推论 5.7 和推论 5.8。

推论 5.7 制造商主导型供应链中制造商返券且采用 GUWP 定价策略时，最优的期望需求和期望利润如表 5-7 所示，令 $\Gamma \equiv \sqrt{6a_1 a_2 + 4a_2^2}$ 和 $K \equiv 9r^2 + 12r + 8$。

表 5-7 制造商返券下的最优期望需求和利润

项目	$(a_1, a_2, r) \in \varpi_1$	$(a_1, a_2, r) \in \varpi_2$	$(a_1, a_2, r) \in \varpi_3$
D_1^{MGUWP*}	$\dfrac{n(39a_1 - 2a_2 + \Gamma)}{144a_1}$	$\dfrac{n(9a_1 r^2 + 6a_2 r + 8a_2)}{32a_2}$	$\dfrac{n(9a_2 r^2 + 6a_2 r + 8a_1)}{32a_1}$
D_2^{MGUWP*}	$\dfrac{n[33a_1 a_2 + 4a_2^2 + \Gamma(3a_1 - 2a_2)]}{144a_1 a_2}$	$\dfrac{n(9a_1 r^2 + 6a_1 r + 8a_2)}{32a_2}$	$\dfrac{n(9a_2 r^2 + 6a_1 r + 8a_1)}{32a_1}$

续表

项目	$(a_1,a_2,r)\in\varpi_1$	$(a_1,a_2,r)\in\varpi_2$	$(a_1,a_2,r)\in\varpi_3$
π_{m1}^{MGUWP*}	$\dfrac{n\left[108a_1^2-9a_1a_2-4a_2^2+\Gamma(3a_1+2a_2)\right]}{864a_1}$	$\dfrac{na_1\left[2a_2(3r+8-9r^2)-27a_1r^3\right]}{128a_2}$	$\dfrac{n\left[16a_1^2+2a_2(3a_1r-9a_2r^2)-27a_2^2r^3\right]}{128a_1}$
π_{m2}^{MGUWP*}	$\dfrac{n\left[33a_1a_2+4a_2^2+\Gamma(3a_1-2a_2)\right]}{288a_1}$	$\dfrac{n(9a_1r^2+6a_1r+8a_2)}{64}$	$\dfrac{na_2(9a_2r^2+6a_1r+8a_1)}{64a_1}$
π_r^{MGUWP*}	$\dfrac{n\left[39a_1^2+31a_1a_2+4a_2^2+\Gamma(4a_1-2a_2)\right]}{576a_1}$	$\dfrac{na_1(9a_1r^2+a_1a_2K+8a_2^2)}{128a_2}$	$\dfrac{n(9a_2^2r^2+a_1a_2K+8a_1^2)}{128a_1}$

推论 5.8 制造商主导型供应链中制造商返券且采用 GUWP 定价策略时，产品 $i(i=1,2)$ 的价值和返券兑换率对最优结果的影响如表 5-8 所示。

表 5-8 制造商返券下产品价值和返券兑换率对最优结果的影响

项目	$(a_1,a_2,r)\in\varpi_1$		$(a_1,a_2,r)\in\varpi_2$			$(a_1,a_2,r)\in\varpi_3$		
	a_1	a_2	a_1	a_2	r	a_1	a_2	r
D_1^{MGUWP*}	↘	↗	↗	↘	↗	↘	↗	↗
D_2^{MGUWP*}	↗	↘	↗	↘	↗	↘	↗	↗
π_{m1}^{MGUWP*}	↗	↗	↗	↗	↗	↗	↗	↗
π_{m2}^{MGUWP*}	↗	↗	↗	↗	↗	↘	↗	↗
π_r^{MGUWP*}	↗	↗	↗	↗	↗	↗	↗	↗

证明 由推论 5.7 得到，当 $(a_1,a_2,r)\in\varpi_1$ 时，均衡结果关于产品价值参数 a_1 和 a_2 的一阶偏导数分别为

$$\frac{\partial D_1^{MGUWP*}}{\partial a_1}=\frac{a_2(-6a_1-8a_2+4\Gamma)n}{288a_1^2\Gamma}<0$$

$$\frac{\partial D_1^{MGUWP*}}{\partial a_2}=\frac{(6a_1+8a_1-4\Gamma)n}{288a_1\Gamma}>0$$

$$\frac{\partial D_2^{MGUWP*}}{\partial a_1}=\frac{\left[18a_1^2+12a_1a_2+8a_2(2a_2-\Gamma)\right]n}{288a_1^2\Gamma}>0$$

$$\frac{\partial D_2^{MGUWP*}}{\partial a_2}=-\frac{\left[18a_1^2+12a_1a_2+8a_2(2a_2-\Gamma)\right]n}{288a_1a_2\Gamma}<0$$

$$\frac{\partial \pi_r^{MGUWP*}}{\partial a_1} = \frac{\left[6a_1 a_2^2 + 4a_2^2 \left(2a_2 - \Gamma\right) + 3a_1^2 \left(4a_2 + 13\Gamma\right)\right]n}{576a_1^2 \Gamma} > 0$$

$$\frac{\partial \pi_r^{MGUWP*}}{\partial a_2} = \frac{\left[6\sqrt{2}a_1^2 - \sqrt{2}a_1 a_2 + 31a_1 \Gamma + 8a_2 \left(\Gamma - \sqrt{2}a_2\right)\right]n}{576a_1 \Gamma} > 0$$

$$\frac{\partial \pi_{m1}^{MGUWP*}}{\partial a_1} = \frac{\left(216a_1^2 + 8a_2^2 + 3a_1 \Gamma - 4a_2 \Gamma\right)n}{1728a_1^2} > 0$$

$$\frac{\partial \pi_{m1}^{MGUWP*}}{\partial a_2} = \frac{\left[3a_1 \left(\Gamma - 6a_2\right) + 8a_2 \left(\Gamma - 2a_2\right)\right]n}{1728a_1 a_2} > 0$$

$$\frac{\partial \pi_{m2}^{MGUWP*}}{\partial a_1} = \frac{a_2 \left[18a_1^2 + 12a_1 a_2 + 8a_2 \left(2a_2 - \Gamma\right)\right]n}{576a_1^2 \Gamma} > 0$$

$$\frac{\partial \pi_{m2}^{MGUWP*}}{\partial a_2} = \frac{\left[18a_1^2 - 12a_1 a_2 + 66a_1 \Gamma + 16a_2 \left(\Gamma - 2a_2\right)\right]n}{576a_1 \Gamma} > 0$$

当 $(a_1, a_2, r) \in \varpi_2$ 和 $(a_1, a_2, r) \in \varpi_3$ 时，均衡结果关于产品价值参数和返券兑换率的单调性分析相似，这里不予赘述。 ■

推论 5.8 揭示了产品 $i(i = 1, 2)$ 的最优期望需求在不同条件下受产品价值和返券兑换率的影响不同。结果与制造商主导型供应链零售商返券的结果相似，此处不再赘述。在绝大部分的情况下，零售商、两制造商的最优期望利润是关于产品 1 价值、产品 2 价值以及返券兑换率的增函数。然而，与零售商返券结果不同的是，当 $(a_1, a_2, r) \in \Omega_2$ 时，制造商 1 的最优期望利润随产品 2 价值的增加而增加。其主要原因是，随着产品 2 价值的增加，产品 1 期望需求减少，制造商 1 的收益随之减少。另外，产品 1 和产品 2 的联合期望需求 D_{12}^{MGUWP*} 随产品 2 价值的增加而减少，说明随产品 2 价值的增加，返券的兑换成本反而降低。综合来看，返券成本的降低最终导致制造商 1 的期望利润反而增加。这一结论补充了 Khouja 等（2013a）的研究结果，进一步解释了返券促销中不同价值产品之间的相互影响机理。

命题 5.8　制造商主导型供应链中制造商返券，对比策略 GUWP 和策略 NG，有 $D_1^{MGUWP*} > D_1^{NG*}$，$D_2^{MGUWP*} > D_2^{NG*}$，$D_{12}^{MGUWP*} > D_{12}^{NG*}$，$\pi_r^{MGUWP*} > \pi_r^{NG*}$，$\pi_{m1}^{MGUWP*} > \pi_{m1}^{NG*}$ 和 $\pi_{m2}^{MGUWP*} > \pi_{m2}^{NG*}$。

证明　根据推论 5.7 和推论 5.1 可得，当 $(a_1, a_2, r) \in \varpi_1$ 时，比较制造商返券促销与无促销的均衡结果：

$$D_1^{MGUWP*} - D_1^{NG*} = \frac{(3a_1 - 2a_2 + \Gamma)n}{144a_1} > 0$$

$$D_2^{MGUWP*} - D_2^{NG*} = \frac{\left[4a_2^2 - 3a_1 a_2 + (3a_1 - 2a_2)\Gamma\right]n}{144a_1 a_2} > 0$$

$$D_{12}^{MGUWP*} - D_{12}^{NG*} = \frac{\left[3a_1\Gamma - 3a_1a_2 + a_2\left(\Gamma - 2a_2\right)\right]n}{144a_1a_2} > 0$$

$$\pi_r^{MGUWP*} - \pi_r^{NG*} = \frac{\left[3a_1^2 - 5a_1a_2 + 4a_2^2 + \left(4a_1 - 2a_2\right)\Gamma\right]n}{576a_1} > 0$$

$$\pi_{m1}^{MGUWP*} - \pi_{m1}^{NG*} = \frac{\left[3a_1\Gamma - 9a_1a_2 + 2a_2\left(\Gamma - 2a_2\right)\right]n}{864a_1} > 0$$

$$\pi_{m2}^{MGUWP*} - \pi_{m2}^{NG*} = \frac{\left[4a_2^2 - 3a_1a_2 + \left(3a_1 - 2a_2\right)\Gamma\right]n}{288a_1} > 0$$

当 $(a_1,a_2,r)\in\varpi_2$ 和 $(a_1,a_2,r)\in\varpi_3$ 时，均衡结果的比较分析相似，这里不予赘述。∎

命题 5.8 表明，固定批发价格和零售价格下的制造商返券能够增加产品的期望需求，进而增加零售商、两制造商和供应链的期望利润。此外，在 GUWP 返券策略下，消费者剩余和社会福利增加。

设 $\Delta\pi_i^{MGUWP} = (\pi_i^{MGUWP*} - \pi_i^{NG*})/\pi_i^{NG*}$ $(i = r,m1,m2)$，容易得到，当 $2a_1/39 \leqslant a_2 < a_1$ 且 $r_1 < r \leqslant 1$ 时，$\Delta\pi_{m1}^{MGUWP} < \Delta\pi_{m2}^{MGUWP}$ 和 $\Delta\pi_{m1}^{MGUWP} < \Delta\pi_r^{MGUWP}$。说明当产品 1 的价值高于产品 2 时，制造商 2 和零售商在返券促销中利润改进幅度更大。当 $a_2 > 5a_1$ 且 $r_2 < r \leqslant 1$ 时，$\Delta\pi_{m1}^{MGUWP} > \Delta\pi_{m2}^{MGUWP}$ 和 $\Delta\pi_{m1}^{MGUWP} > \Delta\pi_r^{MGUWP}$，制造商 1 的返券促销对自身利润改进幅度更大。相比制造商 2 和零售商，当 $2a_1/39 \leqslant a_2 < a_1$ 且 $r_1 < r \leqslant 1$ 时，$\Delta\pi_{m2}^{MGUWP} > \Delta\pi_r^{MGUWP}$；当 $a_1 \leqslant a_2$ 且 $r_2 < r \leqslant 1$ 时，$\Delta\pi_{m2}^{MGUWP} < \Delta\pi_r^{MGUWP}$。说明当产品 1 的价值高于产品 2 时，制造商 1 的返券溢出效应对制造商 2 更显著，当产品 2 的价值更高时，零售商则能获得更显著的收益改进。

2. 只固定批发价格模型

在 GUW 模型中，批发价格为无返券时的最优结果，即批发价格分别为 $w_1 = a_1/2$ 和 $w_2 = a_2/2$。制造商 1 决策返券面值，零售商决策零售价格。

命题 5.9 制造商主导型供应链中制造商返券且采用 GUW 定价策略时，给定返券面值 $g > 0$，最优的零售价格分别为

$$p_1^{MGUW*} = \frac{3a_1^2a_2 - 2a_1r^2g^2 - r^3g^3}{4(a_1a_2 - r^2g^2)}$$

和

$$p_2^{MGUW*} = \frac{3a_1a_2^2 - 2a_2r^2g^2 - r^3g^3}{4(a_1a_2 - r^2g^2)}$$

证明 将式 (5-12)、式 (5-13) 及引理 5.1 中的最优批发价格代入式 (5-29)，得到

$$\pi_r^{MGUW}(p_1, p_2) = \frac{n}{a_1 a_2}\left\{\left(p_1 - \frac{a_1}{2}\right)\left[a_1 a_2 + a_2(gr - p_1) + \frac{1}{2}gr(gr - 2p_2)\right]\right.$$
$$\left. - \frac{1}{4}(a_2 - 2p_2)[gr(gr - 2p_1) + 2a_1(a_2 - p_2 + gr)]\right\} \tag{5-34}$$

根据式(5-34)，求 $\pi_r^{MGUW}(p_1, p_2)$ 关于 p_1 和 p_2 的一阶、二阶和混合偏导数，得到

$$\frac{\partial \pi_r^{MGUW}(p_1, p_2)}{\partial p_1} = \frac{n[3a_1 a_2 + gr(gr - 4p_2) + a_2(3gr - 4p_1)]}{2a_1 a_2}$$

$$\frac{\partial^2 \pi_r^{MGUW}(p_1, p_2)}{\partial p_1^2} = -\frac{2n}{a_1}$$

$$\frac{\partial \pi_r^{MGUW}(p_1, p_2)}{\partial p_2} = \frac{n[gr(gr - 4p_1) + a_1(3a_2 - 4p_2 + 3gr)]}{2a_1 a_2}$$

$$\frac{\partial^2 \pi_r^{MGUW}(p_1, p_2)}{\partial p_2^2} = -\frac{2n}{a_2}$$

$$\frac{\partial^2 \pi_r^{MGUW}(p_1, p_2)}{\partial p_1 \partial p_2} = -\frac{2gnr}{a_1 a_2}$$

由此得到，$\pi_r^{MGUW}(p_1, p_2)$ 关于 p_1 和 p_2 的 Hessian 矩阵为

$$H = \begin{bmatrix} \dfrac{\partial^2 \pi_r^{MGUW}(p_1, p_2)}{\partial p_1^2} & \dfrac{\partial^2 \pi_r^{MGUW}(p_1, p_2)}{\partial p_1 \partial p_2} \\ \dfrac{\partial^2 \pi_r^{MGUW}(p_1, p_2)}{\partial p_2 \partial p_1} & \dfrac{\partial^2 \pi_r^{MGUW}(p_1, p_2)}{\partial p_2^2} \end{bmatrix} = \begin{bmatrix} -\dfrac{2n}{a_1} & -\dfrac{2gnr}{a_1 a_2} \\ -\dfrac{2gnr}{a_1 a_2} & -\dfrac{2n}{a_2} \end{bmatrix}$$

容易得到上述 Hessian 矩阵的一阶顺序主子式 $|H_1| = -\dfrac{2n}{a_1} < 0$，二阶顺序主子式 $|H_2| = \dfrac{4n^2(a_1 a_2 - r^2 g^2)}{a_1^2 a_2^2} > 0$。因此，$\pi_r^{MGUW}(p_1, p_2)$ 是关于 p_1 和 p_2 的凹函数。令 $\dfrac{\partial \pi_r^{MGUW}(p_1, p_2)}{\partial p_1} = 0$ 和 $\dfrac{\partial \pi_r^{MGUW}(p_1, p_2)}{\partial p_2} = 0$，可得零售商的最优零售价格。∎

根据命题 5.9 得到推论 5.9 如下。

推论 5.9 制造商主导型供应链中制造商返券且采用 GUW 定价策略时，给定返券面值 $g > 0$：

(1) $p_i^{MGUW*} > p_i^{NG*} = 3a_i/4 (i = 1, 2)$；

(2) $\pi_r^{MGUW*} > \pi_r^{NG*}$，$\pi_{m2}^{MGUW*} > \pi_{m2}^{NG*}$；

(3) 存在 $0 < \bar{G} < \min\left(p_1^{MGUW*}, p_2^{MGUW*}\right)$，当 $0 < G(G = rg) < \bar{G}$ 时，$\pi_{m1}^{MGUW*} \geqslant \pi_{m1}^{NG*}$，否则 $\pi_{m1}^{MGUW*} < \pi_{m1}^{NG*}$。

证明 (1)根据命题 5.9 和引理 5.1，得到

$$p_1^{\text{MGUW*}} - p_1^{\text{NG*}} = \frac{g^2 r^2 (a_1 - gr)}{4a_1 a_2 - 4g^2 r^2} > 0$$

$$p_2^{\text{MGUW*}} - p_2^{\text{NG*}} = \frac{g^2 r^2 (a_2 - gr)}{4a_1 a_2 - 4g^2 r^2} > 0$$

(2) 将命题 5.9 中的最优结果分别代入零售商期望利润函数 (5-29) 和制造商 2 的期望利润函数 (5-31)，并与推论 5.1 中的相关期望利润相比较，令 $A = a_1 + a_2$，得到

$$\pi_{\text{r}}^{\text{MGUW*}} - \pi_{\text{r}}^{\text{NG*}} = \frac{gnr\left(2a_1^2 a_2^2 + 2a_1 a_2 Agr - 2a_1 a_2 g^2 r^2 - Ag^3 r^3 - 2g^4 r^4\right)}{16a_1 a_2 \left(a_1 a_2 - g^2 r^2\right)} > 0$$

$$\pi_{\text{m2}}^{\text{MGUW*}} - \pi_{\text{m2}}^{\text{NG*}} = \frac{gnr(a_1 + gr)}{8a_1} > 0$$

(3) 将命题 5.9 中的最优结果代入制造商 1 的期望利润函数 (5-30)，并与推论 5.1 中的相关期望利润相比较，令 $M_1 = a_1 g^3 r^3 \left(11a_2^2 + 6a_2 gr - 4g^2 r^2\right)$，$M_2 = a_1^2 a_2 \cdot \left(7g^2 r^2 - 4a_2^2 - 8a_2 gr\right)$，得到

$$\pi_{\text{m1}}^{\text{MGUW*}} - \pi_{\text{m1}}^{\text{NG*}} = \frac{gnr\left[a_1^3 a_2^2 (a_2 - 2gr) - g^5 r^5 (6a_2 + gr) + M_1 + M_2\right]}{16a_1 a_2 \left(a_1 a_2 - g^2 r^2\right)^2} \tag{5-35}$$

令 $G = rg$，$N_1 = 4G^2 - 6Ga_2 - 11a_2^2$，$N_2 = \left[4a_2 (2G + a_2) - 7G^2\right]$，$\bar{G}$ 是方程 $0 = a_1^3 (2G - a_2) a_2^2 + G^5 (G + 6a_2) + G^3 a_1 N_1 + Ga_1^2 a_2 N_2$ 的最小正实根，且 $0 < \bar{G} < \min\left(p_1^{\text{MGUW*}}, p_2^{\text{MGUW*}}\right)$。当 $0 < G < \bar{G}$ 时，式 (5-33) 大于零，即 $\pi_{\text{m1}}^{\text{MGUW*}} \geqslant \pi_{\text{m1}}^{\text{NG*}}$。当 $G > \bar{G}$ 时，式 (5-35) 小于零，即 $\pi_{\text{m1}}^{\text{MGUW*}} < \pi_{\text{m1}}^{\text{NG*}}$。∎

推论 5.9 说明：①固定批发价格下的制造商返券促销中，零售商的最优零售价格高于无返券促销的最优价格。② $\partial\left(p_i^{\text{MGUW*}} - a_i / 2\right) / \partial g > 0 (i = 1, 2)$ 和 $\partial(p_i^{\text{MGUW*}} - a_i / 2) / \partial r > 0$，零售商的产品边际利润随返券面值和返券兑换率的增加而增加。$p_1^{\text{MGUW*}} + p_2^{\text{MGUW*}} - rg$ 是关于返券面值和返券兑换率的递减函数，说明消费者实际购买两产品的期望支付因返券面值和兑换率的增大而减少(参见推论 5.3)，但由于零售价格的上涨，只购买产品 1 或产品 2 的消费者的剩余将随返券面值的增加而减少。③固定批发价格下的制造商返券中，零售商和制造商 2 获益。在返券的作用下，GUW 定价策略仍能够扩大产品的期望需求，零售商和制造商 2 的期望利润较无返券时更大。④制造商 1 作为返券发起方，在固定批发价格策略下，仍然会主动实施返券。所以，在一定条件下，固定批发价格的制造商返券，能够使供应链参与者和消费者实现共赢。

3. 不固定价格模型

在 DG 模型中，制造商 1 决策批发价格 w_1 和返券面值 g，制造商 2 同时决策批发价格 w_2；然后，零售商决定产品的零售价格 p_1 和 p_2。命题 4.4 揭示了给定返券面值 g 时的最优价格策略。

命题 5.10 制造商主导型供应链中制造商返券且采用 DG 定价策略时，给定返券面值 $g > 0$，最优的批发价格与最优的零售价格依次为

$$w_1^{\text{MDG}*} = \frac{3r^5g^5 - 4a_1r^4g^4 - 11a_1a_2r^3g^3 - 2a_1^2a_2r^2g^2 + 6a_1^2a_2rg + 8a_1^3a_2^2}{4(8a_1a_2 - 3r^2g^2)(a_1a_2 - r^2g^2)}$$

$$w_2^{\text{MDG}*} = \frac{5r^5g^5 + 3a_2r^4g^4 - 10a_1a_2r^3g^3 - 10a_1^2a_2r^2g^2 + 4a_1^2a_2rg + 8a_1^2a_2^3}{4(8a_1a_2 - 3r^2g^2)(a_1a_2 - r^2g^2)}$$

$$p_1^{\text{MDG}*} = \frac{6r^5g^5 - a_1r^4g^4 - 19a_1a_2r^3g^3 - 16a_1^2a_2r^2g^2 + 6a_1^2a_2rg + 24a_1^3a_2^2}{8(8a_1a_2 - 3r^2g^2)(a_1a_2 - r^2g^2)}$$

$$p_2^{\text{MDG}*} = \frac{4r^5g^5 + 3a_2r^4g^4 - 9a_1a_2r^3g^3 - 12a_1a_2^2r^2g^2 + 2a_1^2a_2rg + 12a_1^2a_2^3}{4(8a_1a_2 - 3r^2g^2)(a_1a_2 - r^2g^2)}$$

证明 给定返券面值 $g > 0$，将式 (5-12) 和式 (5-13) 代入式 (5-29)，得到

$$\pi_r^{\text{MDG}}(p_1, p_2) = \frac{n}{a_1a_2} \left\{ \left[a_1a_2 + a_2(gr - p_1) + \frac{1}{2}gr(gr - 2p_2) \right](p_1 - w_1) \right. \tag{5-36}$$
$$\left. + \frac{1}{2}[gr(gr - 2p_1) + 2a_1(a_2 - p_2 + gr)](p_2 - w_2) \right\}$$

根据式 (5-36)，求 $\pi_r^{\text{MDG}}(p_1, p_2)$ 关于 p_1 和 p_2 的一阶、二阶和混合偏导数，得到

$$\frac{\partial \pi_r^{\text{MDG}}(p_1, p_2)}{\partial p_1} = \frac{n[2a_1a_2 + 2a_2(gr + w_1 - 2p_1) + gr(gr + 2w_2 - 4p_2)]}{2a_1a_2}$$

$$\frac{\partial \pi_r^{\text{MDG}}(p_1, p_2)}{\partial p_2} = \frac{n[gr(gr + 2w_1 - 4p_1) + 2a_1(a_2 - 2p_2 + gr + w_2)]}{2a_1a_2}$$

$$\frac{\partial^2 \pi_r^{\text{MDG}}(p_1, p_2)}{\partial p_1^2} = -\frac{2n}{a_1}$$

$$\frac{\partial^2 \pi_r^{\text{MDG}}(p_1, p_2)}{\partial p_2^2} = -\frac{2n}{a_2}$$

$$\frac{\partial \pi_r^{\text{MDG}}(p_1, p_2)}{\partial p_1 \partial p_2} = -\frac{2nrg}{a_1a_2}$$

由此得到，$\pi_r^{\text{MDG}}(p_1, p_2)$ 关于零售价格 p_1 和 p_2 的 Hessian 矩阵为

$$H = \begin{bmatrix} \dfrac{\partial^2 \pi_r^{\text{MDG}}(p_1, p_2)}{\partial p_1^2} & \dfrac{\partial^2 \pi_r^{\text{MDG}}(p_1, p_2)}{\partial p_1 \partial p_2} \\ \dfrac{\partial^2 \pi_r^{\text{MDG}}(p_1, p_2)}{\partial p_2 \partial p_1} & \dfrac{\partial^2 \pi_r^{\text{MDG}}(p_1, p_2)}{\partial p_2^2} \end{bmatrix} = \begin{bmatrix} -\dfrac{2n}{a_1} & -\dfrac{2gnr}{a_1a_2} \\ -\dfrac{2gnr}{a_1a_2} & -\dfrac{2n}{a_2} \end{bmatrix}$$

容易得到上述 Hessian 矩阵的一阶顺序主子式 $|H_1| = -\dfrac{2n}{a_1} < 0$，一阶顺序主子

式 $|H_2| = \dfrac{4n^2\left(a_1 a_2 - r^2 g^2\right)}{a_1^2 a_2^2} > 0$。因此，$\pi_r^{MDG}(p_1, p_2)$ 是关于 p_1 和 p_2 的凹函数。分别

令一阶导数等于零，可得零售价格关于批发价格的最优反应函数为

$$\begin{cases} p_1^{MDG*}(w_1, w_2) = \dfrac{2a_1 a_2(a_1 + w_1) - g^2 r^2(a_1 + gr + 2w_1)}{4(a_1 a_2 - r^2 g^2)} \\[3mm] p_2^{MDG*}(w_1, w_2) = \dfrac{2a_1 a_2(a_2 + w_2) - g^2 r^2(a_2 + gr + 2w_2)}{4(a_1 a_2 - r^2 g^2)} \end{cases} \tag{5-37}$$

将式(5-37)、式(5-12)和式(5-14)代入式(5-30)，得到

$$\begin{aligned} \pi_{m1}^{MDG}(w_1) = \frac{n}{a_1 a_2} \Bigg\{ & \frac{w_1}{4}[2a_1 a_2 + 2a_2(gr - w_1) + gr(gr - 2w_2)] \\ & - \frac{gr}{16}\Bigg[\frac{2a_1 a_2(a_2 + 2gr - w_2) + g^2 r^2[2w_2 - 3(a_2 + gr)]}{(a_1 a_2 - g^2 r^2)^2} \\ & \cdot \left[2a_1^2 a_2 + a_1 gr(4a_2 - 3gr) - 2a_1 a_2 w_1 + g^2 r^2(2w_1 - 3gr)\right] - 8g^2 r^2 \Bigg] \Bigg\} \end{aligned} \tag{5-38}$$

根据式(5-38)，求 $\pi_{m1}^{MDG}(w_1)$ 关于 w_1 的一阶和二阶偏导数，得到

$$\begin{aligned} \frac{\partial \pi_{m1}^{MDG}(w_1)}{\partial w_1} = \frac{n}{8a_1 a_2(a_1 a_2 - g^2 r^2)} \{ & 4a_1^2 a_2^2 + 2a_1 a_2[a_2(3gr - 4w_1) + gr(gr - 3w_2)] \\ & + g^2 r^2[a_2(8w_1 - 7gr) + gr(6w_2 - 5gr)]\} \end{aligned}$$

$$\frac{\partial^2 \pi_{m1}^{MDG}(w_1)}{\partial w_1^2} = -\frac{n}{a_1}$$

由 $\dfrac{\partial^2 \pi_{m1}^{MDG}(w_1)}{\partial w_1^2} < 0$ 可知，$\pi_{m1}^{MDG}(w_1)$ 是关于 w_1 的凹函数。

将式(5-37)、式(5-13)代入式(5-31)，得到

$$\pi_{m2}^{MDG}(w_2) = \frac{n w_2[gr(gr - 2w_1) + 2a_1(a_2 + gr - w_2)]}{4a_1 a_2} \tag{5-39}$$

根据式(5-39)，求 $\pi_{m2}^{MDG}(w_2)$ 关于 w_2 的一阶和二阶偏导数，得到

$$\frac{\partial \pi_{m2}^{MDG}(w_2)}{\partial w_2} = \frac{n[gr(gr - 2w_1) + 2a_1(a_2 + gr - 2w_2)]}{4a_1 a_2}$$

$$\frac{\partial^2 \pi_{m2}^{MDG}(w_2)}{\partial w_2^2} = -\frac{n}{a_2}$$

由 $\dfrac{\partial^2 \pi_{m2}^{MDG}(w_2)}{\partial w_2^2} < 0$ 可知，$\pi_{m2}^{MDG}(w_2)$ 是关于 w_2 的凹函数。

令 $\dfrac{\partial \pi_{m1}^{MDG}(w_1)}{\partial w_1}=0$ 和 $\dfrac{\partial \pi_{m2}^{MDG}(w_2)}{\partial w_2}=0$，联立求解得到制造商 1 和制造商 2 的最优批发价格 w_1^{MDG*} 和 w_2^{MDG*}。将最优的批发价格 w_1^{MDG*} 和 w_2^{MDG*} 代入式(5-37)中得到最优的零售价格如命题 4.4 所示。∎

根据命题 5.10 得到推论 5.10，其中令 $G=rg$。

推论 5.10 制造商主导型供应链中制造商返券且采用 DG 定价策略时，给定返券面值 $g>0$：

(1) $w_i^{MDG*}>w_i^{NG*}=a_i/2(i=1,2)$ 和 $p_i^{MDG*}>p_i^{NG*}=3a_i/4(i=1,2)$。

(2) 当 $0<G<\min\{a_1/2,a_2/2\}$ 时，存在 $0<\tilde{G}<\min\{a_1/2,a_2/2\}$；当 $0<G<\tilde{G}$ 时，$\pi_{m1}^{MDG*}\geqslant\pi_{m1}^{NG*}$。

(3) $\pi_{m2}^{MDG*}>\pi_{m2}^{NG*}$。

(4) 当 $0<G<\min\{a_1/2,a_2/2\}$，$\pi_{r}^{MDG*}<\pi_{r}^{NG*}$。

证明 (1)根据命题 5.10 和引理 5.1，得到

$$w_1^{MDG*}-w_1^{NG*}=\frac{gr\left[3g^4r^4+3a_1^2a_2\left(2a_2+3gr\right)-a_1g^2r^2\left(11a_2+7gr\right)\right]}{2\left(8a_1a_2-3g^2r^2\right)\left(a_1a_2-g^2r^2\right)}>0$$

$$w_2^{MDG*}-w_2^{NG*}=\frac{gr\left[4a_1^2a_2^2+5g^4r^4+a_1a_2gr\left(a_2-10gr\right)\right]}{2\left(8a_1a_2-3g^2r^2\right)\left(a_1a_2-g^2r^2\right)}>0$$

$$p_1^{MDG*}-p_1^{NG*}=\frac{gr\left[6g^4r^4-a_1g^2r^2\left(19a_2+10gr\right)+a_1^2a_2\left(6a_2+17gr\right)\right]}{4\left(8a_1a_2-3g^2r^2\right)\left(a_1a_2-g^2r^2\right)}>0$$

$$p_2^{MDG*}-p_2^{NG*}=\frac{gr\left[4a_1^2a_2^2+9a_1a_2gr\left(a_2-2gr\right)+g^3r^3\left(8gr-3a_2\right)\right]}{4\left(8a_1a_2-3g^2r^2\right)\left(a_1a_2-g^2r^2\right)}>0$$

(2)根据命题 5.10 和推论 5.1，令 $G=rg$，$G_1=2a_2-5G$，$G_2=G-a_2$，$G_3=166a_2^2-62a_2G-233G^2$，$G_4=21a_2G-22a_2^2+3G^2$，$G_5=274a_2G-335a_2^2+184G^2$，$G_6=399G^2-92a_2^2-112a_2G$，$\tilde{G}$ 是方程 $16a_1^5a_2^4G_1+18G^9G_2+2a1^3a_2^2G^3G_3-6a_1G^7G_4+a_1^2a_2G^5G_5+a_1^4a_2^3GG_6=0$ 的最小正实根，且 $0<\tilde{G}<\min\{a_1/2,a_2/2\}$。当 $0<G<\tilde{G}$ 时，$\pi_{m1}^{MDG*}\geqslant\pi_{m1}^{NG*}$。

(3)根据命题 5.10 和推论 5.1 得到，当 $0<G<\min\{a_1/2,a_2/2\}$ 时：

$$D_2^{MDG*}-D_2^{NG*}=\frac{gnr\left[4a_1^2a_2^2+5g^4r^4+a_1a_2gr\left(a_2-10gr\right)\right]}{4a_2\left(8a_1a_2-3g^2r^2\right)\left(a_1a_2-g^2r^2\right)}>0$$

同时，$w_1^{MDG*}-w_1^{NG*}>0$。因此，$\pi_{m2}^{MDG*}>\pi_{m2}^{NG*}$。

(4)由命题 5.10 得到，当 $0<G<\min\{a_1/2,a_2/2\}$ 时，设 $S_1=ngr/(a_2B^2)$，$S_2=51a_2^2+38a_2gr+108g^2r^2$，$S_3=3a_2^2+4a_2gr+8g^2r^2$，$S_4=52a_2^2+48a_2gr+199g^2r^2$，

$$S_5 = 93a_2^2 + 44a_2gr + 218g^2r^2 \text{ , } Y_1 = a_1a_2g^5r^5S_2 - 3g^7r^7S_3 - 32a_1^4a_2^4(a_2 + 2gr) \text{ , } \pi_r^{MDG*} -$$
$$\pi_r^{NG*} = S_1\left(Y_1 + a_1^3a_2^3grS_4 - a_1^2a_2^2g^3r^3S_5\right) < 0 \text{ 。} \blacksquare$$

推论 5.10 表明，不固定价格的制造商返券中，产品 1 和产品 2 的最优零售价格、批发价格均高于无返券时的最优价格。对比零售商返券的结果发现，在制造商主导型供应链中，无论零售商返券还是制造商返券，产品的零售价格均有不同程度的提升。但是，在零售商返券中，一定条件下，批发价格可能低于无返券时的批发价格。而在制造商返券中，由于制造商承担了返券成本，批发价格随之上升。另外，制造商返券中，制造商 1 和制造商 2 在返券促销中的最优期望利润得到提升。但是，零售商的最优期望利润在一定条件下受损，说明制造商返券在一定条件下对零售商具有侵蚀作用(erosion effect)。具体地，当产品 1 的价值较产品 2 更大$(a_1 > a_2)$时，可以得证 $p_1^{MDG*} - w_1^{MDG*} < p_1^{NG*} - w_1^{NG*} = a_1/2$，说明返券促销下产品 1 的利润边际低于无返券促销时利润边际。这与 Khouja 等(2013a)的结果不同，其结果指出，制造商的返券促销对下游零售商具有正向溢出效应(spillover effect)。而本章结果发现，在一定条件$(0 < G < \min(a_1/2, a_2/2))$下，制造商的返券促销对下游零售商具有侵蚀作用。

据此，制造商主导型供应链采用 DG 定价策略时，返券发起方(制造商 1)与兑换产品的制造商(制造商 2)形成了双赢(win-win)结局，而与下游零售商形成盈亏(win-lose)结局。对于零售商，可能会脱离该制造商返券下的分散化供应链系统。为了进一步对比不同定价策略(GUWP、GUW、DG)之间的差异，本节用数值分析的方法进行对比。

5.4.2　数值分析

本节利用数值分析方法，直观地揭示制造商返券中三种定价策略下的最优价格策略和返券策略，并进一步挖掘相关管理启示。首先，针对不固定价格的返券策略模型，给出最优的返券面值。其次，对比三种定价策略下的最优返券策略以及相关参与者的期望利润结果。

制造商返券与零售商返券不同，其结果表现为产品价值参数 a_1 和 a_2 对最优返券策略的影响不同。在第 3 章零售商返券模型中，产品 1 和产品 2 的价值对最优结果的影响具有对称性，而当制造商 1 实施返券促销时，产品 1 和产品 2 的价值对最优结果的影响具有非对称性。类似地，固定参数 $n = 10$，取 $a_i(i=1,2)$ 从 1 到 5，兑换率 r 从 0.6 到 1，通过利用 Mathematica 的数值计算，针对每一组给定参数得到 11200 余条数值结果。通过甄选最优结果，在不固定价格下，当 $r=1$、$a_i = \{1,2,3,4,5\}(i=1,2)$时，最优返券面值如表 5-9 所示。

表 5-9 制造商返券且 DG 定价策略下的最优返券面值

a_2	a_1				
	1	2	3	4	5
1	0.0972	0.1359	0.1565	0.1694	0.1780
2	0.1242	0.1944	0.2399	0.2717	0.2951
3	0.1371	0.2273	0.2917	0.3399	0.3775
4	0.1446	0.2484	0.3271	0.3889	0.4387
5	0.1496	0.2632	0.3529	0.4258	0.4861

表 5-9 显示，在 DG 定价策略中，制造商 1 的最优返券面值随产品 1 和产品 2 的价值的增加而增加。这一结论与零售商返券结果类似，这里不再赘述。与其不同的是，在零售商返券中，当 $\{a_1=1, a_2=2\}$ 或 $\{a_1=2, a_2=1\}$ 时，最优的返券面值均为 $g^{\mathrm{MDG}*}=0.1774$，结果关于直线 $a_1=a_2$ 对称。在制造商返券中，当 $\{a_1=1, a_2=2\}$ 时，最优的返券面值 $g^{\mathrm{MDG}*}=0.1242$；当 $\{a_1=2, a_2=1\}$ 时，最优的返券面值 $g^{\mathrm{MDG}*}=0.1359$。由于结果的非对称性，以下对不同定价策略的对比将分别从产品 1 的价值对最优结果的影响和产品 2 的价值对最优结果的影响两方面展开。

如图 5-7 所示，不同定价策略下，产品 1 的价值 a_1（选取 $n=10$，$r=1$，$a_2=3$）对零售商、制造商和供应链的影响不同。设 $\Delta\pi_i^* = (\pi_i^* - \pi_i^{\mathrm{NG}*})/\pi_i^{\mathrm{NG}*}$（$i=\mathrm{r, m1, m2, sc}$），$\Delta\pi_i^*$ 能够反映不同策略下各参与主体的利润水平较无返券促销时利润的改变幅度（增长率/减少率）。值得注意的是，随着参数 $a_i(i=1,2)$ 的增加，所有参与主体的最优期望利润（绝对值）在三种定价策略下均呈现增加趋势。

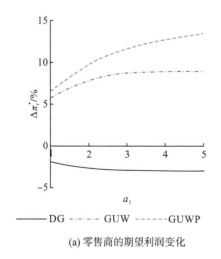

(a) 零售商的期望利润变化

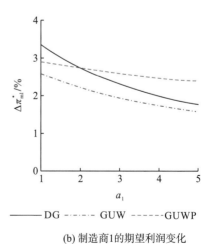

(b) 制造商1的期望利润变化

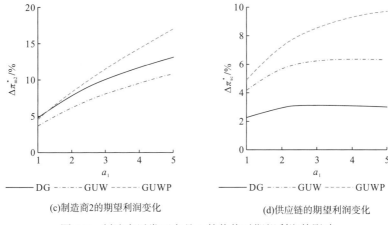

(c)制造商2的期望利润变化

(d)供应链的期望利润变化

图 5-7 制造商返券下产品 1 的价值对期望利润的影响

图 5-7(b)～(d)显示，三种定价策略下，返券促销中的制造商 1、制造商 2 和供应链的期望利润较无返券促销时高。然而，图 5-7(a)显示，在策略 GUW 和 GUWP 下，零售商能够从制造商的返券促销中获益。然而，在策略 DG 下，零售商的期望利润较无返券促销时低。说明，在 DG 定价策略下，制造商的返券策略可能导致零售商退出该分散化系统。其次，图 5-7(b)和(c)显示，在制造商返券促销时 GUW 定价策略总是被占优。对于两个制造商，固定批发价格意味着更低的边际利润，所以从期望利润的角度最优策略的排序依次为 GUWP>DG>GUW。值得注意的是，对于返券发起者，当产品 2 的价值更高时，DG 是占优策略；当产品 1 的价值更高时，GUWP 是占优策略。图 5-7(a)显示，零售商的最优策略排序为 GUWP>GUW>(NG>)DG。从供应链整体利润的改善结果来看，图 5-7(d)显示，固定批发价格和零售价格的返券促销策略最优。其次，当促销产品的价值更高时，返券促销对期望利润的改善更明显。不同定价策略下，产品 2 的价值 a_2（选取 $n=10$，$r=1$，$a_1=3$）对零售商、制造商和供应链的期望利润的影响如图 5-8 所示。

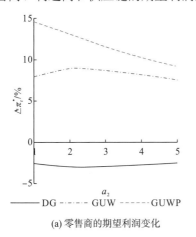

(a) 零售商的期望利润变化

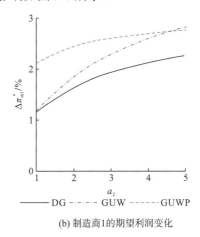

(b) 制造商1的期望利润变化

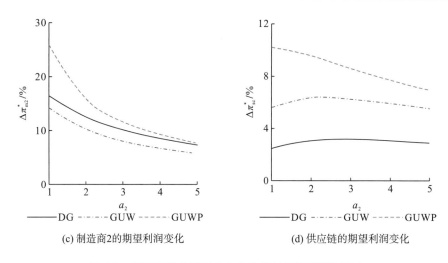

(c) 制造商2的期望利润变化　　　　　　　(d) 供应链的期望利润变化

图 5-8　制造商返券下产品 2 的价值对期望利润的影响

　　类似 a_1 对最优结果的影响，不同定价策略下，返券促销中的制造商 1、制造商 2 和供应链的期望利润较无返券促销时高。然而，图 5-8(a) 显示，在策略 GUW 和 GUWP 下，零售商能够从制造商的返券促销中获益。在策略 DG 下，零售商的期望利润较无返券促销时更低。对于零售商，最优策略的顺序依次为 GUWP>GUW>(NG>)DG，而且随着产品 2 的价值增加，策略 GUWP 对其利润的改善效果递减。对于返券方（制造商 1），如图 5-8(b) 所示，最优策略依次为 GUWP>GUW>DG，相反，随着兑换产品的价值增加，返券促销对制造商 1 的利润改善更显著。如图 5-8(c) 所示，制造商 2 的最优返券策略为 GUWP，随着其制造产品价值增加，返券促销对其溢出效应降低。结合图 5-7(d) 和图 5-8(d)，策略 GUWP 是三个价格策略中的占优策略。另外，当返券促销产品（产品 1）的价值较兑换产品（产品 2）更高时，返券促销对供应链期望利润的改善效果更显著。

　　综合产品 1 和产品 2 价值对返券促销效果的影响得到如下结果：①GUWP 定价策略是最优返券策略。无论从各参与主体或是供应链期望利润的角度出发，在 GUWP 定价策略下，期望利润都得到较为显著的提升。同时，该策略下消费者剩余更高，社会总福利最大。②价值较小的制造商在返券中获益更显著，然而，高价值产品的制造商发放返券使供应链的期望利润提升更显著。此时，返券发起方希望兑换产品的价值更高。然而，从供应链角度出发，返券发起方的产品价值更高，有利于改善供应链的整体期望利润。此外，结合零售商返券的最优结果得到，固定批发价格和零售价格下的返券促销（零售商返券或制造商返券）为最优价格策略。将在 5.5 节比较两种返券方式，进一步讨论在制造商主导型供应链中应该由谁发放返券的问题。接下来对制造商返券促销模型进行拓展分析，分别考虑消费者的时间不一致性和互补产品下的制造商最优返券促销策略。

5.4.3　消费者不一致性

在零售商返券模型中，讨论了消费者不一致性对最优返券面值和期望利润的影响。类似地，当制造商实施返券时，同样面临消费者不一致性的影响。以策略 GUWP 为基准，假设消费者在购买时的期望返券兑换率为 r_e $(0 < r_e \leqslant 1)$，而在产品 2 购买过程中实际的兑换率为 r_a $(0 < r_a \leqslant 1)$（具体描述可参见 5.3.3 节）。选取参数 $n = 10$，$a_1 = a_2 = 1$，$r_e = 0.5$，$r_a \in [0.1,1]$，如图 5-9 所示，制造商的最优返券面值和期望利润随实际兑换率的增加而减小。具体地，当消费者为乐观型消费者 $(r_a \leqslant r_e)$ 时，制造商通过加大返券面值吸引消费者参与促销；当消费者为悲观型消费者 $(r_a > r_e)$ 时，制造商通过减少最优返券面值来抵消过高的实际兑换率所导致的兑换成本。另外，制造商的最优期望利润在乐观型消费者中更高，这一结论不但与零售商返券吻合，同时印证了 Thomas 和 Dillenbeck(2004) 的实证结果。与此同时，当消费者实际兑换率持续增加时，制造商的期望利润趋于无返券促销，且递减速率降低。

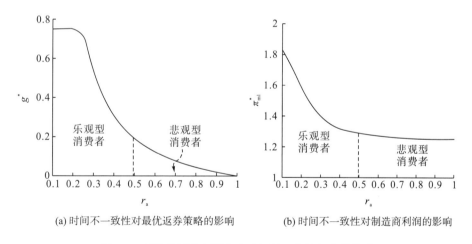

(a) 时间不一致性对最优返券策略的影响　　　　(b) 时间不一致性对制造商利润的影响

图 5-9　制造商返券中消费者时间不一致性行为的影响

5.4.4　两互补产品的制造商返券

采用与零售商返券促销情景下两产品互补性的定义，可知制造商返券促销情景下，产品 1 和产品 2 的期望需求及两产品的共同期望需求，均与零售商返券促销下的相应需求相同。为了聚焦产品的互补性对返券决策和相关利润的影响，本节同样在 GUWP 定价策略下进行分析。通过对制造商 1 的期望利润函数 (5-29) 进行优化求解得到命题 5.11，上标 MCG 表示两互补产品的返券促销相关结果，其

中令 $O_1 = 2a_1a_2(1+4\theta)(3+4\theta)$ ， $O_2 = a_1^2\theta(15+16\theta)$ ， $O_3 = a_2^2[4+\theta(11+16\theta)]$ ，

$O_4 = 2[a_2 + 4(a_1 + a_2)\theta]$ ， $O_5 = \sqrt{(25a_1^4 + 49a_2^4) + 128a_1a_2(a_1^2 + a_2^2) + 186a_1^2a_2^2}$ ， $G_0^{\mathrm{MCG}} = \dfrac{\sqrt{O_1 + O_2 + O_3} - O_4}{12r}$ ， $\tilde{\theta} = \dfrac{O_5 + 5a_1^2 - 7a_2^2}{32(a_1 + a_2)^2} \leqslant 0.3125$ 。

命题 5.11　制造商主导型供应链采用 GUWP 定价策略，当 $0 < \theta < \tilde{\theta}$ 时，制造商的最优返券面值为 $g^{\mathrm{MCG}*} = \min(G_0^{\mathrm{MCG}}, 3a_1/4, 3a_2/4)$ ；当 $\theta > \hat{\theta}$ 时，制造商 1 的最优返券面值为 $g^{\mathrm{MCG}*} = 0$ 。

证明　将式 (5-26) 和式 (5-28) 以及引理 5.1 中的最优批发价格和零售价格代入制造商 1 的期望利润函数 (5-30) 中，并求利润函数关于返券面值 g 的一阶和二阶偏导数，令 $E_1 = 2[a_1a_2 - 8r(a_2 + 3g^{\mathrm{CG}}r)]$ 、 $E_2 = \theta[5a_1^2 - 7a_2^2 - 64(a_1 + a_2)g^{\mathrm{CG}}r]$ 和 $E_3 = 16(a_1 + a_2)^2\theta^2$ ，得到

$$\frac{\partial \pi_{\mathrm{r}}^{\mathrm{MCG}}(g^{\mathrm{CG}})}{\partial g^{\mathrm{CG}}} = \frac{r(E_1 + E_2 - E_3)}{32(1+\theta)^2}$$

$$\frac{\partial^2 \pi_{\mathrm{r}}^{\mathrm{MCG}}(g^{\mathrm{CG}})}{\partial g^{\mathrm{CG}2}} = -\frac{r^2[a_2 + 6g^{\mathrm{CG}}r + 4(a_1 + a_2)\theta]}{2(1+\theta)^2}$$

由 $\dfrac{\partial^2 \pi_{\mathrm{r}}^{\mathrm{MCG}}(g^{\mathrm{CG}})}{\partial g^{\mathrm{CG}2}} < 0$ 可知，制造商 1 的期望利润函数 $\pi_{\mathrm{m}1}^{\mathrm{MCG}}$ 是关于返券面值 g 的凹函数。令其一阶偏导数等于零，得到 $g^{\mathrm{MCG}*} = \dfrac{\sqrt{O_1 + O_2 + O_3} - O_4}{12r}$ 。依据假设 $0 \leqslant g \leqslant \dfrac{3a_i}{4}(i = 1,2)$ ，得到：当 $0 < \theta < \tilde{\theta}$ 时，结合返券面值小于零售价格的紧约束，$g^{\mathrm{MCG}*} = \min(G_0^{\mathrm{MCG}}, 3a_1/4, 3a_2/4)$ ；当 $\theta > \tilde{\theta}$ 时， $g^{\mathrm{MCG}*} = 0$ 。∎

命题 5.11 表明，当两个产品的互补性相对较小（$0 < \theta < \tilde{\theta}$）时，制造商将提供返券给消费者；当两个产品的互补性相对较大并超过确定的阈值（$\theta > \tilde{\theta}$）时，制造商的最优策略是不提供返券。这一结果与命题 5.7 不同，当两个产品为独立产品（$\theta = 0$）时，制造商总是会向消费者提供返券促销。其次，当两个产品为互补品，且最优的返券面值较小（$G^{\mathrm{MCG}*} = G_0^{\mathrm{MCG}}$）时，最优的返券面值随着返券兑换率的增加而减少，这一结果与命题 5.7 一致，这里不再赘述。当两产品价值相同（$a_1 = a_2$）或相近时，最优的返券面值随着两产品互补性的增加而减少。

另外，对比零售商返券中的两产品的互补性程度阈值发现，制造商互补产品返券促销中的阈值更高（$\tilde{\theta}$ 更大）。这说明，制造商返券在互补性产品中的实施更具有适用性，即针对互补性更高的两个产品，制造商返券动机更大。

5.5 制造商主导型供应链返券促销策略选择

5.3 节和 5.4 节分别讨论了制造商主导型供应链中零售商返券和制造商返券两种情景下的最优策略决策问题。结果显示，固定批发价格和零售价格在供应链和消费者之间是双赢策略。实际中，GUWP 定价策略既容易实施操作，又符合相关法律规定。在本章模型中，GUWP 定价策略可能是部分参与主体的次优策略，即存在策略冲突。例如，在零售商返券中，零售商的主导策略为 GUW，而且搭配两个价值相近或相同的产品进行返券促销有益于零售商。然而，制造商生产低价值产品时获益更大。在制造商返券中，当返券发起方(制造商 1)获益更大时，兑换产品的价值须更高，而当促销产品的价值更高时，供应链、零售商和制造商 2 的利润改善更显著。接下来将在 GUWP 定价策略的基础上，首先比较零售商返券和制造商返券的优劣。其次，针对最优的返券策略，提出相应的成本分摊机制以解决 GUWP 定价返券促销中的相关利益冲突。

5.5.1 最优返券促销策略选择

由推论 5.2 得到，零售商返券下供应链的期望利润为

$$\pi_{sc}^{RG*} = \begin{cases} \dfrac{n[5a_1^3 + a_1^2(312a_2 - 5\tau) + 5a_2^2(a_2 - \tau) + 8a_1a_2(39a_2 + 4\tau)]}{1728a_1a_2}, & (a_1, a_2, r) \in \Omega_1 \\[4mm] \dfrac{3n[8a_2^2 + 3a_1^2(1 - 3r)r^2 + a_1a_2(8 + 10r + 3r^2)]}{128a_2}, & (a_1, a_2, r) \in \Omega_2 \\[4mm] \dfrac{3n[8a_2^2 + 3a_1^2(1 - 3r)r^2 + a_1a_2(8 + 10r + 3r^2)]}{128a_1}, & (a_1, a_2, r) \in \Omega_3 \end{cases}$$

$$(5\text{-}40)$$

由推论 5.7 得到，制造商返券下供应链的期望利润为

$$\pi_{sc}^{MG*} = \begin{cases} \dfrac{n[333a_1^2 + 273a_1a_2 + 36a_1\Gamma + 14a_2(2a_2 - \Gamma)]}{1728a_1}, & (a_1, a_2, r) \in \varpi_1 \\[4mm] \dfrac{3n[8a_2^2 + 3a_1^2(1 - 3r)r^2 + a_1a_2(8 + 10r + 3r^2)]}{128a_2}, & (a_1, a_2, r) \in \varpi_2 \\[4mm] \dfrac{3n[8a_2^2 + 3a_1^2(1 - 3r)r^2 + a_1a_2(8 + 10r + 3r^2)]}{128a_1}, & (a_1, a_2, r) \in \varpi_3 \end{cases} \quad (5\text{-}41)$$

容易得到，当兑换率 r 较小时，零售商返券和制造商返券的最优解均为边界解，且当返券面值等于零售价格($g^{R*} = g^{M*} = 3a_i/4(i=1,2)$)时，供应链的期望利润

在零售商返券和制造商返券中无差异。因此，关于内部解的对比是本节的重点（$(a_1,a_2,r)\in\Omega\bigcup\varpi_1$）。对比零售商返券和制造商返券的供应链期望利润，得到如下命题。

命题 5.12 制造商主导型供应链采用 GUWP 定价策略时，供应链的最优返券策略如下：

(1) 当 $a_1\leqslant a_2$ 且 $R_1<r\leqslant 1$、$0<a_2\leqslant\dfrac{2a_1}{39}$ 且 $R_2<r\leqslant 1$ 或 $\dfrac{2a_1}{39}\leqslant a_2<a_1$ 且 $R_2<r\leqslant r_1$ 时，零售商返券最优，最优返券面值 $g^*=\dfrac{\sqrt{a_1^2+8a_1a_2+a_2^2}-(a_1+a_2)}{12r}$；

(2) 当 $\dfrac{2a_1}{39}\leqslant a_2<a_1$ 且 $r_1<r\leqslant 1$、$a_1\leqslant a_2$ 且 $r_2<r\leqslant R_1$ 时，制造商返券最优，最优返券面值 $g^*=\dfrac{\sqrt{6a_1a_2+4a_2^2}-2a_2}{12r}$；

(3) 否则，零售商返券和制造商返券无差异，最优返券面值 $g^*=\dfrac{3a_i}{4}(i=1,2)$。

证明 比较零售商返券下的供应链利润公式(5-40)和制造商返券下的供应链利润公式 (5-41) 可以得到，当 $(a_1,a_2,r)\in\Omega\bigcup\varpi_1$ 时，令 $Q_1=14\Gamma-23a_2-5\tau$ 和 $Q_2=39a_2-36\Gamma+32\tau$：

$$\pi_{sc}^{RG*}-\pi_{sc}^{MG*}=\frac{n\left[5a_1^3+a_2^2Q_1-a_1^2(21a_2+5\tau)+a_1a_2Q_2\right]}{1728a_1a_2}$$

当 $a_1\leqslant a_2$ 且 $R_1<r\leqslant 1$、$0<a_2\leqslant\dfrac{2a_1}{39}$ 且 $R_2<r\leqslant 1$ 或 $\dfrac{2a_1}{39}\leqslant a_2<a_1$ 且 $R_2<r\leqslant r_1$ 时，$\pi_{sc}^{RG*}-\pi_{sc}^{MG*}>0$；当 $\dfrac{2a_1}{39}\leqslant a_2<a_1$ 且 $r_1<r\leqslant 1$ 或 $a_1\leqslant a_2$ 且 $r_2<r\leqslant R_1$ 时，$\pi_{sc}^{RG*}-\pi_{sc}^{MG*}<0$。其余情况为边界解，$\pi_{sc}^{RG*}=\pi_{sc}^{MG*}$。∎

命题 5.12 揭示了制造商主导型两产品分散化供应链的最优返券策略。当产品 2 的价值较产品 1 更大、产品 2 的价值远小于产品 1（$0<a_2\leqslant 2a_1/39$），或产品 2 的价值较小且返券兑换率较低（$R_2<r\leqslant r_1$）时，零售商返券促销能够获得更高的供应链利润。当产品 1 的价值较高，或产品 2 的价值更高且兑换率较低（$r_2<r\leqslant R_1$）时，供应链的最优返券策略为制造商返券。事实上，当产品 2 的价值更高或远低于产品 1 的价值时，零售商提供的最优返券面值比制造商大，即 $g^{RG*}\geqslant g^{MG*}$。相反，当产品 1 的价值更高时，制造商提供的最优返券面值大于零售商最优返券面值（$g^{RG*}<g^{MG*}$）。其次，当产品 1 的价值高于产品 2 且兑换率较低（$2a_1/39\leqslant a_2<a_1$ 且 $R_2<r\leqslant r_1$）时，由推论 5.12 得知，此时制造商 1 的最优期望利润随兑换率的增加而增加，较低的兑换率无法获益，则零售商返券更优。类似地，可以解释产品 2 的价值更高且兑换率较低（$a_1\leqslant a_2$ 且 $r_2<r\leqslant R_1$），零售商返券是次优的。

命题 5.12 进一步揭示，对于整个分散化供应链，当产品 1 的价值更高时，意味着制造商 1 的边际利润更高，制造商返券策略最优。相反，当产品 2 的价值更高时，制造商 1 只能降低返券面值进而降低返券成本。但是，因为零售商可以从产品 2 中获得更高的边际利润，所以不需要降低返券面值，而直接通过产品 2 的销售补偿返券成本，此时零售商返券更优。

结合命题 5.2 和命题 5.8 的结论发现，当制造商主导型供应链的最优返券策略为零售商返券时，零售商可以搭配价值相似或相同的两个产品进行促销，使得供应链的利润改进更加显著。同理，当制造商主导型供应链的最优返券策略为制造商返券时，建议价值较高的产品制造商提供返券促销，进而使供应链的绩效改进更加显著。与此同时，命题 5.2 和命题 5.8 揭示，当零售商进行返券促销时，在一定条件下，制造商的利润改进水平甚至高于零售商，而当制造商提供返券时，零售商和兑换产品的制造商的利润改进可能超过返券制造商。因此，需要通过相应的机制保障返券实施方在促销过程中的积极性。接下来讨论利用成本分摊机制，以保证返券促销中的合理性和公平性。

5.5.2　成本分摊机制设计

命题 5.12 给出在制造商主导型的两产品供应链中的最优返券促销策略。由于固定促销价格下，返券的发起方的利润改进水平在一定条件下低于供应链系统中的搭便车方，进而可能降低返券发起方的促销积极性。另外，实际中，制造商主导型供应链中，由于制造商拥有更大的供应链渠道权力，在促销过程中往往会要求下游零售商共同承担促销成本。本节基于供应链的最优返券促销策略（命题 5.12），设计相应的成本分摊机制，以期确保返券促销中参与个体利润和成本分配的合理性和公平性。

假设零售商实施返券促销时，制造商 1 的成本分摊系数为 $\rho_{m1}(0 \leqslant \rho_{m1} \leqslant 1)$，制造商 2 的成本分摊系数为 $\rho_{m2}(0 \leqslant \rho_{m2} \leqslant 1)$，零售商的成本分摊系数为 $\rho_r = 1 - \rho_{m1} - \rho_{m2}$。首先，为确保成本分摊机制的合理性，即成本分摊后的制造商 1 和制造商 2 的净利润不会低于无返券促销：

$$\begin{cases} \pi_{m1}^{RG*} - \rho_{m1}D_{12}^{G}rg^{RG*} > \pi_{m1}^{NG*} \\ \pi_{m2}^{RG*} - \rho_{m2}D_{12}^{G}rg^{RG*} > \pi_{m2}^{NG*} \end{cases} \tag{5-42}$$

假设制造商返券促销时，制造商 2 的成本分摊系数为 $\rho_{m2}(0 \leqslant \rho_{m2} \leqslant 1)$，零售商的成本分摊系数为 $\rho_r(0 \leqslant \rho_r \leqslant 1)$，则有制造商 1 的成本分摊系数为 $\rho_{m1} = 1 - \rho_r - \rho_{m2}$。须确保成本分担后的制造商 2 和零售商的净利润不会低于无返券促销：

$$\begin{cases} \pi_{m2}^{MG*} - \rho_{m2}D_{12}^{G}rg^{MG*} > \pi_{m2}^{NG*} \\ \pi_{r}^{MG*} - \rho_{r}D_{12}^{G}rg^{MG*} > \pi_{r}^{NG*} \end{cases} \tag{5-43}$$

根据式(5-42)和式(5-43)得到命题5.13。

命题5.13 制造商主导型供应链采用GUWP定价策略时,有:

(1) 当 $a_1 \leqslant a_2$ 且 $R_1 < r \leqslant 1$ 、 $0 < a_2 \leqslant \dfrac{2a_1}{39}$ 且 $R_2 < r \leqslant 1$ 或 $\dfrac{2a_1}{39} \leqslant a_2 < a_1$ 且 $R_2 < r \leqslant r_1$ 时,零售商返券最优,此时成本分摊机制 $\{\rho_{m1}, \rho_{m2}, \rho_r\}$ 的可行区域为 $0 < \rho_{m1} < \dfrac{3a_1(\tau + 5a_2 - a_1)}{2[a_2(\tau - a_2) + a_1(4a_2 + \tau) - a_1^2]}$ 和 $0 < \rho_{m2} < \dfrac{3a_2(\tau + 5a_1 - a_2)}{2[a_2(\tau - a_2) + a_1(4a_2 + \tau) - a_1^2]}$ 。

(2) 当 $\dfrac{2a_1}{39} \leqslant a_2 < a_1$ 且 $r_1 < r \leqslant 1$ 或 $a_1 \leqslant a_2$ 且 $r_2 < r \leqslant R_1$ 时,制造商返券最优,此时成本分摊机制 $\{\rho_{m1}, \rho_{m2}, \rho_r\}$ 的可行区域为 $0 < \rho_{m2} < \dfrac{3a_1(\Gamma - a_2) + a_2(7a_2 - \Gamma)}{3a_1^2 + 2a_1a_2 + 3a_2^2}$ 和 $0 < \rho_r < \dfrac{3a_1^2 - 4a_1a_2 + 9a_2^2 + 4a_1\Gamma}{6a_1^2 + 4a_1a_2 + 6a_2^2}$ 。

(3) 否则零售商返券和制造商返券无差异,下面以制造商返券为例进行说明。

① 当 $g^* = \dfrac{3a_1}{4}$ 时,成本分摊机制 $\{\rho_{m1}, \rho_{m2}, \rho_r\}$ 的可行区域为 $0 < \rho_{m2} < \dfrac{2(2 + 3r)a_2}{3r(2 + 3r)a_1 + 2(1 + 3r)a_2}$ 和 $0 < \rho_r < \dfrac{3ra_1 + (4 + 3r)a_2}{3r(2 + 3r)a_1 + 2(1 + 3r)a_2}$ 。

② 当 $g^* = \dfrac{3a_2}{4}$ 时,成本分摊机制 $\{\rho_{m1}, \rho_{m2}, \rho_r\}$ 的可行区域为 $0 < \rho_{m2} < \dfrac{4a_1 + 6ra_2}{3r(2 + 3r)a_2 + 2(1 + 3r)a_1}$ 和 $0 < \rho_r < \dfrac{3ra_2 + (4 + 3r)a_1}{3r(2 + 3r)a_2 + 2(1 + 3r)a_1}$ 。

证明 根据命题5.12,当 $a_1 \leqslant a_2$ 且 $R_1 < r \leqslant 1$ 、 $0 < a_2 \leqslant \dfrac{2a_1}{39}$ 且 $R_2 < r \leqslant 1$ 或 $\dfrac{2a_1}{39} \leqslant a_2 < a_1$ 且 $R_2 < r \leqslant r_1$ 时,零售商返券最优。求解方程组:

$$\begin{cases} \pi_{m1}^{RG*} - \rho_{m1}D_{12}^{G}rg^{RG*} = \pi_{m1}^{NG*} \\ \pi_{m2}^{RG*} - \rho_{m2}D_{12}^{G}rg^{RG*} = \pi_{m2}^{NG*} \end{cases}$$

得到制造商1和制造商2的成本分摊上界:

$$\rho_{m1} = \dfrac{3a_1(\tau + 5a_2 - a_1)}{2[a_2(\tau - a_2) + a_1(4a_2 + \tau) - a_1^2]}$$

$$\rho_{m2} = \dfrac{3a_2(5a_1 - a_2 + \tau)}{2[a_2(\tau - a_2) + a_1(4a_2 + \tau) - a_1^2]}$$

当 $\dfrac{2a_1}{39} \leqslant a_2 < a_1$ 且 $r_1 < r \leqslant 1$ 或 $a_1 \leqslant a_2$ 且 $r_2 < r \leqslant R_1$ 时,制造商返券最优。求解

方程组：

$$\begin{cases} \pi_{m2}^{MG*} - \rho_{m2}D_{12}^{G}rg^{MG*} = \pi_{m2}^{NG*} \\ \pi_{r}^{MG*} - \rho_{r}D_{12}^{G}rg^{MG*} = \pi_{r}^{NG*} \end{cases}$$

得到制造商 2 和零售商的成本分摊上界：

$$\rho_{m2} = \frac{3a_1(\Gamma - a_2) + a_2(7a_2 - \Gamma)}{3a_1^2 + 2a_1a_2 + 3a_2^2}$$

$$\rho_{r} = \frac{3a_1^2 - 4a_1a_2 + 9a_2^2 + 4a_1\Gamma}{6a_1^2 + 4a_1a_2 + 6a_2^2}$$

类似地，当 $g^* = \dfrac{3a_2}{4}$ 或 $g^* = \dfrac{3a_2}{4}$ 时，可得制造商和零售商的成本分摊比例上界。 ∎

　　命题 5.13 说明，当供应链的最优返券策略为零售商返券（或制造商返券）时，零售商（或制造商）在成本分摊契约下能够获得更高的期望利润。分摊系数 $\{\rho_{m1}, \rho_{m2}, \rho_r\}$ 通常反映供应链契约谈判中的谈判权力（Fan et al.，2017）。成本分摊系数的上界通常反映供应链参与个体的成本承担能力。根据命题 5.13 中（1）得到，当 $a_1 > a_2$ 时，制造商 1 的成本分摊系数上界大于制造商 2 的成本分摊系数上界，这表明当产品 1 的价值更高时，制造商 1 较制造商 2 拥有更大的成本承担能力；反之亦然。当制造商返券和零售商返券无差异（$g^* = 3a_i/4 (i=1,2)$）时，成本分摊系数上界在一定条件下是关于返券兑换率的递减函数，这表明鼓励更多消费者兑换返券可能使得成本分摊的比例下降。

　　命题 5.13 只是考察了成本分摊的必要性，提供可供参考的理性的分摊范围。为了进一步考虑成本分摊机制的公平性，本节借鉴比例理性方法（proportional rational method），该方法通常被用于在有限参与个体之间分摊固定成本（Barry，1982）。设 $C_j (j = r, m1, m2)$ 代表参与者 $j(j = r, m1, m2)$ 的成本分摊能力，下面用返券促销时和无返券促销时的净收益差值表示该分摊能力，则有 $C_r = (D_1^G - D_1^{NG}) \cdot (p_1^{NG} - w_1^{NG}) + (D_2^G - D_2^{NG})(p_2^{NG} - w_2^{NG})$ 表示零售商返券中的零售商成本分摊能力，$C_{m1} = (D_1^G - D_1^{NG})w_1^{NG}$ 和 $C_{m2} = (D_2^G - D_2^{NG})w_2^{NG}$ 分别表示制造商 1 和制造商 2 的成本分摊能力。则在比例理性方法下各参与主体的成本分摊系数为 $\rho_j = C_j / \sum C_j$ （$j = r, m1, m2$），分摊成本为 $\rho_j D_{12}^G rg^{RG*}$ 或 $\rho_j D_{12}^G rg^{MG*}$。通过计算得到如下命题。

　　命题 5.14　基于比例理性方法，制造商主导型供应链采用 GUWP 定价策略时，最优的成本分摊比例满足 $\rho_r = 1/3$，$\rho_{m1} + \rho_{m2} = 2/3$。具体地：

　　（1）当 $a_1 \leqslant a_2$ 且 $R_1 < r \leqslant 1$、$0 < a_2 \leqslant \dfrac{2a_1}{39}$ 且 $R_2 < r \leqslant 1$ 或 $\dfrac{2a_1}{39} \leqslant a_2 < a_1$ 且 $R_2 < r \leqslant r_1$ 时，零售商返券最优，此时 $\rho_{m1} = \dfrac{2[4a_1^2 + a_2(a_2 + \tau) - a_1(7a_2 + \tau)]}{3(5a_1^2 - 14a_1a_2 + 5a_2^2)}$ 和 $\rho_{m2} =$

$2/3 - \rho_{m1}$。

（2）当 $\dfrac{2a_1}{39} \leqslant a_2 < a_1$ 且 $r_1 < r \leqslant 1$ 或 $a_1 \leqslant a_2$ 且 $r_2 < r \leqslant R_1$ 时，制造商返券最优，

此时 $\rho_{m1} = \dfrac{2[a_1^2 + a_2(2a_2 + \Gamma) - a_1(5a_2 + \Gamma)]}{3(a_1^2 - 14a_1a_2 + 9a_2^2)}$ 和 $\rho_{m2} = 2/3 - \rho_{m1}$。

（3）否则，零售商返券和制造商返券无差异，最优分摊比例如下。

①当 $g^* = \dfrac{3a_1}{4}$ 时，$\rho_{m1} = \dfrac{6ra_1 + 4a_2}{9ra_1 + 3(4+3r)a_2}$ 和 $\rho_{m2} = \dfrac{6ra_2 + 4a_2}{9ra_1 + 3(4+3r)a_2}$。

②当 $g^* = \dfrac{3a_2}{4}$ 时，$\rho_{m1} = \dfrac{6ra_1 + 4a_1}{9ra_2 + 3(4+3r)a_1}$ 和 $\rho_{m2} = \dfrac{6ra_2 + 4a_1}{9ra_2 + 3(4+3r)a_1}$。

证明 根据比例理性方法的定义，当 $a_1 \leqslant a_2$ 且 $R_1 < r \leqslant 1$、$0 < a_2 \leqslant \dfrac{2a_1}{39}$ 且 $R_2 < r \leqslant 1$ 或 $\dfrac{2a_1}{39} \leqslant a_2 < a_1$ 且 $R_2 < r \leqslant r_1$ 时：

$$\rho_r = \frac{C_r}{\sum\limits_{j=r,m1,m2} C_j} = \frac{1}{3}$$

$$\rho_{m1} = \frac{C_{m1}}{\sum\limits_{j=r,m1,m2} C_j} = \frac{2[4a_1^2 + a_2(a_2 + \tau) - a_1(7a_2 + \tau)]}{3(5a_1^2 - 14a_1a_2 + 5a_2^2)}$$

当 $\dfrac{2a_1}{39} \leqslant a_2 < a_1$ 且 $r_1 < r \leqslant 1$ 或 $a_1 \leqslant a_2$ 且 $r_2 < r \leqslant R_1$ 时：

$$\rho_r = \frac{C_r}{\sum\limits_{j=r,m1,m2} C_j} = \frac{1}{3}$$

$$\rho_{m1} = \frac{C_{m1}}{\sum\limits_{j=r,m1,m2} C_j} = \frac{2[a_1^2 + a_2(2a_2 + \Gamma) - a_1(5a_2 + \Gamma)]}{3(a_1^2 - 14a_1a_2 + 9a_2^2)}$$

当 $g^* = \dfrac{3a_1}{4}$ 时，有

$$\rho_{m1} = \frac{C_{m1}}{\sum\limits_{j=r,m1,m2} C_j} = \frac{6ra_1 + 4a_2}{9ra_1 + 3(4+3r)a_2}$$

当 $g^* = \dfrac{3a_2}{4}$ 时，有

$$\rho_{m1} = \frac{C_{m1}}{\sum\limits_{j=r,m1,m2} C_j} = \frac{6ra_1 + 4a_1}{9ra_2 + 3(4+3r)a_1}$$

■

命题 5.14 给出了考虑成本分摊个体的公平性时，最优的成本分摊机制设计。

在制造商主导的分散化供应链中，零售商最优的成本分摊公式为 $\dfrac{D_{12}^{G}rg^{RG*}}{3}$ 或 $\dfrac{D_{12}^{G}rg^{MG*}}{3}$。根据命题 5.14，当 $a_1 > a_2$ 时，$\rho_{m1} > \dfrac{1}{3} > \rho_{m2}$，当 $a_1 < a_2$ 时，$\rho_{m1} < \dfrac{1}{3} < \rho_{m2}$。表明，当产品 1 的价值更高时，制造商 1 应承担的返券兑换成本更多，反之亦然。

5.6　本 章 小 结

本章通过构建由制造商主导的两产品供应链博弈模型，基于对消费者行为的分析，分别研究了两种返券促销方式(零售商返券和制造商返券)、三种价格策略(固定批发价格和零售价格策略、只固定批发价格策略和不固定价格策略)下的供应链最优返券策略。进一步，考察了产品价值、兑换率、消费者时间不一致性、产品互补性程度对最优返券策略的影响。

零售商返券情况下，研究发现：①在固定批发价格和零售价格策略下，返券促销使得产品的期望需求增加，零售商和两制造商期望利润增加。零售商偏好于选择价值相近(相同)的两产品进行返券促销并获得最大收益。相反，制造商偏好于生产价值较小的产品，进而获得较大的利润改进。②在固定批发价格策略下，当返券面值相对较小时，零售商具有涨价动机，而且零售商的边际利润和平均消费者剩余将随返券面值的增加而增加。③在不固定价格策略下，两制造商和零售商均有不同程度的涨价动机。④固定批发价格策略是零售商的主导策略，同时固定批发价格和零售价格策略则是两个制造商的主导策略，同时也是供应链返券促销的主导策略。因此，针对制造商主导型供应链的零售商返券促销，在固定批发价格和零售价格下，搭配两个价值相近(或相同)的产品进行返券促销是供应链系统的最优返券策略。

制造商返券情况下，研究发现：①在固定批发价格和零售价格策略下，制造商返券促销使两制造商、零售商和消费者获利。特别地，当促销产品的价值高于兑换产品时，制造商返券对兑换产品的制造商的溢出效应更显著。当兑换产品的价值较高时，零售商则能获得更显著的收益改进。②在固定批发价格策略下，零售商的两产品最优零售价格较无返券促销时更高。在一定条件下，返券制造商将主动实施返券促销，并使零售商和兑换产品制造商获益。③在不固定价格策略下，两制造商和零售商均有涨价动机。一定条件下，促销产品和兑换产品的制造商的期望利润增加，但是零售商的期望利润受损。特别地，零售商关于促销产品的边际利润较无返券时更低，即制造商返券对零售商具有利润侵蚀作用。④从供应链整体利润的改善程度和消费者剩余出发，固定批发价格和零售价格的制造商返券促销策略最优。因此，针对制造商主导型供应链的制造商返券促销，在固定批发价格和零售价格下，搭配高价值的促销产品和较低价值的兑换产品进行返券促销是供应链系统的最优返券策略。

综合零售商返券和制造商返券的研究结果，在制造商主导型供应链中，当促销产品价值较高时，制造商返券促销策略占优；当兑换产品的价值相对较高时，零售商返券促销策略占优。针对制造商主导型供应链返券促销策略中存在的策略冲突，可以利用成本分摊机制保证供应链系统实施返券的稳定性，零售商的最优成本分摊比例为返券总成本的三分之一。

参 考 文 献

Barry O. 1982. A problem of rights arbitration from the Talmud[J]. Mathematical Social Sciences, 2(4): 345-371.

Bhargava H K. 2013. Mixed bundling of two independently valued goods[J]. Management Science, 59(9): 2170-2185.

Fan J, Ni D, Tang X. 2017. Product quality choice in two-echelon supply chains under post-sale liability: Insights from wholesale price contracts[J]. International Journal of Production Research, 55(9): 2556-2574.

Gilpatric S M. 2009. Slippage in rebate programs and present-biased preferences[J]. Marketing Science, 28(2): 229-238.

Guiltinan J P. 1987. The price bundling of services: A normative framework[J]. Journal of Marketing, 51(2): 74-85.

Horne D R. 2007. Gift cards: Disclosure one step removed[J]. Journal of Consumer Affairs, 41(2): 341-350.

Khouja M, Pan J, Ratchford B T, et al. 2011. Analysis of free gift card program effectiveness[J]. Journal of Retailing, 87(4): 444-461.

Khouja M, Rajagopalan H K, Zhou J. 2013a. Analysis of the effectiveness of manufacturer-sponsored retailer gift cards in supply chains[J]. European Journal of Operational Research, 230(2): 333-347.

Khouja M, Park S, Zhou J. 2013b. A free gift card alternative to price discounts in the newsvendor problem[J]. Omega, 41(4): 665-678.

Mussa M, Rosen S. 1978. Monopoly and product quality[J]. Journal of Economic Theory, 18(2): 301-317.

Thomas L M, Dillenbeck M S. 2004. Best used by expiration date[J]. Marketing Management, 13(1): 53-55.

Venkatesh R, Kamakura W. 2003. Optimal bundling and pricing under a monopoly: Contrasting complements and substitutes from independently valued products[J]. The Journal of Business, 76(2): 211-231.

第 6 章 零售商主导型两产品供应链返券促销策略

6.1 问 题 背 景

正如第 5 章所述，供应链的权力结构一般有两种情景：一种是上游的制造商主导，另一种是下游零售商主导。一些大型实体零售商，如沃尔玛(Walmart)、伊势丹(Isetan)、伊藤洋华堂(Ito Yokado)、欧尚(Auchan)等，经常开展返券促销。例如，伊势丹在其百年店庆时推出的返券促销，消费者在店内任意商户(专柜)购买满 400 元，即可获得一张价值 100 元的返券，该返券可以用于在购买店内指定商户的产品时抵扣等额消费。欧尚则在每年一度的店庆活动中推出各种返券促销。值得注意的是，欧尚推出的电冰箱返券活动，凡购买美菱电冰箱的消费者即可获得一张价值 500 元的返券，该返券只能用于购买格兰仕微波炉时使用。零售商返券促销广泛地应用于电子商务平台中。例如，Oliso 在塔吉特(Target)超市推出购买其品牌的电熨斗获得价值 10 美元的返券一张，该返券可以用于在塔吉特商场购买其他商品时抵扣等额消费。优派(ViewSonic)牌显示器在国美电器推出的返券活动中，消费者购买其品牌的指定显示器即可获得一张价值 200 元的返券，而该返券只能购买指定品牌的计算机机箱时使用。

上游制造商主导的情形已在第 5 章进行了分析，本章对零售商主导下的两产品供应链返券促销展开研究。通过构建由两个独立制造商和一个零售商组成的分散化供应链系统，零售商作为供应链系统的主导者，两个制造商同时作为系统的跟随者。首先，考虑并求解无返券促销时，消费者的购买行为和产品的期望需求，构建无返券促销时供应链博弈模型，并将此作为基准。其次，考虑零售商返券促销时的消费者购买行为，得到两产品的期望需求，并建立零售商返券供应链博弈模型，求解博弈均衡得到最优的零售商返券促销策略。进一步，考虑制造商返券促销时的消费者购买行为，得到两产品的期望需求，并建立制造商返券供应链博弈模型，求解博弈均衡得到最优的制造商返券促销策略。最后，对比分析零售商返券和制造商返券下的供应链绩效，得到零售商主导型供应链的最优返券促销策略，并设计相应的实现供应链协调的成本分摊机制。用上标 NG 表示无返券促销，上标 RG 表示零售商返券促销，上标 MG 表示制造商返券促销。

6.2　无返券促销模型

考虑一个由两个制造商(制造商 1 和制造商 2)和一个零售商组成的分散化供应链系统。制造商 $i(i=1,2)$ 分别生产产品 i 并决策其批发价格 w_i。零售商销售产品 i 并决策产品的零售价格 p_i。参考张廷龙和梁樑(2012)的做法，设参数 m_i 为零售商关于产品 i 的边际利润，则产品 i 的零售价格可以改写为 $p_i = m_i + w_i$。不失一般性，本章假设产品 i 的边际生产成本 c_i 为 0。市场中存在 n 个消费者，且消费者关于产品 i 的估值是异质的，且为独立的随机变量 v_i。假设随机变量 v_i 服从 $[0, a_i]$ 上的均匀分布，其概率密度函数和累积分布函数分别为 $f_i(\cdot)$ 和 $F_i(\cdot)$。假设当 $a_1 > a_2$ 时，产品 1 较产品 2 具有更高(平均)的价值；当 $a_1 < a_2$ 时，产品 2 较产品 1 具有更高的价值。消费者同时购买产品 1 和产品 2 时，对其估值为 $v_1 + v_2$ (参见第 5 章的模型参数描述)。

在该分散化供应链系统中，零售商和上游两制造商构成两阶段 Stackelberg 博弈模型。第一阶段：零售商作为 Stackelberg 的领导者决定产品 1 和产品 2 的边际利润 m_1 和 m_2。第二阶段：制造商 1 决策产品 1 的批发价格 w_1，同时制造商 2 决策产品 2 的批发价格 w_2。模型假设零售商和制造商分别最大化各自期望利润，消费者为前瞻性消费者，在购买时根据最大化净效用原则进行购买决策。

无返券促销时，消费者依据效用最大化原则有四种购买选择：①同时购买产品 1 和产品 2；②只购买产品 1；③只购买产品 2；④不购买任何产品。参见第 5 章的消费者购买触发条件，分别得到无返券促销中产品 1 和产品 2 的期望需求如下所示：

$$D_1^{NG} = \frac{n}{a_1}\left(a_1 - m_1 - w_1\right) \tag{6-1}$$

$$D_2^{NG} = \frac{n}{a_2}\left(a_2 - m_2 - w_2\right) \tag{6-2}$$

两产品的联合期望需求为

$$D_{12}^{NG} = \frac{n}{a_1 a_2}\left(a_1 - m_1 - w_1\right)\left(a_2 - m_2 - w_2\right) \tag{6-3}$$

无返券促销中，两制造商的期望利润分别为

$$\pi_{m1}^{NG}\left(w_1\right) = D_1^{NG} w_1 \tag{6-4}$$

$$\pi_{m2}^{NG}\left(w_2\right) = D_2^{NG} w_2 \tag{6-5}$$

零售商的期望利润为

$$\pi_r^{NG}\left(m_1, m_2\right) = D_1^{NG} m_1 + D_2^{NG} m_2 \tag{6-6}$$

利用逆向归纳法得到引理 6.1 和推论 6.1，本节用上标 NG 表示无返券促销的相关结果。

引理 6.1　无返券促销时，零售商主导的两产品分散化供应链中，产品 1 和产品 2 的最优边际利润分别为 $m_1^{NG*} = \dfrac{a_1}{2}$ 和 $m_2^{NG*} = \dfrac{a_2}{2}$，两制造商最优批发价格分别为 $w_1^{NG*} = \dfrac{a_1}{4}$ 和 $w_2^{NG*} = \dfrac{a_2}{4}$。

证明　将式(6-1)代入式(6-4)，得到

$$\pi_{m1}^{NG}(w_1) = \frac{n(a_1 - m_1 - w_1)w_1}{a_1} \tag{6-7}$$

根据式(6-7)，求 $\pi_{m1}^{NG}(w_1)$ 关于 w_1 的一阶和二阶偏导数，得到

$$\frac{\partial \pi_{m1}^{NG}(w_1)}{\partial w_1} = \frac{n(a_1 - m_1 - 2w_1)}{a_1}$$

$$\frac{\partial^2 \pi_{m1}^{NG}(w_1)}{\partial w_1^2} = -\frac{2n}{a_1}$$

由 $\dfrac{\partial^2 \pi_{m1}^{NG}(w_1)}{\partial w_1^2} < 0$ 可知，$\pi_{m1}^{NG}(w_1)$ 是关于 w_1 的凹函数。令 $\dfrac{\partial \pi_{m1}^{NG}(w_1)}{\partial w_1} = 0$，得到制造商 1 的最优批发价格 w_1 关于边际利润 m_1 的反应函数为 $w_1^{NG*}(m_1) = \dfrac{a_1 - m_1}{2}$。

将式(6-2)代入式(6-5)，得到

$$\pi_{m2}^{NG}(w_2) = \frac{n(a_2 - m_2 - w_2)w_2}{a_2} \tag{6-8}$$

根据式(6-8)，求 $\pi_{m2}^{NG}(w_2)$ 关于 w_2 的一阶和二阶偏导数，得到

$$\frac{\partial \pi_{m2}^{NG}(w_2)}{\partial w_2} = \frac{n(a_2 - m_2 - 2w_2)}{a_2}$$

$$\frac{\partial^2 \pi_{m2}^{NG}(w_1)}{\partial w_2^2} = -\frac{2n}{a_2}$$

由 $\dfrac{\partial^2 \pi_{m2}^{NG}(w_2)}{\partial w_2^2} < 0$ 可知，$\pi_{m2}^{NG}(w_2)$ 是关于 w_2 的凹函数。令 $\dfrac{\partial \pi_{m2}^{NG}(w_2)}{\partial w_2} = 0$，得到制造商 2 的最优批发价格 w_2 关于边际利润 m_2 的反应函数为 $w_2^{NG*}(m_2) = \dfrac{a_2 - m_2}{2}$。

将式(6-1)、式(6-2)、$w_1^{NG*}(m_1)$ 和 $w_2^{NG*}(m_2)$ 代入式(6-6)，得到

$$\pi_r^{NG}(m_1, m_2) = \frac{n[a_2 m_1(a_1 - m_1) + a_1 m_2(a_2 - m_2)]}{2a_1 a_2} \tag{6-9}$$

根据式(6-9)求 $\pi_r^{NG}(m_1, m_2)$ 关于边际利润 m_1 和 m_2 的一阶、二阶和混合偏导数，得到

$$\frac{\partial \pi_r^{NG}(m_1, m_2)}{\partial m_1} = \frac{(a_1 - 2m_1)n}{2a_1}$$

$$\frac{\partial^2 \pi_r^{NG}(m_1, m_2)}{\partial m_1^2} = -\frac{n}{a_1}$$

$$\frac{\partial \pi_r^{NG}(m_1, m_2)}{\partial m_2} = \frac{(a_2 - 2m_2)n}{2a_2}$$

$$\frac{\partial^2 \pi_r^{NG}(m_1, m_2)}{\partial m_2^2} = -\frac{n}{a_2}$$

$$\frac{\partial \pi_r^{NG}(m_1, m_2)}{\partial m_1 \partial m_2} = 0$$

由此得到，$\pi_r^{NG}(m_1, m_2)$ 关于边际利润 m_1 和 m_2 的 Hessian 矩阵为

$$H = \begin{bmatrix} \dfrac{\partial^2 \pi_r^{NG}(m_1, m_2)}{\partial m_1^2} & \dfrac{\partial^2 \pi_r^{NG}(m_1, m_2)}{\partial m_1 \partial m_2} \\ \dfrac{\partial^2 \pi_r^{NG}(m_1, m_2)}{\partial m_2 \partial m_1} & \dfrac{\partial^2 \pi_r^{NG}(m_1, m_2)}{\partial m_2^2} \end{bmatrix} = \begin{bmatrix} -\dfrac{n}{a_1} & 0 \\ 0 & -\dfrac{n}{a_2} \end{bmatrix}$$

容易得到上述 Hessian 矩阵的一阶顺序主子式 $|H_1| = -\dfrac{n}{a_1} < 0$，二阶顺序主子式 $|H_2| = \dfrac{n^2}{a_1 a_2} > 0$。因此，$\pi_r^{NG}(m_1, m_2)$ 为关于边际利润 m_1 和 m_2 的联合凹函数。令 $\dfrac{\partial \pi_r^{NG}(m_1, m_2)}{\partial m_1} = 0$ 和 $\dfrac{\partial \pi_r^{NG}(m_1, m_2)}{\partial m_2} = 0$，可得零售商的最优边际利润分别为 $m_1^* = \dfrac{a_1}{2}$ 和 $m_2^* = \dfrac{a_2}{2}$。将 m_1^* 和 m_2^* 分别代入 $w_1^{NG*}(m_1)$ 和 $w_2^{NG*}(m_2)$ 中得到最优的批发价格分别为 $w_1^{NG*} = \dfrac{a_1}{4}$ 和 $w_2^{NG*} = \dfrac{a_2}{4}$。∎

根据引理 6.1，将 w_1^{NG*}、w_2^{NG*}、m_1^{NG*} 和 m_2^{NG*} 分别代入式(6-1)～式(6-6)得到推论 6.1。

推论 6.1 无返券促销时，零售商主导的两产品分散化供应链中，两产品最优的零售价格分别为 $p_1^{NG*} = \dfrac{3a_1}{4}$ 和 $p_2^{NG*} = \dfrac{3a_2}{4}$；两产品最优的期望需求分别为 $D_1^{NG*} = \dfrac{n}{4}$ 和 $D_2^{NG*} = \dfrac{n}{4}$；两产品最优的联合期望需求为 $D_{12}^{NG*} = \dfrac{n}{16}$；零售商的最优期望利润为 $\pi_r^{NG*} = \dfrac{n(a_1 + a_2)}{8}$；制造商 1 和制造商 2 的最优期望利润分别为 $\pi_{m1}^{NG*} = \dfrac{na_1}{16}$ 和 $\pi_{m2}^{NG*} = \dfrac{na_2}{16}$；供应链的最优期望利润为 $\pi_{sc}^{NG*} = \dfrac{3n(a_1 + a_2)}{16}$。

根据 $\pi_r^{NG*} / (\pi_{m1}^{NG*} + \pi_{m2}^{NG*}) = 2$ 得到，无返券促销时，零售商的期望利润是制造商期望利润之和的 2 倍。这与第 5 章中制造商主导型供应链的结果不同，即制造商的利润之和是零售商利润的 2 倍。这是因为，供应链的主导者在分散化系统中由于具有先动优势(first mover advantage)，获得更多的利润分配，因而先动者获得供应链利润的三分之二，跟随者得到(分割)剩余供应链利润。

6.3　零售商返券促销

6.3.1　消费者购买行为分析与模型建立

返券促销中，零售商在博弈的第一阶段同时决策产品 1 和产品 2 的边际利润 m_1^G 和 m_2^G，以及返券面值 g。第二阶段与无返券促销一致。类似地，消费者同样具有四种不同的选择，如表 6-1 所示。

表 6-1　消费者类型和购买选择

消费者类型	购买产品种类	是否获得返券	是否使用返券
I	产品 1 和产品 2	是	是
II	产品 1	是	否
III	产品 2	否	否
IV	不购买	否	否

一般地，假设返券面值不超过促销产品和兑换产品的零售价格，即 $g \leqslant p_i$ $(i = 1, 2)$。因此，零售商主导型供应链中返券促销时，产品 1 和产品 2 的期望需求分别为

$$D_1^G = \frac{n}{a_1 a_2}\left[\left(a_1 - m_1 - w_1\right)a_2 + \left(a_2 - m_2 - w_2\right)rg + \frac{r^2 g^2}{2} \right] \tag{6-10}$$

$$D_2^G = \frac{n}{a_1 a_2}\left[\left(a_2 - m_2 - w_2\right)a_1 + \left(a_1 - m_1 - w_1\right)rg + \frac{r^2 g^2}{2} \right] \tag{6-11}$$

产品 1 和产品 2 的联合期望需求为

$$D_{12}^G = \frac{n}{a_1 a_2}\left[\left(a_1 - m_1 - w_1 + rg\right)\left(a_2 - m_2 - w_2 + rg\right) - \frac{r^2 g^2}{2} \right] \tag{6-12}$$

零售商返券促销下，零售商的期望利润为

$$\pi_r^{RG}\left(m_1, m_2, g\right) = D_1^G m_1 + D_2^G m_2 - D_{12}^G rg \tag{6-13}$$

零售商返券促销下，制造商 1 和制造商 2 的期望利润分别为

$$\pi_{m1}^{RG}(w_1) = D_1^G w_1 \tag{6-14}$$

$$\pi_{m2}^{RG}(w_2) = D_2^G w_2 \tag{6-15}$$

本章以下内容分为三个价格策略分别讨论：①固定批发价格和零售价格，即两制造商保持批发价格固定在无返券促销下的批发价格，零售商保持两产品的零售价格(产品边际利润)固定在无返券促销下的零售价格(产品边际利润)，用上标GUWP表示该定价策略。②只固定批发价格，即两制造商保持批发价格固定在无返券促销下的批发价格，但零售商决策新的零售价格(产品边际利润)和返券面值，用上标 GUW 表示该定价策略。③不固定价格，制造商和零售商都决策新的批发价格、零售价格(产品边际利润)和返券面值，用上标 DG 表示该定价策略。

1. 固定批发价格和零售价格模型

在 GUWP 模型中，批发价格和边际利润均为无返券促销时的最优结果，即批发价格分别为 $w_1 = \dfrac{a_1}{4}$ 和 $w_2 = \dfrac{a_2}{4}$，边际利润分别为 $m_1 = \dfrac{a_1}{2}$ 和 $m_2 = \dfrac{a_2}{2}$。零售商决策最优的返券面值 g，其结果如命题 6.1 所示。

命题 6.1 零售商主导型供应链中零售商返券且采用 GUWP 定价策略时，零售商的最优返券面值为

$$g^{RGUWP*} = \begin{cases} \dfrac{\sqrt{2a_1 a_2}}{4r}, & (a_1, a_2, r) \in \Omega_1 \\[3mm] \dfrac{3a_1}{4}, & (a_1, a_2, r) \in \Omega_2 \\[3mm] \dfrac{3a_2}{4}, & (a_1, a_2, r) \in \Omega_3 \end{cases}$$

其中，Ω_1：$2a_2/9 < a_1 \leqslant a_2$ 且 $\sqrt{2a_2/(9a_1)} < r \leqslant 1$，或 $a_2 < a_1 < 9a_2/2$ 且 $\sqrt{2a_1/(9a_2)} < r \leqslant 1$。$\Omega_2$：$a_1 \leqslant 2a_2/9$ 或 $2a_2/9 < a_1 < a_2$ 且 $0 < r \leqslant \sqrt{2a_2/(9a_1)}$。$\Omega_3$：$9a_2/2 < a_1$，或 $a_2 < a_1 < 9a_2/2$ 且 $0 < r \leqslant \sqrt{2a_1/(9a_2)}$。

证明 将式(6-10)、式(6-11)、式(6-12)代入式(6-13)得

$$\pi_r^{RGUWP}(g) = \frac{n\left[2a_1^2 a_2 - 8g^3 r^3 + a_1 a_2(2a_2 + 3gr)\right]}{16a_1 a_2} \tag{6-16}$$

根据式(6-16)，求 $\pi_r^{RGUWP}(g)$ 关于 g 的一阶和二阶偏导数为

$$\frac{\partial \pi_r^{RGUWP}(g)}{\partial g} = \frac{3nr\left(a_1 a_2 - 8g^2 r^2\right)}{16a_1 a_2}$$

$$\frac{\partial^2 \pi_r^{RGUWP}(g)}{\partial g^2} = -\frac{3gnr^3}{a_1 a_2}$$

由 $\dfrac{\partial^2 \pi_r^{\mathrm{RGUWP}}(g)}{\partial g^2} < 0$ 得知， $\pi_r^{\mathrm{RGUWP}}(g)$ 是关于 g 的凹函数。令 $\dfrac{\partial \pi_r^{\mathrm{RGUWP}}(g)}{\partial g} = 0$ ，

得到

$$g^{\mathrm{RGUWP*}} = \frac{\sqrt{2a_1 a_2}}{4r} \tag{6-17}$$

依据假设 $0 \leqslant g \leqslant 3a_i/4 (i=1,2)$ ，得到：当 $a_1 \leqslant 2a_2/9$ 或 $2a_2/9 < a_1 < a_2$ 且 $0 < r \leqslant \sqrt{2a_2/(9a_1)}$ 时，式(6-16)中最优返券面值大于零售价格 $3a_1/4$ 。当 $9a_2/2 < a_1$ ，或 $a_2 < a_1 < 9a_2/2$ 且 $0 < r \leqslant \sqrt{2a_1/(9a_2)}$ 时，式(6-17)中最优返券面值大于零售价格 $3a_2/4$ 。因此，在紧约束条件满足前提下得到式(6-17)成立的条件为 $2a_2/9 < a_1 \leqslant a_2$ 且 $\sqrt{2a_2/(9a_1)} < r \leqslant 1$ ，或 $a_2 < a_1 < 9a_2/2$ 且 $\sqrt{2a_1/(9a_2)} < r \leqslant 1$ 。 ∎

命题 6.1 表明，当两个产品价值相近或返券兑换率足够高(如 $a_1 \approx a_2$ 或 $\sqrt{2}/3 < r$)时，零售商将提供一张面值较小(低于零售价格)的返券。当两个产品的价值相差较大或者返券兑换率比较低(如 $a_1 \leqslant 2a_2/9$ 、 $a_2 \leqslant 2a_1/9$ 或 $r < \sqrt{2}/3$)时，零售商将提供一张面值较大的返券。具体地，当产品 1(或产品 2)的价值足够低时，最优返券面值等于产品 1(或产品 2)的零售价格。其次，最优的返券面值随产品价值的增加而增加。高价值的产品的零售价格相应更高，零售商通过相应地增加最优返券面值吸引消费者购买且兑换返券。然而，最优的返券面值随返券兑换率的增加而减小。这一结果符合直觉，因为消费者会将面值为 g 的返券视为 rg ，更高的兑换率使零售商可以利用面值较小的返券达到最优促销效果。最后，对比第 5 章零售商最优返券的结果发现，在制造商主导型供应链中，最优的返券面值为 $g^{\mathrm{RGUWP*}} = \sqrt{a_1^2 + 8a_1 a_2 + a_2^2}/(12r) - (a_1 + a_2)/(12r) < \sqrt{2a_1 a_2}/(4r)$ ，说明零售商在制造商主导型供应链中的返券促销力度(promotion depth)相比在零售商主导型供应链时更小。这主要是由于零售商主导型供应链中，零售商关于产品 $i(i=1,2)$ 的边际利润为 $a_i/2$ ，大于制造商主导型供应链中边际利润 $a_i/4$ 。因此，零售商在其主导的供应链中能够通过更高的产品边际利润弥补更高的返券兑换成本，进而提供更大的返券面值。这一结论进一步揭示了产品边际利润是决定返券面值的关键因素(参见第 5 章 5.3 节)。根据命题 6.1 得到推论 6.2 和推论 6.3。

推论 6.2 零售商主导型供应链中零售商返券且采用 GUWP 定价策略时，最优的期望需求和期望利润如表 6-2 所示。

表 6-2 零售商返券下的最优期望需求和利润

项目	$(a_1, a_2, r) \in \Omega_1$	$(a_1, a_2, r) \in \Omega_2$	$(a_1, a_2, r) \in \Omega_3$
$D_1^{\mathrm{RGUWP*}}$	$\dfrac{n}{16}\left(5 + \dfrac{\sqrt{2a_2}}{\sqrt{a_1}}\right)$	$\dfrac{n\left(9a_1 r^2 + 6a_2 r + 8a_2\right)}{32a_2}$	$\dfrac{n\left(9a_2 r^2 + 6a_2 r + 8a_1\right)}{32a_1}$

续表

项目	$(a_1,a_2,r)\in\Omega_1$	$(a_1,a_2,r)\in\Omega_2$	$(a_1,a_2,r)\in\Omega_3$
$D_2^{\text{RGUWP*}}$	$\dfrac{n}{16}\left(5+\dfrac{\sqrt{2a_1}}{\sqrt{a_2}}\right)$	$\dfrac{n\left(9a_1r^2+6a_1r+8a_2\right)}{32a_2}$	$\dfrac{n\left(9a_2r^2+6a_1r+8a_1\right)}{32a_1}$
$\pi_r^{\text{RGUWP*}}$	$\dfrac{n\left(4a_1+\sqrt{2a_1a_2}+4a_2\right)}{32}$	$\dfrac{n\left[16a_2^2-27a_1^2r^3+2a_1a_2(9r+8)\right]}{128a_2}$	$\dfrac{n\left[16a_1^2-27a_2^2r^3+2a_1a_2(9r+8)\right]}{128a_1}$
$\pi_{m1}^{\text{RGUWP*}}$	$\dfrac{n\left(5a_1+\sqrt{2a_1a_2}\right)}{64}$	$\dfrac{na_1\left(9a_1r^2+6a_2r+8a_2\right)}{128a_2}$	$\dfrac{n\left(9a_2r^2+6a_2r+8a_1\right)}{128}$
$\pi_{m2}^{\text{RGUWP*}}$	$\dfrac{n\left(5a_2+\sqrt{2a_1a_2}\right)}{64}$	$\dfrac{n\left(9a_1r^2+6a_1r+8a_2\right)}{128}$	$\dfrac{na_2\left(9a_2r^2+6a_1r+8a_1\right)}{128a_1}$

推论 6.3　零售商主导型供应链中零售商返券且采用 GUWP 定价策略时，产品 $i(i=1,2)$ 的价值和返券兑换率对最优结果的影响如表 6-3 所示。

表 6-3　零售商返券下产品价值和返券兑换率对最优结果的影响

项目	$(a_1,a_2,r)\in\Omega_1$		$(a_1,a_2,r)\in\Omega_2$			$(a_1,a_2,r)\in\Omega_3$		
	a_1	a_2	a_1	a_2	r	a_1	a_2	r
$D_1^{\text{RGUWP*}}$	↘	↗	↗	↘	↗	↘	↗	↗
$D_2^{\text{RGUWP*}}$	↗	↘	↗	↘	↗	↘	↗	↗
$\pi_r^{\text{RGUWP*}}$	↗	↗	↗	↗	↗	↗	↗	↗
$\pi_{m1}^{\text{RGUWP*}}$	↗	↗	↗	↘	↗	↗	↗	↗
$\pi_{m2}^{\text{RGUWP*}}$	↗	↗	↗	↗	↗	↘	↗	↗

证明　根据推论 6.2 得到，当 $(a_1,a_2,r)\in\Omega_1$ 时，均衡结果关于产品价值参数 a_1 和 a_2 的一阶偏导数分别为

$$\frac{\partial D_1^{\text{RGUWP*}}}{\partial a_1}=-\frac{n\sqrt{a_2}}{16\sqrt{2}a_1^{3/2}}<0$$

$$\frac{\partial D_1^{\text{RGUWP*}}}{\partial a_2}=\frac{n}{16\sqrt{2a_1a_2}}>0$$

$$\frac{\partial D_2^{\text{RGUWP*}}}{\partial a_1}=\frac{n}{16\sqrt{2a_1a_2}}>0$$

$$\frac{\partial D_2^{\mathrm{RGUWP*}}}{\partial a_2} = -\frac{n\sqrt{a_1}}{16\sqrt{2}a_2^{3/2}} < 0$$

$$\frac{\partial \pi_{\mathrm{r}}^{\mathrm{RGUWP*}}}{\partial a_1} = \frac{n}{64}\left(8 + \frac{\sqrt{2a_2}}{\sqrt{a_1}}\right) > 0$$

$$\frac{\partial \pi_{\mathrm{r}}^{\mathrm{RGUWP*}}}{\partial a_2} = \frac{n}{64}\left(8 + \frac{\sqrt{2a_1}}{\sqrt{a_2}}\right) > 0$$

$$\frac{\partial \pi_{\mathrm{m1}}^{\mathrm{RGUWP*}}}{\partial a_1} = \frac{n}{128}\left(10 + \frac{\sqrt{2a_2}}{\sqrt{a_1}}\right) > 0$$

$$\frac{\partial \pi_{\mathrm{m1}}^{\mathrm{RGUWP*}}}{\partial a_2} = \frac{n\sqrt{a_1}}{64\sqrt{2a_2}} > 0$$

$$\frac{\partial \pi_{\mathrm{m2}}^{\mathrm{RGUWP*}}}{\partial a_1} = \frac{n\sqrt{a_2}}{64\sqrt{2a_1}} > 0$$

$$\frac{\partial \pi_{\mathrm{m2}}^{\mathrm{RGUWP*}}}{\partial a_2} = \frac{n}{128}\left(10 + \frac{\sqrt{2a_1}}{\sqrt{a_2}}\right) > 0$$

当 $(a_1,a_2,r)\in\Omega_2$ 或 $(a_1,a_2,r)\in\Omega_3$ 时，均衡结果关于产品价值参数和返券兑换率的单调性分析相似，这里不予赘述。∎

第一，推论 6.3 揭示：当 $(a_1,a_2,r)\in\Omega_1$，最优的返券面值为 $\sqrt{2a_1a_2}/(4r)$ 时，产品 1 的最优期望需求随产品 1 价值的增加而减少，随产品 2 价值的增加而增加，主要是由消费者对产品的价格感知受返券促销的影响导致。以产品 1 为例，消费者在购买产品 1 时的价格感知为 $p_1 - g^{\mathrm{RGUWP*}} = 3a_1/4 - \sqrt{2a_1a_2}/(4r)$，容易得到 $\partial(p_1 - g^{\mathrm{RGUWP*}})/\partial a_1 > 0$ 和 $\partial(p_1 - g^{\mathrm{RGUWP*}})/\partial a_2 < 0$。因此，在返券促销中，随着产品 1 价值的增加，消费者对产品 1 的实际价格感知增加，进而产品 1 的最优期望需求减少。然而，当产品 2 的价值增加时，消费者的实际价格感知降低，产品 2 的最优期望需求增加。类似地，可以解释最优的产品 2 的期望需求受产品 1 和产品 2 价值的影响。

第二，$(a_1,a_2,r)\in\Omega_2$，最优的返券面值为 $3a_1/4$，当产品 1 的价值增加时，产品 1 和产品 2 的最优期望需求均增加。当产品 2 的价值增加时，产品 1 和产品 2 的最优期望需求均减少。这是因为产品 1 的价值增加，最优的返券面值将会增加，消费者在得到返券后对产品 2 的购买力上升，此时消费者会同时增加对产品 1 和产品 2 的需求。然而，当产品 2 的价值增加时，产品 2 的最优零售价格上升，最优的返券面值不变，消费者对产品 2 的购买力下降，消费者自然降低对两产品的需求。其次，当 $(a_1,a_2,r)\in\Omega_3$，最优返券面值为 $3a_2/4$ 时，产品 1 和产品 2 的最优期望需求随产品 1 价值的增加而减少，随产品 2 价值的增加而增加。这种情况下，消费者的真实价格感知为 $3(a_1 - a_2)/4$，容易得到，消费者的真实价格感知随产品 1 价值的增加而增加，相应地获得返券的消费者数量将减少，进而产品 2 的购买数量随之减少。相反，当产品 2 的价值增加时，消费者的实际价格感知降低，消费者增加对产品 1 的需求，并且返券面值的增加使得消费者更加积极地兑换返券，产品 2 的需求增加。

第三，推论 6.3 说明，在绝大部分情况下，零售商、两制造商的最优期望利润是关于产品 1 和产品 2 价值的增函数。该结果较为直观，根据以上对产品期望需求、价格和最优返券面值的分析，产品价值的增加将引起产品期望需求或价格的增加，使各参与主体的期望利润得到提升。特别地，当 $(a_1, a_2, r) \in \Omega_2$，最优返券面值为 $3a_1/4$ 时，产品 2 的价值增加，制造商 1 的最优期望利润减少，其主要由产品 1 的期望需求减少导致。类似地，可以解释当 $(a_1, a_2, r) \in \Omega_3$，最优返券面值为 $3a_2/4$ 时，产品 1 的价值增加，制造商 2 的最优期望利润减少。此外，产品 1 和产品 2 的最优期望需求，零售商和两制造商的最优期望利润都随返券兑换率的增加而增加。由此建议在零售商主导型供应链中，零售商实施返券促销时应当说服更多的消费者进行返券的兑换。Thomas 和 Dillenbeck（2004）指出，商家可以从未兑换的返券中获益，本章研究结果显示，在一定条件下，商家也可以通过增加兑换获得收益。

无返券促销时，零售商的期望利润是制造商利润之和的 2 倍（$\pi_r^{NG*}/(\pi_{m1}^{NG*} + \pi_{m2}^{NG*}) = 2$）。在零售商返券中，$\pi_r^{RGUWP*}/(\pi_{m1}^{RGUWP*} + \pi_{m2}^{RGUWP*}) < 2$，说明零售商在策略 GUWP 中的返券促销中，利润分配较无返券时更低，进而稀释零售商在主导型供应链中的权力（利润），主要原因是返券的兑换成本由零售商承担。另外，对比第 5 章制造商主导型供应链零售商返券的最优结果发现，GUWP 定价策略下，零售商主导型的零售商返券较制造商主导型的零售商返券时供应链的整体利润更高。一方面，在零售商主导型供应链中，根据命题 6.1 得到，零售商的最优返券面值较制造商主导型供应链更大，产品期望需求更高，产品的边际利润更高，所以零售商的期望利润更大。另一方面，零售商主导型供应链的零售商返券使制造商的利润之和大于制造商主导下的零售商返券时的制造商利润之和。综合得到，零售商主导型的零售商返券较制造商主导型的零售商返券更优。

命题 6.2 零售商主导型供应链中零售商返券时，对比策略 GUWP 和无返券促销策略 NG，$D_1^{RGUWP*} > D_1^{NG*}$，$D_2^{RGUWP*} > D_2^{NG*}$，$D_{12}^{RGUWP*} > D_{12}^{NG*}$，$\pi_r^{RGUWP*} > \pi_r^{NG*}$，$\pi_{m1}^{RGUWP*} > \pi_{m1}^{NG*}$ 和 $\pi_{m2}^{RGUWP*} > \pi_{m2}^{NG*}$。

证明 由推论 6.2 和推论 6.1 得到，当 $(a_1, a_2, r) \in \Omega_1$ 时，比较零售商返券促销与无促销的均衡结果，有

$$D_1^{\text{RGUWP*}} - D_1^{\text{NG*}} = \frac{n}{16}\left(1 + \frac{\sqrt{2a_2}}{\sqrt{a_1}}\right) > 0$$

$$D_2^{\text{RGUWP*}} - D_2^{\text{NG*}} = \frac{n}{16}\left(1 + \frac{\sqrt{2a_1}}{\sqrt{a_2}}\right) > 0$$

$$D_{12}^{\text{RGUWP*}} - D_{12}^{\text{NG*}} = \frac{\left(\sqrt{2}a_1 + \sqrt{a_1 a_2} + \sqrt{2}a_2\right)n}{16\sqrt{a_1 a_2}} > 0$$

$$\pi_{\text{r}}^{\text{RGUWP*}} - \pi_{\text{r}}^{\text{NG*}} = \frac{n\sqrt{a_1 a_2}}{16\sqrt{2}} > 0$$

$$\pi_{\text{m1}}^{\text{RGUWP*}} - \pi_{\text{m1}}^{\text{NG*}} = \frac{\left(a_1 + \sqrt{2a_1 a_2}\right)n}{64} > 0$$

$$\pi_{\text{m2}}^{\text{RGUWP*}} - \pi_{\text{m2}}^{\text{NG*}} = \frac{\left(\sqrt{2a_1 a_2} + a_2\right)n}{64} > 0$$

当 $(a_1, a_2, r) \in \Omega_2$ 或 $(a_1, a_2, r) \in \Omega_3$ 时，均衡结果的比较分析相似，这里不予赘述。∎

命题 6.2 表明，零售商主导型供应链中，固定批发价格和零售价格的零售商返券策略下，零售商和两制造商期望利润较无返券促销更高，实现帕累托改进。由于返券的实施，产品 1 和产品 2 的最优期望需求增加，进而制造商可以在零售商返券中实现搭便车行为。由于零售价格不变，同时购买产品 1 和产品 2 的消费者剩余增加，而只购买产品 1 或产品 2 的消费者剩余不减少，因此总的消费者剩余将得到提升，进而总社会福利提升。

特别地，设 $\Delta\pi_j = \pi_j^{\text{RGUWP*}} - \pi_j^{\text{NG*}}(j = \text{r,m1,m2})$，由命题 6.2 得到 $\Delta\pi_{\text{r}} < \Delta\pi_{\text{m1}} + \Delta\pi_{\text{m2}}$。这意味着，零售商返券促销对上游制造商的溢出效应超过零售商的利润改进。进一步，当 $2a_2 < a_1 < 9a_2/2$ 时，$\Delta\pi_{\text{m1}} > \Delta\pi_{\text{r}}$；当 $2a_2/9 < a_1 < a_2/2$ 时，$\Delta\pi_{\text{m2}} > \Delta\pi_{\text{r}}$。说明在确定条件下，制造商 1（制造商 2）在返券促销中的利润改进超过零售商。本书将在 6.5.2 节详细讨论供应链返券促销的协调机制。

2. 只固定批发价格模型

在 GUW 模型中，批发价格为无返券时的最优结果，即批发价格分别为 $w_1 = \frac{a_1}{4}$ 和 $w_2 = \frac{a_2}{4}$。零售商决策产品 $i(i = 1,2)$ 的边际利润 m_i 和返券面值 g。对式 (6-13) 进行优化得到如下命题。

命题 6.3　零售商主导型供应链中零售商返券且采用 GUW 定价策略时，给定返券

面值 $g > 0$，最优的产品边际利润分别为 $m_1^{\text{RGUW}*} = \dfrac{3(2a_1^2a_2 - 6g^3r^3 - 2a_1g^2r^2 + a_1a_2gr)}{4(4a_1a_2 - 9g^2r^2)}$

和 $m_2^{\text{RGUW}*} = \dfrac{3(2a_1a_2^2 - 6g^3r^3 - 2a_2g^2r^2 + a_1a_2gr)}{4(4a_1a_2 - 9g^2r^2)}$。

证明　将式(6-10)、式(6-11)、式(6-12)及引理 6.1 中的最优批发价格代入式(6-13)中，得到

$$\pi_r^{\text{RGUW}}(m_1, m_2) = \frac{n}{16a_1a_2}\{a_1[3a_2(4m_1 + 4m_2 - 3rg) - 4(4m_2^2 - 6rgm_2 + 3r^2g^2)]$$
$$- 4[a_2(4m_1^2 - 6rgm_1 + 3g^2r^2) + 2rgm_1(6m_2 - 3rg) + 2r^2g^2(rg - 3m_2)]\}$$
$$(6\text{-}18)$$

根据式(6-18)，求 $\pi_r^{\text{RGUW}}(m_1, m_2)$ 关于边际利润 m_1 和 m_2 的一阶、二阶和混合偏导数分别为

$$\frac{\partial \pi_r^{\text{RGUW}}(m_1, m_2)}{\partial m_1} = \frac{n\left[3a_1a_2 + 6gr(gr - 2m_2) + a_2(6gr - 8m_1)\right]}{4a_1a_2}$$

$$\frac{\partial^2 \pi_r^{\text{RGUW}}(m_1, m_2)}{\partial m_1^2} = -\frac{2n}{a_1}$$

$$\frac{\partial \pi_r^{\text{RGUW}}(m_1, m_2)}{\partial m_2} = \frac{n\left[6gr(gr - 2m_1) + a_1(3a_2 - 8m_2 + 6gr)\right]}{4a_1a_2}$$

$$\frac{\partial^2 \pi_r^{\text{RGUW}}(m_1, m_2)}{\partial m_2^2} = -\frac{2n}{a_2}$$

$$\frac{\partial \pi_r^{\text{RGUW}}(m_1, m_2)}{\partial m_1 \partial m_2} = -\frac{3nrg}{a_1a_2}$$

由此得到，$\pi_r^{\text{RGUW}}(m_1, m_2)$ 关于边际利润 m_1 和 m_2 的 Hessian 矩阵为

$$H = \begin{bmatrix} \dfrac{\partial^2 \pi_r^{\text{RGUW}}(m_1, m_2)}{\partial m_1^2} & \dfrac{\partial^2 \pi_r^{\text{RGUW}}(m_1, m_2)}{\partial m_1 \partial m_2} \\ \dfrac{\partial^2 \pi_r^{\text{RGUW}}(m_1, m_2)}{\partial m_2 \partial m_1} & \dfrac{\partial^2 \pi_r^{\text{RGUW}}(m_1, m_2)}{\partial m_2^2} \end{bmatrix} = \begin{bmatrix} -\dfrac{2n}{a_1} & -\dfrac{3nrg}{a_1a_2} \\ -\dfrac{3nrg}{a_1a_2} & -\dfrac{2n}{a_2} \end{bmatrix}$$

容易得到上述 Hessian 矩阵的一阶顺序主子式 $|H_1| = -\dfrac{2n}{a_1} < 0$，二阶顺序主子式 $|H_2| = \dfrac{n^2(4a_1a_2 - 9r^2g^2)}{a_1^2a_2^2} > 0$。因此，$\pi_r^{\text{RGUW}}(m_1, m_2)$ 是关于边际利润 m_1 和 m_2 的凹函数。令 $\dfrac{\partial \pi_r^{\text{RGUW}}(m_1, m_2)}{\partial m_1} = 0$ 和 $\dfrac{\partial \pi_r^{\text{RGUW}}(m_1, m_2)}{\partial m_2} = 0$，即可得到零售商的最优产品边际利润。　　　　　　　　　　　　　　　　　　　■

根据命题 6.3 得到产品 $i(i = 1,2)$ 的最优零售价格分别为

$$p_1^{\text{RGUW*}} = \frac{a_1a_2(10a_1+3gr) - 3g^2r^2(5a_1+6gr)}{4(4a_1a_2 - 9g^2r^2)} \tag{6-19}$$

$$p_2^{\text{RGUW*}} = \frac{a_1a_2(10a_2+3gr) - 3g^2r^2(5a_2+6gr)}{4(4a_1a_2 - 9g^2r^2)} \tag{6-20}$$

推论 6.4　零售商主导型供应链中零售商返券且采用 GUW 定价策略时，给定返券面值 $g > 0$：

(1) 存在 $0 < \bar{G} < \min(p_1^{\text{RGUW*}}, p_2^{\text{RGUW*}})$，当 $0 < G < \bar{G}$ 时，$p_i^{\text{RGUW*}} < 3a_i/4(i=1,2)$，否则 $p_i^{\text{RGUW*}} > 3a_i/4(i=1,2)$，其中 $G = rg$；

(2) 当 $0 < G < \min(a_1/2, a_2/2)$ 时，$\pi_r^{\text{RGUW*}} > \pi_r^{\text{NG*}}$，$\pi_{m1}^{\text{RGUW*}} > \pi_{m1}^{\text{NG*}}$，$\pi_{m2}^{\text{RGUW*}} > \pi_{m2}^{\text{NG*}}$。

证明　(1) 由式 (6-19) 和式 (6-20) 得到

$$p_1^{\text{RGUW*}} - p_1^{\text{NG*}} = \frac{(3gr - 2a_1)(a_1a_2 - 6g^2r^2)}{4(4a_1a_2 - 9g^2r^2)}$$

$$p_2^{\text{RGUW*}} - p_2^{\text{NG*}} = \frac{(3gr - 2a_2)(a_1a_2 - 6g^2r^2)}{4(4a_1a_2 - 9g^2r^2)}$$

容易得到，当 $\bar{G} = \sqrt{a_1a_2}/\sqrt{6} < G < \min(a_1/2, a_2/2)$ 时，$p_1^{\text{RGUW*}} - p_1^{\text{NG*}} > 0$；当 $0 < G < \sqrt{a_1a_2}/\sqrt{6}$ 时，$p_1^{\text{RGUW*}} - p_1^{\text{NG*}} < 0$。

(2) 当 $0 < G < \min(a_1/2, a_2/2)$ 时，将式 (6-19) 和式 (6-20) 代入零售商的利润函数 (6-14) 中，并对比无返券时零售商期望利润，设 $A_1 = a_1a_2(a_1+a_2) + 9a_1a_2gr$，$A_2 = 12a_1a_2(a_1+a_2)g^2r^2 + 23g^3r^3$，$A_3 = (a_1+a_2)g^4r^4 - g^5r^5$，有

$$\pi_r^{\text{RGUW*}} - \pi_r^{\text{NG*}} = \frac{n(A_1 - A_2)}{16(4a_1a_2 - 9g^2r^2)} + \frac{36nA_3}{16a_1a_2(4a_1a_2 - 9g^2r^2)} > 0$$

类似地，制造商 1 和制造商 2 在返券前后的利润差分别为

$$\pi_{m1}^{\text{RGUW*}} - \pi_{m1}^{\text{NG*}} = \frac{n[2a_1^2a_2 - 3g^3r^3 + a_1gr(3a_2 - 7gr)]}{16(4a_1a_2 - 9g^2r^2)} > 0$$

$$\pi_{m2}^{\text{RGUW*}} - \pi_{m2}^{\text{NG*}} = \frac{n[a_1a_2(2a_2 + 3gr) - g^2r^2(7a_2 + 3gr)]}{16(4a_1a_2 - 9g^2r^2)} > 0$$

■

推论 6.4 表明，零售商主导型供应链中，固定批发价格下的零售商返券中，当返券"实际"面值较小时，零售商产品的最优零售价格低于无返券促销时的最优价格。这一结论与制造商主导型供应链返券的结果相反。这主要是由于在零售商主导的供应链中，零售商利用先动优势本身能够保障获得更高的产品边际利润，返券促销时，当"实际"返券兑换成本不高时，零售商可以通过降低产品零售价

格扩大产品需求进而获得更高的期望利润。当返券的单位"实际"兑换成本增加时，可以通过提升产品的零售价格抑制返券的兑换成本的增加。另外，$\partial(p_i^{\text{RGUW*}} - a_i / 2)/\partial g > 0(i=1,2)$ 和 $\partial(p_i^{\text{RGUW*}} - a_i / 2)/\partial r > 0$，零售商的产品边际利润随返券面值和返券兑换率的增加而增加。$p_1^{\text{RGUW*}} + p_2^{\text{RGUW*}} - rg$ 是关于返券面值和返券兑换率的递减函数，说明消费者实际购买两产品的期望支付因返券面值的增加和兑换增大而减少（参见推论 6.3）。在一定条件下，固定批发价格的零售商返券促销能够使所有供应链参与个体期望利润得到改进。

3. 不固定价格模型

在 DG 模型中，制造商 1 和制造商 2 同时决策批发价格 w_1 和 w_2，零售商决定产品的边际利润 m_1 和 m_2 以及返券面值 g。命题 6.4 揭示了给定返券面值 g 时的最优定价策略。

命题 6.4　零售商主导型供应链中零售商返券且采用 DG 定价策略时，给定返券面值 $g > 0$，最优的产品边际利润分别为

$$m_1^{\text{RDG*}} = \frac{2a_1^2 a_2^2 \left(4a_1 + gr\right) - 8a_1 a_2 g^2 r^2 \left(a_1 + 2gr\right) + g^4 r^4 \left(a_1 + 2gr\right)}{16a_1^2 a_2^2 - 33a_1 a_2 g^2 r^2 + 4g^4 r^4}$$

$$m_2^{\text{RDG*}} = \frac{2a_1^2 a_2^2 \left(4a_2 + gr\right) - 8a_1 a_2 g^2 r^2 \left(a_2 + 2gr\right) + g^4 r^4 \left(a_2 + 2gr\right)}{16a_1^2 a_2^2 - 33a_1 a_2 g^2 r^2 + 4g^4 r^4}$$

最优的批发价格分别为

$$w_1^{\text{RDG*}} = \frac{a_1 \left[8a_1^2 a_2^2 + 2a_1 a_2 gr \left(a_2 - 10gr\right) + g^3 r^3 \left(a_2 + 2gr\right)\right]}{2\left(16a_1^2 a_2^2 - 33a_1 a_2 g^2 r^2 + 4g^4 r^4\right)}$$

$$w_2^{\text{RDG*}} = \frac{a_2 \left[8a_1^2 a_2^2 + 2a_1 a_2 gr \left(a_1 - 10gr\right) + g^3 r^3 \left(a_1 + 2gr\right)\right]}{2\left(16a_1^2 a_2^2 - 33a_1 a_2 g^2 r^2 + 4g^4 r^4\right)}$$

证明　将式（6-10）代入制造商 1 的期望利润函数（6-14）中得到

$$\pi_{\text{m1}}^{\text{RDG}}\left(w_1\right) = \frac{nw_1 \left[2a_1 a_2 - 2a_2 \left(m_1 - gr + w_1\right) + gr \left(gr - 2m_2 - 2w_2\right)\right]}{2a_1 a_2} \tag{6-21}$$

根据式（6-21），求 $\pi_{\text{m1}}^{\text{RDG}}\left(w_1\right)$ 关于批发价格 w_1 的一阶和二阶偏导数为

$$\frac{\partial \pi_{\text{m1}}^{\text{RDG}}\left(w_1\right)}{\partial w_1} = \frac{n \left[2a_1 a_2 - 2a_2 \left(m_1 - gr + 2w_1\right) + gr \left(gr - 2m_2 - 2w_2\right)\right]}{2a_1 a_2}$$

$$\frac{\partial^2 \pi_{\text{m1}}^{\text{RDG}}\left(w_1\right)}{\partial w_1^2} = -\frac{2n}{a_1}$$

由 $\dfrac{\partial^2 \pi_{\text{m1}}^{\text{RDG}}\left(w_1\right)}{\partial w_1^2} < 0$ 得知，制造商 1 的期望利润函数 $\pi_{\text{m1}}^{\text{RDG}}\left(w_1\right)$ 是关于批发价格 w_1 的凹函数。

将式(6-11)代入制造商 2 的期望利润函数(6-15)得到

$$\pi_{m2}^{RDG}(w_2) = \frac{nw_2\left[2a_1a_2 - 2a_1(m_2 - gr + w_2) + gr(gr - 2m_1 - 2w_1)\right]}{2a_1a_2} \tag{6-22}$$

根据式(6-22)，求 $\pi_{m2}^{RDG}(w_2)$ 关于批发价格 w_2 的一阶和二阶偏导数为

$$\frac{\partial \pi_{m2}^{RDG}(w_2)}{\partial w_2} = \frac{n\left[gr(gr - 2m_1 - 2w_1) + 2a_1(a_2 - m_2 + gr - 2w_2)\right]}{2a_1a_2}$$

$$\frac{\partial^2 \pi_{m2}^{RDG}(w_2)}{\partial w_2^2} = -\frac{2n}{a_2}$$

由 $\dfrac{\partial^2 \pi_{m2}^{RDG}(w_2)}{\partial w_2^2} < 0$ 得知，制造商 2 的期望利润函数 $\pi_{m2}^{RDG}(w_2)$ 是关于批发价格 w_2 的凹函数。

令 $\dfrac{\partial \pi_{m1}^{RDG}(w_1)}{\partial w_1} = 0$ 和 $\dfrac{\partial \pi_{m2}^{RDG}(w_2)}{\partial w_2} = 0$，得到制造商 1 的最优批发价格 w_1 和制造商 2 的最优批发价格 w_2 关于边际利润 m_1 和 m_2 的反应函数为

$$w_1^{RDG*}(m_1, m_2) = \frac{4a_1^2a_2 + g^2r^2(2m_1 - gr) - 2a_1(2a_2m_1 - a_2rg + rgm_2)}{8a_1a_2 - 2g^2r^2} \tag{6-23}$$

$$w_2^{RNG*}(m_1, m_2) = \frac{4a_2^2a_1 + g^2r^2(2m_2 - gr) - 2a_2(2a_1m_2 - a_1rg + rgm_1)}{8a_1a_2 - 2g^2r^2} \tag{6-24}$$

将式(6-23)和式(6-24)代入零售商利润函数(6-13)，并求 $\pi_r^{RDG}(m_1, m_2)$ 关于边际利润 m_1 和 m_2 的一阶、二阶和混合偏导数。设 $Y_1 = 8a_1^3a_2^2 + g^4r^4(gr - 2m_1)$，$Y_2 = a_1g^2r^2(16a_2m_1 - 8a_2gr + grm_2)$，$Y_3 = a_2(8m_1 - 4gr) + gr(6m_2 - gr)$，$U_1 = 8a_1^2a_2^2(a_2 - 2m_2 + gr)$，$U_2 = g^3r^3\left[a_2m_1 + gr(gr - 2m_2)\right]$，$U_3 = a_2(gr - 6m_1) - 4gr(gr - 2m_2)$，得到

$$\frac{\partial \pi_r^{RDG}(m_1, m_2)}{\partial m_1} = \frac{n(Y_1 + Y_2 - 2a_1^2a_2Y_3)}{a_1(4a_1a_2 - g^2r^2)^2}$$

$$\frac{\partial^2 \pi_r^{RDG}(m_1, m_2)}{\partial m_1^2} = -\frac{2n(8a_1^2a_2^2 - 8a_1a_2g^2r^2 + g^4r^4)}{a_1(4a_1a_2 - g^2r^2)^2}$$

$$\frac{\partial \pi_r^{RDG}(m_1, m_2)}{\partial m_2} = \frac{n(U_1 + U_2 + 2na_1a_2grU_3)}{a_2(4a_1a_2 - g^2r^2)^2}$$

$$\frac{\partial^2 \pi_r^{RDG}(m_1, m_2)}{\partial m_2^2} = -\frac{2n(8a_1^2a_2^2 - 8a_1a_2g^2r^2 + g^4r^4)}{a_2(4a_1a_2 - g^2r^2)^2}$$

$$\frac{\partial \pi_r^{RDG}(m_1, m_2)}{\partial m_1 \partial m_2} = \frac{nrg(g^2r^2 - 12a_1a_2)}{(4a_1a_2 - g^2r^2)^2}$$

由此得到，零售商利润函数 $\pi_r^{RDG}(m_1, m_2)$ 关于边际利润 m_1 和 m_2 的 Hessian 矩阵为

$$H = \begin{bmatrix} -\dfrac{2n\left(8a_1^2 a_2^2 - 8a_1 a_2 g^2 r^2 + g^4 r^4\right)}{a_1\left(4a_1 a_2 - g^2 r^2\right)^2} & \dfrac{nrg\left(g^2 r^2 - 12a_1 a_2\right)}{\left(4a_1 a_2 - g^2 r^2\right)^2} \\ \dfrac{nrg\left(g^2 r^2 - 12a_1 a_2\right)}{\left(4a_1 a_2 - g^2 r^2\right)^2} & -\dfrac{2n\left(8a_1^2 a_2^2 - 8a_1 a_2 g^2 r^2 + g^4 r^4\right)}{a_2\left(4a_1 a_2 - g^2 r^2\right)^2} \end{bmatrix}$$

根据上述 Hessian 矩阵的行列式容易得到 $|H_1| < 0$ 和 $|H_2| > 0$。因此，零售商期望利润函数 $\pi_r^{RDG}(m_1, m_2)$ 是关于边际利润 m_1 和 m_2 的凹函数。分别令其一阶条件等于零，可得零售商的最优边际利润分别为

$$\begin{cases} m_1^* = \dfrac{2a_1^2 a_2^2\left(4a_1 + gr\right) - 8a_1 a_2 g^2 r^2\left(a_1 + 2gr\right) + g^4 r^4\left(a_1 + 2gr\right)}{16a_1^2 a_2^2 - 33a_1 a_2 g^2 r^2 + 4g^4 r^4} \\ m_2^* = \dfrac{2a_1^2 a_2^2\left(4a_2 + gr\right) - 8a_1 a_2 g^2 r^2\left(a_2 + 2gr\right) + g^4 r^4\left(a_2 + 2gr\right)}{16a_1^2 a_2^2 - 33a_1 a_2 g^2 r^2 + 4g^4 r^4} \end{cases} \tag{6-25}$$

将式(6-25)分别代入式(6-23)和式(6-24)中得到最优的批发价格如命题 6.4 所示。∎

根据命题 6.4 得到产品 $i(i = 1, 2)$ 的最优零售价格分别为

$$p_1^{RDG*} = \frac{4g^4 r^4\left(a_1 + gr\right) + 6a_1^2 a_2^2\left(4a_1 + gr\right) - a_1 a_2 g^2 r^2\left(36a_1 + 31gr\right)}{2\left(16a_1^2 a_2^2 - 33a_1 a_2 g^2 r^2 + 4g^4 r^4\right)}$$

$$p_2^{RDG*} = \frac{4g^4 r^4\left(a_2 + gr\right) + 6a_1^2 a_2^2\left(4a_2 + gr\right) - a_1 a_2 g^2 r^2\left(36a_2 + 31gr\right)}{2\left(16a_1^2 a_2^2 - 33a_1 a_2 g^2 r^2 + 4g^4 r^4\right)}$$

推论 6.5 零售商主导型供应链中零售商返券且采用 DG 定价策略时，给定返券面值 $g > 0$：

(1)当 $0 < g < \min\left(a_1/2, a_2/2\right)$ 时，$m_i^{RDG*} > m_i^{NG*}(i = 1, 2)$，$w_i^{RDG*} > w_i^{NG*}$，$p_i^{RDG*} > p_i^{NG*}(i = 1, 2)$；

(2)当 $0 < g < \min\left(a_1/2, a_2/2\right)$ 时，$\pi_{m1}^{RDG} > \pi_{m1}^{NG*}$，$\pi_{m2}^{RDG} > \pi_{m2}^{NG*}$；

(3)存在 $0 < \bar{G} < \min\left(a_1/2, a_2/2\right)$，当 $0 < G(G = rg) < \bar{G}$ 时，$\pi_r^{RDG} > \pi_r^{NG*}$。

证明 (1)由命题 6.4 和引理 6.1，得到

$$m_1^{RDG*} - m_1^{NG*} = \frac{gr\left[4a_1^2 a_2^2 + a_1 a_2 gr\left(17a_1 - 32gr\right) + 2g^3 r^3\left(2gr - a_1\right)\right]}{2\left(16a_1^2 a_2^2 - 33a_1 a_2 g^2 r^2 + 4g^4 r^4\right)} > 0$$

$$m_2^{RDG*} - m_2^{NG*} = \frac{gr\left[4a_1^2 a_2^2 + a_1 a_2 gr\left(17a_2 - 32gr\right) + 2g^3 r^3\left(2gr - a_2\right)\right]}{2\left(16a_1^2 a_2^2 - 33a_1 a_2 g^2 r^2 + 4g^4 r^4\right)} > 0$$

$$w_1^{RDG*} - w_1^{NG*} = \frac{a_1 a_2 gr\left(4a_1 a_2 - 7a_1 gr + 2g^2 r^2\right)}{4\left(16a_1^2 a_2^2 - 33a_1 a_2 g^2 r^2 + 4g^4 r^4\right)} > 0$$

$$w_2^{\text{RDG*}} - w_2^{\text{NG*}} = \frac{a_1 a_2 gr\left(4a_1 a_2 - 7a_2 gr + 2g^2 r^2\right)}{4\left(16a_1^2 a_2^2 - 33a_1 a_2 g^2 r^2 + 4g^4 r^4\right)} > 0$$

因此，$p_i^{\text{RDG*}} = m_i^{\text{RDG*}} + w_i^{\text{RDG*}} > p_i^{\text{NG*}} = m_i^{\text{NG*}} + w_i^{\text{NG*}}(i=1,2)$。

(2) 设 $O_1 = 4a_1 a_2 - 7a_1 gr + 2g^2 r^2$，$O_2 = 32a_1^2 a_2^2 + a_1 a_2 gr\left(4a_2 - 73gr\right)$，$O_3 = 2g^3 \cdot r^3\left(a_2 + 4gr\right)$，有

$$\pi_{\text{m1}}^{\text{RDG}} - \pi_{\text{m1}}^{\text{NG*}} = \frac{a_1 a_2 gnrO_1\left(O_2 + O_3\right)}{16\left(16a_1^2 a_2^2 - 33a_1 a_2 g^2 r^2 + 4g^4 r^4\right)^2} > 0$$

设 $S_1 = 8g^4 r^4 + 4a_1^2 a_2\left(8a_2 + gr\right)$，$S_2 = a_1 g^2 r^2\left(2gr - 73a_2\right)$，$S_3 = (4a_1 a_2 + gr(2gr - 7a_2))$，有

$$\pi_{\text{m2}}^{\text{RDG}} - \pi_{\text{m2}}^{\text{NG*}} = \frac{a_1 a_2 gnrS_3\left(S_1 + S_2\right)}{16\left(16a_1^2 a_2^2 - 33a_1 a_2 g^2 r^2 + 4g^4 r^4\right)^2} > 0$$

(3) 设 $F_1 = 8a_1^3 a_2^3 - 15a_1^2 a_2^2\left(a_1 + a_2\right)gr$，$F_2 = 64a_1 a_2\left(a_1 + a_2\right)g^3 r^3 - 32a_1^2 a_2^2 g^2 r^2$，$F_3 = 8g^6 r^6 - 58a_1 a_2 g^4 r^4 - 8\left(a_1 + a_2\right)g^5 r^5$，有

$$\pi_{\text{r}}^{\text{RDG}} - \pi_{\text{r}}^{\text{NG*}} = \frac{gnr\left(F_1 + F_2 + F_3\right)}{8a_1 a_2\left(16a_1^2 a_2^2 - 33a_1 a_2 g^2 r^2 + 4g^4 r^4\right)}$$

设 $G = rg$，$K_1 = 15a_1^2 a_2^2\left(a_1 + a_2\right)$，并且 $\overline{G}$ 是方程 $8a_1^3 a_2^3 - K_1 G - 32a_1^2 a_2^2 G^2 + K_1 G^3 - 58a_1 a_2 G^4 - K_1 G^5 + 8G^6 = 0$ 的最小正实根，且 $0 < \overline{G} < \min\left(a_1/2, a_2/2\right)$，得到当 $0 < G < \overline{G}$ 时，$\pi_{\text{r}}^{\text{RDG}} > \pi_{\text{r}}^{\text{NG*}}$。∎

推论 6.5 表明，零售商主导型供应链中，不固定价格下的零售商返券中，产品 1 和产品 2 的最优边际利润、最优批发价格和零售价格均高于无返券促销时的最优结果。这一结果与制造商主导型供应链的返券促销的主要结论一致。另外，零售商返券对上游制造商具有正向溢出作用。结合制造商主导型供应链中的零售商返券相关结论发现，无论在何种供应链权力结构下，零售商返券对上游制造商都是有益的。在一定条件下，零售商的期望利润高于无返券促销时的期望利润，具备发放返券的必要性。

6.3.2　数值分析

本节利用数值分析的方法，对比三种策略下的供应链参与个体的最优期望利润，并进一步挖掘相关管理启示：首先，针对不固定价格的返券策略模型，给出最优的返券面值决策结果；其次，对比三种价格策略下的最优返券策略以及相关参与者的期望利润结果。

固定参数 $n=10$ ，分别取 $a_i(i=1,2)$ 从 1 到 4，兑换率 r 从 0.7 到 1，通过利用 Mathematica 的数值计算，针对每一组参数取值得到 9800 余条数值结果，利用博弈论甄选出最优结果。类似地，在不固定价格策略下，选取当 $n=10$ 、 $r=1$ 、 $a_i=\{1,2,3,4\}(i=1,2)$ 时，最优返券面值如表 6-4 所示。类似于第 5 章中制造商主导型供应链中的零售商返券，最优返券面值结果关于产品价值参数呈现对称性，并随着产品价值的增加而增加。基于最优结果的对称性，以下数值分析将固定参数 $a_2=3$ ，取 $n=10$ 、 $r=1$ 、 $a_1\in[1,5]$ 讨论不同定价策略下返券面值和最优期望利润受产品价值变化的影响。

表 6-4 零售商返券且策略 DG 下的最优返券面值

a_2	a_1			
	1	2	3	4
1	0.1282	0.1719	0.1947	0.2087
2	0.1719	0.2564	0.3083	0.3438
3	0.1947	0.3083	0.3845	0.4399
4	0.2087	0.3438	0.4399	0.5127

如图 6-1 所示，与制造商主导型供应链下的零售商返券不同，零售商主导型供应链中，尽管在固定批发价格下的零售商产品边际利润更高，固定批发价格和零售价格下的返券面值比固定批发价格下的返券面值更高。主要原因是，在固定批发价格下，制造商的边际利润在策略 GUWP 和 GUW 中无差异，而零售商的供应链权力使得零售商在榨取消费者剩余时，不需要考虑制造商的最优反应。相反，

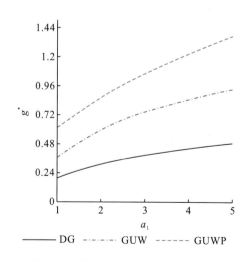

图 6-1 零售商返券下的最优返券面值

当制造商的最优批发价格提升(策略 DG)时，由于产品的边际利润降低，零售商的最优返券面值则进一步减少。因此，零售商返券面值的决策过程中，产品的边际利润为重要决策依据，同时供应链的权力结构也将影响最优返券策略。

本节比较三种不同定价策略的返券促销中，零售商和制造商的最优期望利润。设 $\Delta \pi_i^* = (\pi_i^* - \pi_i^{NG*})/\pi_i^{NG*}$ $(i = r, m1, m2, sc)$，图 6-2 揭示了不同返券策略下最优期望利润较无返券促销时的利润变化百分比。由于产品价值 $a_i(i = 1, 2)$ 对最优结果的影响是对称的，本节呈现产品 1 的价值对最优结果的影响。结果显示，三种价格策略下的零售商返券均使得制造商和零售商的期望利润有所改进。

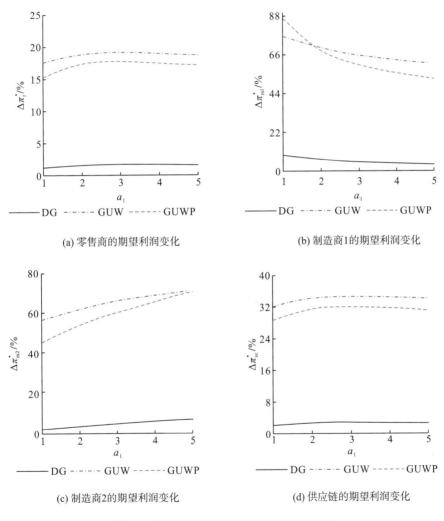

(a) 零售商的期望利润变化

(b) 制造商1的期望利润变化

(c) 制造商2的期望利润变化

(d) 供应链的期望利润变化

图 6-2　零售商返券下的期望利润变化幅度

第一，图 6-2(a) 显示 $\Delta\pi_r^{RGUW*} > \Delta\pi_r^{RGUWP*} > \Delta\pi_r^{RDG*}$，说明在零售商主导型供应链中零售商返券的情况下，策略 GUW 对于零售商是主导策略。该结果与制造商主导型供应链的零售商返券结果一致，这里不再赘述。第二，如图 6-2(b) 所示，对于制造商 1，当产品 1 的价值较产品 2 更小时，存在 $\Delta\pi_{m1}^{RGUWP*} > \Delta\pi_{m1}^{RGUW*} > \Delta\pi_{m1}^{RDG*}$，当产品 1 的价值增加时，$\Delta\pi_{m1}^{RGUW*} > \Delta\pi_{m1}^{RGUWP*} > \Delta\pi_{m1}^{RDG*}$，此外，制造商 1 的期望利润增加比例随参数 a_1 的增加而减少。这一结果再次说明，在零售商返券促销中，生产价值小的制造商利润改进效果更加明显。此外，与制造商主导型供应链的零售商返券不同，固定批发价格在一定条件下是制造商的主导策略。该结果适用于制造商 2，如图 6-2(c) 所示。由于零售商拥有供应链权力时，其产品的边际利润较高，当零售商重新制定零售价格时，由于批发价格不变，零售商的涨价幅度降低，进而获得更高的产品期望需求。制造商的边际利润不变，在策略 GUW 中的产品期望需求更大。第三，如图 6-2(d) 所示，策略 GUW 是整个供应链的最优策略。命题 6.3 和推论 6.4 说明，在 GUW 策略下，零售商将提升零售价格，这一行为将使得只购买产品 1 或产品 2 的消费者剩余直接减少，可能导致总的消费者剩余降低，进而使总的社会福利下降。在制造商主导型供应链中，固定价格策略是零售商返券和制造商返券的供应链占优策略，并且固定的零售价格使社会福利最大。相反，在零售商主导型供应链中，固定批发价格的零售商返券是供应链主导策略。因此，以下通过调查不同价格策略中消费者剩余和总社会福利进一步讨论最优的返券策略。

如图 6-3 所示，零售商主导型供应链中零售返券情况下，消费者剩余和总社会福利(消费者剩余和供应链利润之和)在固定批发价格和零售价格下最高，而在

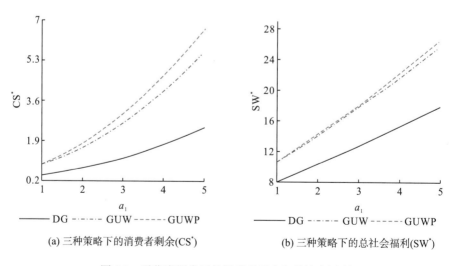

(a) 三种策略下的消费者剩余(CS^*)   (b) 三种策略下的总社会福利(SW^*)

图 6-3   零售商返券下的消费者剩余和总社会福利

不固定价格策略的返券促销中最低。其次，消费者剩余和总社会福利随着产品的价值的增加而增加。一方面，固定零售价格和批发价格下的零售商返券比固定批发价格下的零售商返券消费者剩余更高，主要是由于更低的零售价格使消费者在返券促销中获得更多"实惠"。另一方面，从零售商和供应链期望利润的角度来看，GUWP 策略比 GUW 策略在利润提升幅度上相差较小（低于 4%）。设 $(\Delta\pi_i^{\text{RGUWP*}} / \Delta\pi_i^{\text{RGUW*}}) \times 100\%\,(i = \text{r,sc})$，得到 $\min((\Delta\pi_i^{\text{RGUWP*}}/\Delta\pi_i^{\text{RGUW*}}) \times 100\%) = 91.3\%$，即次优策略 GUWP 对零售商和整体供应链改进结果不低于最优策略 GUW 的 91.3%。此外，实际中，固定零售价格符合国家法律对市场价格监管的相关规定且便于操作和实施。因此综合得到，固定批发价格和零售价格的返券促销策略更优。

6.3.3　消费者不一致性

在前述零售商返券促销模型中，基本模型假设消费者是符合时间一致性的，即消费者按照他们的兑换意图做出兑换行为。然而，消费者的兑换率可能与购买时的期望兑换意图不吻合，此时零售商可能从消费者未兑换的返券中获益（Horne and Bendle，2016）。本节讨论在策略 GUWP 的情形下，消费者时间不一致性对最优返券决策和零售商期望利润的影响。假设消费者在购买时的期望返券兑换率为 $r_{\text{e}}\,(0 < r_{\text{e}} \leqslant 1)$，而在产品 2 购买过程中实际的兑换率为 $r_{\text{a}}\,(0 < r_{\text{a}} \leqslant 1)$。由此，当 $r_{\text{e}} = r_{\text{a}} = r$ 时，消费者表现为时间一致性；当 $r_{\text{e}} > r_{\text{a}}$ 时，消费者为乐观型消费者，过高估计了自身未来的返券兑换概率；当 $r_{\text{e}} < r_{\text{a}}$ 时，消费者为消极型消费者，低估了自身未来的返券兑换概率。根据以上假设和说明，由于消费者购买产品时的期望兑换率为 r_{e}，产品的期望需求式(6-11)、式(6-12)和式(6-13)中返券兑换率变为 r_{e}。因为消费者的实际兑换率为 r_{a}，所以零售商的期望利润函数(6-14)中的返券成本变为 $D_{12}^{\text{G}} r_{\text{a}} g$。选取参数 $n = 10$，$a_1 = a_2 = 1$，$r_{\text{e}} = 0.6$，$r_{\text{a}} \in [0.1,1]$ 得到零售商的最优返券策略和期望利润结果，图 6-4 表明了消费者时间不一致性对最优结果的影响。如图 6-4(a)所示，最优的返券面值 g^* 是关于实际兑换率 r_{a} 的非增函数。当实际兑换率较小（$r_{\text{a}} < 0.52 < r_{\text{e}} = 0.6$）时，最优的返券面值等于零售价格（$g^* = 3a_1 / 4 = 0.75$）。这是由于过低的兑换率导致产品 2 的需求过低，而零售商通过提高返券面值吸引更多消费者兑换并购买产品 2。此时，返券促销类似于不同产品的"买一赠一"促销。不同于制造商主导型供应链中的零售商返券，零售商主导型供应链中的零售商返券促销在面临乐观型消费者时，最优返券面值更大。当实际兑换率低于 50% 时，零售商将提供最大的返券面值。

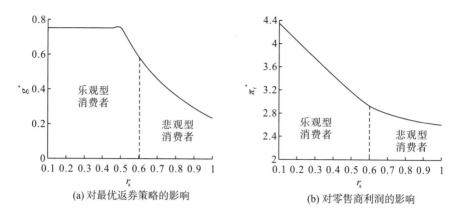

图 6-4　零售商返券下消费者时间不一致性行为的影响

当实际兑换率适中($0.52 < r_a < r_e = 0.6$)，消费者是乐观型消费者时，最优返券面值随实际兑换率的增加而减少。这主要是由于实际兑换率的增加导致返券的兑换成本增加，零售商通过降低返券面值进而降低返券的实际兑换成本。直觉地，返券的实际兑换率继续增加($r_a > 0.6$)，消费者转变为悲观型消费者，零售商将持续降低返券面值来抵消期望之外的兑换成本。如图 6-4(b)所示，零售商的最优期望利润随实际兑换率的增加而减少。

6.3.4　两互补产品的零售商返券

零售商往往希望通过搭配具有相关性的产品，利用返券促销实现最大化收益。例如，在携程返券的例子中，顾客通过携程平台订购相应的飞机票获得一张既定价值的返券，该返券用于抵扣接送机服务时的等额消费。此时，机票服务和接送机服务可以认为是一对互补性的服务。当两个产品具有互补性时，消费者对于两产品的保留价格相比于单独购买时保留价格之和具有超加性。

类似于第 5 章，本节在基础模型中考虑两个独立产品的返券促销可以进一步扩展到互补品的返券促销。假设消费者对两产品的互补性程度的感知为 $\theta(\theta > 0)$（Venkatesh and Kamakura，2003），设 $\theta \equiv [u_{12}^{NG} - (u_1^{NG} + u_2^{NG})] / (u_1^{NG} + u_2^{NG})$，并假设 θ 在不同消费者之间是恒定的。根据对产品互补性的定义得到，无返券促销时，消费者同时购买产品 1 和产品 2 的净效用为 $u_{12}^{NG} = (1 + \theta) \cdot (u_1^{NG} + u_2^{NG})$。返券促销时，消费者同时购买产品 1 和产品 2 的净效用为 $u_{12}^{G} = (1 + \theta) \cdot (u_1^{G} + u_2^{G}) + rg$。消费者只购买产品 1 或只购买产品 2 的净效用依然分别为 $u_1^{G} = v_1 - p_1^{G}$ 和 $u_2^{G} = v_2 - p_2^{G}$。根据上文表 6-1，得到互补产品的返券促销下，产品 1 和产品 2 的期望需求：

$$D_1^{\mathrm{G}} = \frac{n}{a_1 a_2}\left[H_2 + H_4 - H_3 + \left(a_1 - m_1 - w_1\right)\left(\gamma - m_1 - w_1\right)\right] \qquad (6\text{-}26)$$

$$D_2^{\mathrm{G}} = \frac{n}{a_1 a_2}\left[H_1 + H_4 - H_3 + \left(a_2 - m_2 - w_2\right)\left(\gamma - m_2 - w_2\right)\right] \qquad (6\text{-}27)$$

两产品的共同期望需求为

$$D_{12}^{\mathrm{G}} = \frac{n}{a_1 a_2}\left(H_1 + H_2 - H_3 + H_4\right) \qquad (6\text{-}28)$$

其中，$H_1 = \dfrac{\theta\left(a_1 - m_1 - w_1\right)^2}{2\left(1+\theta\right)}$，$H_2 = \dfrac{\theta\left(a_2 - m_2 - w_2\right)^2}{2\left(1+\theta\right)}$，$H_3 = \dfrac{\left(m_1 + w_1 + m_2 + w_2 - \gamma\right)^2}{2}$，

$H_4 = \left(a_1 + m_2 + w_2 - \gamma\right)\left(a_2 + m_1 + w_1 - \gamma\right)$，$\gamma = \dfrac{m_1 + w_1 + m_2 + w_2 - rg}{1+\theta}$。

为了聚焦产品的互补性对返券决策和相关利润的影响，本节同样在 GUWP 定价策略下进行分析。对式(6-13)进行优化求解得到命题 6.5，其中上标 CG 表示两互补产品的返券促销相关结果，令 $X_1 = 2a_1 a_2\left(3+4\theta\right)^2$，$X_2 = \theta\left(a_1^2 + a_2^2\right)\left(15+16\theta\right)$，$G_0^{\mathrm{RCG}} = \left[\sqrt{X_1 + X_2} - 8\theta\left(a_1 + a_2\right)\right]/(12r)$，$X = 25\left(a_1^4 + a_2^4\right) + 544 a_1 a_2\left(a_1^2 + a_2^2\right) + 1074 a_1^2 a_2^2$，$\hat{\theta} = \left[5 + 6a_1 a_2/\left(a_1 + a_2\right)^2 + \sqrt{X}/\left(a_1 + a_2\right)^2\right]/32 \leqslant 0.57$。

命题 6.5　零售商主导型供应链采用 GUWP 定价策略，当 $0 < \theta < \hat{\theta}$ 时，零售商的最优返券面值为 $g^{\mathrm{RCG*}} = \min\left(G_0^{\mathrm{RCG}}, 3a_1/4, 3a_2/4\right)$；当 $\theta > \hat{\theta}$ 时，零售商的最优返券面值为 $g^{\mathrm{RCG*}} = 0$。

证明　将式(6-26)、式(6-27)、式(6-28)以及引理 6.1 中的最优批发价格和零售价格代入零售商期望利润函数(6-13)中，并求利润函数关于返券面值 g 的一阶和二阶偏导数，得到

$$\frac{\partial \pi_{\mathrm{r}}^{\mathrm{RCG}}}{\partial g^{\mathrm{RCG}}} = \frac{r}{32(1+\theta)^2}\Big\{6a_1 a_2 - 48 g^{\mathrm{RCG}^2} r^2 - 16(a_1 + a_2)^2 \theta^2$$
$$+ \theta\left[5a_1^2 + 16a_1 a_2 + 5a_2^2 - 64\left(a_1 + a_2\right)g^{\mathrm{RCG}} r\right]\Big\}$$

$$\frac{\partial^2 \pi_{\mathrm{r}}^{\mathrm{RCG}}}{\partial g^{\mathrm{RCG}^2}} = -\frac{r^2\left[3rg^{\mathrm{RCG}} + 2\theta\left(a_1 + a_2\right)\right]}{\left(1+\theta\right)^2}$$

由 $\dfrac{\partial^2 \pi_{\mathrm{r}}^{\mathrm{RCG}}}{\partial g^{\mathrm{RCG}^2}} < 0$ 得知，零售商的期望利润函数 $\pi_{\mathrm{r}}^{\mathrm{RCG}}$ 是关于返券面值 g 的凹函数。

令 $\dfrac{\partial \pi_{\mathrm{r}}^{\mathrm{RCG}}}{\partial g^{\mathrm{RCG}}} = 0$，得到

$$g^{\mathrm{RCG*}} = \frac{\sqrt{2a_1 a_2\left(3+4\theta\right)^2 + \theta\left(a_1^2 + a_2^2\right)\left(15+16\theta\right)} - 8\theta\left(a_1 + a_2\right)}{12r}$$

依据假设 $0 \leqslant g \leqslant 3a_i/4(i=1,2)$，得到：当 $0 < \theta < \hat{\theta}$ 时，结合返券面值小于零售价格的紧约束，$g^{RCG*} = \min\{G_0^{RCG}, 3a_1/4, 3a_2/4\}$；当 $\theta > \hat{\theta}$ 时，$g^{RCG*} = 0$。　■

命题 6.5 表明，当两个产品的互补性相对较小（$0 < \theta < \hat{\theta}$）时，零售商将提供返券给消费者。当两个产品的互补性相对较大并超过确定的阈值（$\theta > \hat{\theta}$）时，零售商的最优策略是不提供返券。这一结果与命题 6.1 不同，当两个产品为独立产品（$\theta = 0$）时，零售商总是会向消费者提供返券促销。其次，当两个产品为互补品，且最优的返券面值较小（$G^{RCG*} = G_0^{RCG}$）时，最优的返券面值随着返券兑换率的增加而减少，这一结果与命题 6.1 一致，这里不再赘述。当两产品价值相同（$a_1 = a_2$）或相近时，最优的返券面值随着两产品互补性的增加而减少。

为了直观地解释命题 6.5，本节利用数值的方式呈现参数对最优决策和结果的影响。图 6-5 显示了返券兑换率 r 和产品互补性 θ 对最优返券面值和零售商最优期望利润的影响（固定 $a_1 = a_2 = 4$ 和 $n = 10$）。图 6-6 显示了参数 a_1 和 a_2（表征产品平均价值）对最优返券面值和零售商最优期望利润的影响（固定 $\theta = 0.3$ 和 $r = 0.7$）。

如图 6-5(a) 所示，当两产品的价值相同（$a_1 = a_2$）时，最优的零售商返券面值是关于返券兑换率的单调递减函数。当两产品的互补性在一定范围内（$0.2 < \theta < 0.5$）时，最优的零售商返券面值是关于互补性的单调递减函数。当两产品的互补性相对较大（$\theta > 0.5$）时，最优的返券面值为 0；当两产品的互补性充分低（$0 < \theta < 0.2$）时，最优的返券面值为产品的零售价格（$g^{RCG*} = 3a_1/4 = 3a_2/4$）。该结果说明，产品互补性同样是零售商决策返券面值的重要因素。图 6-5(b) 显示，当两产品的价值相同（$a_1 = a_2$）时，最优的零售商期望利润随着产品的互补性增加而增大，然而最优的期望利润不随返券兑换率的变化而变化。这一结果反映了推论 6.3，当最优的返券面值为 G_0^{RCG*} 时，最优期望利润与兑换率无关。

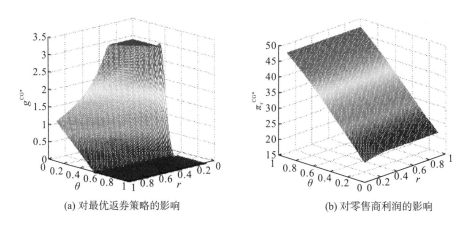

(a) 对最优返券策略的影响　　　　　　　　　　　(b) 对零售商利润的影响

图 6-5　产品互补性和返券兑换率对最优结果的影响

图 6-6(a) 显示，当两产品的互补性相对较小（$\theta = 0.3$）时，最优的返券面值随着产品价值的增加而增加，并且产品 1 的价值和产品 2 的价值对返券面值决策的影响具有对称性。这一结果与第 5 章的结果相似，这里不予赘述。图 6-6(b) 说明，产品价值增加，零售商的最优期望利润随之增加。

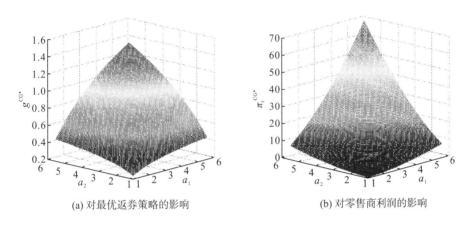

(a) 对最优返券策略的影响　　　　　　　　　　(b) 对零售商利润的影响

图 6-6　零售商返券下产品价值对最优结果的影响

6.4　制造商返券促销

6.4.1　模型建立

零售商主导型供应链的制造商返券模型中，考虑零售商同时决定产品 1 和产品 2 的边际利润 m_1 和 m_2，随后制造商 1 作为返券的发起方决定产品 1（促销产品）的批发价格 w_1 和返券面值 g，同时制造商 2 决定产品 2（兑换产品）的批发价格 w_2。制造商返券促销时的消费者需求与零售商返券促销时的消费者需求相同（参见 6.3.1 节）。

制造商 1 的期望利润为

$$\pi_{m1}^{MG}\left(w_1, g\right) = D_1^G w_1 - D_{12}^G r g \tag{6-29}$$

制造商 2 的期望利润为

$$\pi_{m2}^{MG}\left(w_2\right) = D_2^G w_2 \tag{6-30}$$

零售商的期望利润为

$$\pi_r^{MG}\left(p_1, p_2\right) = D_1^G m_1 + D_2^G m_2 \tag{6-31}$$

与零售商返券促销模型的分析一样，本节分三种定价策略分别讨论：①固定批发价格和零售价格，即两制造商保持批发价格固定在无返券促销下的批发价格，零售商保持两产品的零售价格（边际利润）固定在无返券促销下的零售价格（边际利润），制造商1决策返券面值，用上标 GUWP 表示；②固定批发价格，即两制造商保持批发价格固定在无返券促销下的批发价格，但制造商1决策返券面值，且零售商决策两产品的边际利润，用上标 GUW 表示；③不固定价格，制造商和零售商均决策新的批发价格、边际利润和返券面值，用上标 DG 表示。

1. 固定批发价格和零售价格模型

在 GUWP 模型中，两产品的批发价格和边际利润（零售价格）均为无返券促销时的最优结果，即批发价格分别为 $w_1 = \dfrac{a_1}{4}$ 和 $w_2 = \dfrac{a_2}{4}$，边际利润分别为 $m_1 = \dfrac{a_1}{2}$ 和 $m_2 = \dfrac{a_2}{2}$。制造商决策最优的返券面值 g，其结果如命题 6.6 所示。

命题 6.6　零售商主导型供应链中制造商返券且采用 GUWP 定价策略时，制造商的最优返券面值为 $g^{\mathrm{MGUWP}*} = 0$。

证明　将 (6-10)、式 (6-12) 代入制造商1的期望利润函数 (6-29) 得到

$$\pi_{\mathrm{m1}}^{\mathrm{MGUWP}}(g) = \frac{n[a_1^2 a_2 - 2a_1 g^2 r^2 - 4g^2 r^2 (a_2 + 2gr)]}{16 a_1 a_2} \tag{6-32}$$

制造商利润函数 (6-32) 关于返券面值 g 的一阶偏导数为

$$\frac{\partial \pi_{\mathrm{m1}}^{\mathrm{MGUWP}}(g)}{\partial g} = -\frac{gnr^2 (a_1 + 2a_2 + 6gr)}{4a_1 a_2}$$

由 $\dfrac{\partial \pi_{\mathrm{m1}}^{\mathrm{MGUWP}}(g)}{\partial g} < 0$ 得知，制造商1的期望利润函数 $\pi_{\mathrm{m1}}^{\mathrm{MGUWP}}$ 是关于返券面值 g 的单调递减函数。因此，最优的返券面值为 $g^{\mathrm{MGUWP}*} = 0$。　∎

命题 6.6 表明，在零售商主导型供应链中，固定批发价格和零售价格下，制造商将不会主动发放返券。这是由于，返券促销中，制造商1的收益增加低于返券兑换成本。具体地，产品1的期望需求较无返券时增加 $\dfrac{n(a_2 r g^{\mathrm{MGUWP}} + 2r^2 g^{\mathrm{MGUWP}2})}{4a_1 a_2}$，制造商1的期望收益较无返券增加 $\dfrac{n(a_2 r g^{\mathrm{MGUWP}} + 2r^2 g^{\mathrm{MGUWP}2})}{16 a_2}$。然而，返券兑换产生的成本为 $\dfrac{n(a_2 r g^{\mathrm{MGUWP}} + 2r^2 g^{\mathrm{MGUWP}2})}{16 a_2} + \dfrac{n(a_1 r^2 g^{\mathrm{MGUWP}2} + 2a_2 r^2 g^{\mathrm{MGUWP}2} + 4r^3 g^{\mathrm{MGUWP}3})}{8a_1 a_2}$。容易得到，给定任意返券面值满足 $g^{\mathrm{MGUWP}} > 0$，制造商1的返券兑换成本总是高于其收益增量，因此制造商1的最优返券策略为不实施返券促销。

这一结果与制造商主导型供应链零售商返券不同。在制造商主导型供应链中，当固定零售商产品的边际利润（固定批发价格和零售价格）时，零售商实施返券仍

然有利可图。其主要原因是返券带来的需求的增加能够弥补返券兑换的成本(薄利多销)。对于零售商主导型供应链下的制造商返券，零售商的供应链权力更大，分割了大多数供应链利润，对于发放返券的制造商，微弱的边际利润不足以弥补返券兑换所产生的成本，又无法通过兑换产品的边际利润找补促销产品的利润损失。所以，零售商主导的供应链结构下，弱势的制造商无法提供返券促销。

2. 只固定批发价格模型

在模型 GUW 中，批发价格为无返券促销时的最优结果，即批发价格分别为 $w_1 = \dfrac{a_1}{4}$ 和 $w_2 = \dfrac{a_2}{4}$，零售商决策产品边际利润。随后，制造商 1 决策返券面值。

命题 6.7 零售商主导型供应链中制造商返券且采用 GUW 定价策略时，制造商的最优返券面值为 $g^{\mathrm{MGUW}*} = 0$。

命题 6.7 说明，零售商主导型供应链中，固定批发价格策略下，制造商将不会主动发放返券。由式(6-29)得到，制造商 1 的最优返券面值为关于产品边际利润的最优反应函数，设 $N_1 = 12(2m_1 - a_1)(3a_2 - 4m_2)$，$N_2 = \left[5a_1 + 6a_2 - 8(m_1 + m_2)\right]^2$，则有

$$g^{\mathrm{MGUW}*}\left(m_1, m_2\right) = \left[\frac{8\left(m_1 + m_2\right) - 5a_1 - 6a_2 + \sqrt{\left(N_1 + N_2\right)}}{12r}\right]^+$$

其中，$[x]^+ = \begin{cases} x, x > 0 \\ 0, x \leqslant 0 \end{cases}$。

容易得到，给定产品边际利润满足 $m_i \leqslant 3a_i/4 (i = 1, 2)$ (批发价格为 $w_i = a_i/4$，零售商产品的最大边际利润为 $3a_i/4$)，$8(m_1 + m_2) - 5a_1 - 6a_2 + \sqrt{(N_1 + N_2)} < 0$。这意味着，制造商 1 无法通过返券促销(返券面值的非负性)实现利润的改善。

命题 6.6 和命题 6.7 共同显示，只固定批发价格下，制造商均无法实施返券促销。在零售商主导型供应链中，处于劣势的制造商可能不提供返券，其原因在于产品的净收益小于返券带来的兑换成本。同样，如果通过零售商降低产品的边际利润，扩大产品的期望需求，有可能使得制造商的收益大于返券成本。本节结果对 Khouja 等(2013)的相关结果讲行了完善和补充，在制造商主导型供应链中，一定条件下(固定价格策略)，制造商返券能够与零售商实现共赢。但是，在零售商主导型供应链中，制造商在固定批发价格下由于微弱的边际利润(供应链弱势一方)无法提供相应的返券促销。

3. 不固定价格模型

在 DG 模型中，零售商首先决定产品的边际利润 m_1 和 m_2，随后，制造商 1 决策批发价格 w_1 以及返券面值 g，同时制造商 2 决策批发价格 w_2。命题 6.8 揭示了给定返券面值 g 时零售商和制造商的最优策略。

命题 6.8 零售商主导型供应链中制造商返券且采用 DG 定价策略时，给定返券面值 $g > 0$，最优的批发价格分别为

$$w_1^{\text{MDG*}} = \frac{8a_1^3 a_2^3 + 10a_1^2 a_2^2 gr(a_2 + gr) + 4g^5 r^5(2a_2 + gr) - a_1 a_2 g^3 r^3(23a_2 + 22gr)}{a_2(32a_1^2 a_2^2 - 50a_1 a_2 g^2 r^2 + 16g^4 r^4)}$$

$$w_2^{\text{MDG*}} = \frac{(a_1 a_2 - g^2 r^2)[2a_1 a_2(4a_2 + gr) - g^2 r^2(4a_2 + 5gr)]}{32a_1^2 a_2^2 - 50a_1 a_2 g^2 r^2 + 16g^4 r^4}$$

最优的产品边际利润分别为

$$m_1^{\text{MDG*}} = \frac{16a_1^3 a_2^3 - 4g^6 r^6 - 2a_1^2 a_2^2 gr(2a_2 + 17gr) + a_1 a_2 g^3 r^3(2a_2 + 23gr)}{a_2(32a_1^2 a_2^2 - 50a_1 a_2 g^2 r^2 + 16g^4 r^4)}$$

$$m_2^{\text{MDG*}} = \frac{(2a_1 a_2 - g^2 r^2)[2a_1 a_2(4a_2 + gr) - g^2 r^2(4a_2 + 5gr)]}{32a_1^2 a_2^2 - 50a_1 a_2 g^2 r^2 + 16g^4 r^4}$$

证明 将式 (6-10)、式 (6-12) 代入制造商 1 的期望利润函数 (6-29) 得到

$$\pi_{\text{m1}}^{\text{MDG}}(w_1) = \frac{n}{a_1 a_2}\left\{ w_1\left[a_1 a_2 - a_2(m_1 - gr + w_1) + \frac{1}{2}gr(gr - 2m_2 - 2w_2) \right] \right.$$
$$\left. - gr\left[(a_1 - m_1 + gr - w_1)(a_2 - m_2 + gr - w_2) - \frac{1}{2}g^2 r^2 \right] \right\} \tag{6-33}$$

根据式 (6-33)，求 $\pi_{\text{m1}}^{\text{MDG}}(w_1)$ 关于批发价格 w_1 的一阶和二阶偏导数，得到

$$\frac{\partial \pi_{\text{m1}}^{\text{MDG}}(w_1)}{\partial w_1} = \frac{n[2a_1 a_2 - 2a_2(m_1 - 2gr + 2w_1) + gr(3gr - 4m_2 - 4w_2)]}{2a_1 a_2}$$

$$\frac{\partial^2 \pi_{\text{m1}}^{\text{MDG}}(w_1)}{\partial w_1^2} = -\frac{2n}{a_1}$$

由 $\dfrac{\partial^2 \pi_{\text{m1}}^{\text{MDG}}(w_1)}{\partial w_1^2} < 0$ 得知，制造商 1 的期望利润函数 $\pi_{\text{m1}}^{\text{MDG}}(w_1)$ 是关于批发价格 w_1 的凹函数。

将式 (6-11) 代入制造商 2 的期望利润函数 (6-30) 得到

$$\pi_{\text{m2}}^{\text{MDG}}(w_2) = \frac{nw_2[gr(gr - 2m_1 - 2w_1) + 2a_1(a_2 - m_2 + gr - w_2)]}{2a_1 a_2} \tag{6-34}$$

根据式 (6-34)，求 $\pi_{\text{m2}}^{\text{MDG}}(w_2)$ 关于批发价格 w_2 的一阶和二阶偏导数，得到

$$\frac{\partial \pi_{\text{m2}}^{\text{MDG}}(w_2)}{\partial w_2} = \frac{n[gr(gr - 2m_1 - 2w_1) + 2a_1(a_2 - m_2 + gr - 2w_2)]}{2a_1 a_2}$$

$$\frac{\partial^2 \pi_{m2}^{MDG}(w_2)}{\partial w_2^2} = -\frac{2n}{a_2}$$

由 $\dfrac{\partial^2 \pi_{m2}^{RDG}(w_2)}{\partial w_2^2} < 0$ 得知，制造商 2 的期望利润函数 $\pi_{m2}^{MDG}(w_2)$ 是关于批发价格 w_2 的凹函数。

令 $\dfrac{\partial \pi_{m2}^{MDG}(w_2)}{\partial w_2} = 0$ 和 $\dfrac{\partial \pi_{m1}^{MDG}(w_1)}{\partial w_1} = 0$，联立求解得到制造商 1 和制造商 2 的最优批发价格 w_1 和 w_2 关于边际利润 m_1 和 m_2 的反应函数为

$$\begin{cases} w_1^{MDG*}(m_1, m_2) = \dfrac{2a_1^2 a_2 + g^2 r^2(2m_1 - gr) + a_1[2a_2(gr - m_1) + gr(gr - 2m_2)]}{4a_1 a_2 - 2g^2 r^2} \\ w_2^{MDG*}(m_1, m_2) = \dfrac{2a_1 a_2(2a_2 - 2m_2 + gr) - gr[2a_2(m_1 + gr) + gr(3gr - 4m_2)]}{8a_1 a_2 - 4g^2 r^2} \end{cases} \quad (6\text{-}35)$$

将式(6-35)、式(6-10)和式(6-12)代入零售商利润函数(6-31)，得到

$$\begin{aligned} \pi_r^{MDG}(m_1, m_2) = \frac{n}{4a_1 a_2(2a_1 a_2 - g^2 r^2)} & \{2a_1^2 a_2[2a_2(m_1 + m_2) + m_2(gr - 2m_2)] \\ & + g^2 r^2 m_1(2a_2 m_1 + g^2 r^2) - 4a_1 a_2^2 m_1^2 + g^2 r^2 m_2(3gr - 4m_2) \\ & - 2a_1 a_2 gr(m_1 m_2 + 2grm_1 + grm_2) \} \end{aligned} \quad (6\text{-}36)$$

根据式(6-36)，求 $\pi_r^{MDG}(m_1, m_2)$ 关于边际利润 m_1 和 m_2 的一阶、二阶和混合偏导数，得到

$$\frac{\partial \pi_r^{MDG}(m_1, m_2)}{\partial m_1} = \frac{n\{4a_1^2 a_2^2 + 4a_2 g^2 m_1 r^2 + g^4 r^4 - 2a_1 a_2[4a_2 m_1 + gr(m_2 + 2gr)]\}}{4a_1 a_2(2a_1 a_2 - g^2 r^2)}$$

$$\frac{\partial^2 \pi_r^{MDG}(m_1, m_2)}{\partial m_1^2} = -\frac{n}{a_1}$$

$$\frac{\partial \pi_r^{MDG}(m_1, m_2)}{\partial m_2} = \frac{n\{2a_1 a_2(2a_2 - 4m_2 + gr) - gr[2a_2(m_1 + gr) + gr(3gr - 8m_2)]\}}{4a_2(2a_1 a_2 - g^2 r^2)}$$

$$\frac{\partial^2 \pi_r^{MDG}(m_1, m_2)}{\partial m_2^2} = -\frac{2n(a_1 a_2 - g^2 r^2)}{a_2(2a_1 a_2 - g^2 r^2)}$$

$$\frac{\partial \pi_r^{MDG}(m_1, m_2)}{\partial m_1 \partial m_2} = -\frac{gnr}{4a_1 u_2 - 2g^2 r^2}$$

由此得到，零售商利润函数 $\pi_r^{MDG}(m_1, m_2)$ 关于边际利润 m_1 和 m_2 的 Hessian 矩阵为

$$H = \begin{bmatrix} -\dfrac{n}{a_1} & -\dfrac{gnr}{4a_1a_2 - 2g^2r^2} \\[3mm] -\dfrac{gnr}{4a_1a_2 - 2g^2r^2} & -\dfrac{2n(a_1a_2 - g^2r^2)}{a_2(2a_1a_2 - g^2r^2)} \end{bmatrix}$$

根据上述 Hessian 矩阵的行列式容易得到 $|H_1| < 0$ 和 $|H_2| > 0$。因此，零售商期望利润函数 $\pi_r^{MDG}(m_1, m_2)$ 是关于边际利润 m_1 和 m_2 的凹函数。分别令其一阶条件等于零，可得零售商的最优边际利润分别为

$$\begin{cases} m_1^* = \dfrac{\left[16a_1^3a_2^3 - 4g^6r^6 - 2a_1^2a_2^2 gr(2a_2 + 17gr) + a_1a_2g^3r^3(2a_2 + 23gr)\right]}{a_2(32a_1^2a_2^2 - 50a_1a_2g^2r^2 + 16g^4r^4)} \\[5mm] m_2^* = \dfrac{(2a_1a_2 - g^2r^2)\left[2a_1a_2(4a_2 + gr) - g^2r^2(4a_2 + 5gr)\right]}{32a_1^2a_2^2 - 50a_1a_2g^2r^2 + 16g^4r^4} \end{cases} \tag{6-37}$$

将式 (6-37) 分别代入式 (6-35) 中得到最优的批发价格如命题 6.8 所示。　■

由命题 6.8 得到，最优的产品零售价格分别为

$$p_1^{MDG*} = \dfrac{24a_1^3a_2^2 + 8g^5r^5 + 6a_1^2a_2 gr(a_2 - 4gr) + a_1g^3r^3(gr - 21a_2)}{32a_1^2a_2^2 - 50a_1a_2g^2r^2 + 16g^4r^4}$$

$$p_2^{MDG*} = \dfrac{6a_1^2a_2^2(4a_2 + gr) + 2g^4r^4(4a_2 + 5gr) - a_1a_2g^2r^2(28a_2 + 19gr)}{32a_1^2a_2^2 - 50a_1a_2g^2r^2 + 16g^4r^4}$$

推论 6.6　零售商主导型供应链中制造商返券且采用 DG 定价策略时：

(1) 当 $0 < g < \min\{a_1/2, a_2/2\}$ 时，$m_1^{MDG*} < m_1^{NG*}$，$m_2^{MDG*} > m_2^{NG*}$，$w_i^{MDG*} > w_i^{NG*}$ $(i = 1, 2)$，$p_i^{MDG*} > p_i^{NG*}$；

(2) 当 $0 < g < \min\{a_1/2, a_2/2\}$ 时，$\pi_{m2}^{MDG} > \pi_{m2}^{NG*}$，$\pi_r^{MDG} > \pi_r^{NG*}$；

(3) 存在 $0 < \bar{G} < \min\{a_1/2, a_2/2\}$，当 $0 < G(G = rg) < \bar{G}$ 时，$\pi_{m1}^{MDG} > \pi_{m1}^{NG*}$。

证明　(1) 当 $0 < g < \min\{a_1/2, a_2/2\}$ 时，由命题 6.8 和引理 6.1，得到

$$m_1^{MDG*} - m_1^{NG*} = -\dfrac{gr[4g^5r^5 + a_1^2a_2^2(4a_2 + 9gr) - a_1a_2g^2r^2(2a_2 + 15gr)]}{2a_2(16a_1^2a_2^2 - 25a_1a_2g^2r^2 + 8g^4r^4)} < 0$$

$$m_2^{MDG*} - m_2^{NG*} = \dfrac{gr[4a_1^2a_2^2 + 3a_1a_2 gr(3a_2 - 4gr) + g^3r^3(5gr - 4a_2)]}{32a_1^2a_2^2 - 50a_1a_2g^2r^2 + 16g^4r^4} > 0$$

$$w_1^{MDG*} - w_1^{NG*} = \dfrac{gr[8g^4r^4(2a_2 + gr) + 5a_1^2a_2^2(4a_2 + 9gr) - 2a_1a_2g^2r^2(23a_2 + 26gr)]}{4a_2(16a_1^2a_2^2 - 25a_1a_2g^2r^2 + 8g^4r^4)} > 0$$

$$w_2^{MDG*} - w_2^{NG*} = \dfrac{gr[4a_1^2a_2^2 + 10g^4r^4 + a_1a_2 gr(a_2 - 14gr)]}{4(16a_1^2a_2^2 - 25a_1a_2g^2r^2 + 8g^4r^4)} > 0$$

$$p_1^{MDG*} - p_1^{NG*} = \dfrac{gr[16g^4r^4 + 3a_1^2a_2(4a_2 + 9gr) - 2a_1g^2r^2(21a_2 + 11gr)]}{4(16a_1^2a_2^2 - 25a_1a_2g^2r^2 + 8g^4r^4)} > 0$$

$$p_2^{\mathrm{MDG}*} - p_2^{\mathrm{NG}*} = \frac{gr[12a_1^2a_2^2 + 19a_1a_2gr(a_2 - 2gr) + 4g^3r^3(5gr - 2a_2)]}{4(16a_1^2a_2^2 - 25a_1a_2g^2r^2 + 8g^4r^4)} > 0$$

（2）当 $0 < g < \min\{a_1/2, a_2/2\}$ 时，根据命题 6.8 和推论 6.1，得到

$$\pi_{\mathrm{m}2}^{\mathrm{MDG}} - \pi_{\mathrm{m}2}^{\mathrm{NG}*} = \frac{gnr[4a_1^2a_2^2(8a_2 + gr) - 7a_1a_2g^2r^2(7a_2 + 2gr) + 2g^4r^4(8a_2 + 5gr)]}{16a_2(16a_1^2a_2^2 - 25a_1a_2g^2r^2 + 8g^4r^4)^2}$$
$$\cdot[4a_1^2a_2^2 + 10g^4r^4 + a_1a_2gr(a_2 - 14gr)] > 0$$

$$\pi_{\mathrm{r}}^{\mathrm{MDG}} - \pi_{\mathrm{r}}^{\mathrm{NG}*} = \frac{ngr[2g^7r^7 + a_1^3a_2^3(8a_2 - 15gr) - 2a_1a_2g^3r^3(2a_2^2 - 5a_2gr + 4g^2r^2)]}{8a_1a_2^2(16a_1^2a_2^2 - 25a_1a_2g^2r^2 + 8g^4r^4)}$$
$$+ \frac{3na_1g^2r^2(3a_2^2 - 8a_2gr + 8g^2r^2)}{8(16a_1^2a_2^2 - 25a_1a_2g^2r^2 + 8g^4r^4)} > 0$$

（3）根据命题 6.8 和推论 6.1，得到

$$\pi_{\mathrm{r}}^{\mathrm{MDG}} - \pi_{\mathrm{r}}^{\mathrm{NG}*} = \frac{32a_1^4a_2^3ngr(4a_2 - 7gr) + 8a_1^2a_2ng^4r^4(374a_2^2 - 164a_2gr - 343g^2r^2)}{16(16a_1^2a_2^2 - 25a_1a_2g^2r^2 + 8g^4r^4)^2}$$
$$+ \frac{4a_1ng^6r^6(712a_2gr + 323g^2r^2 - 871a_2^2)}{16(16a_1^2a_2^2 - 25a_1a_2g^2r^2 + 8g^4r^4)^2}$$
$$+ \frac{a_1^3a_2^2ng^2r^2(1759g^2r^2 - 752a_2^2 - 448a_2gr)}{16(16a_1^2a_2^2 - 25a_1a_2g^2r^2 + 8g^4r^4)^2}$$
$$+ \frac{8a_1a_2ng^8r^8(200a_2^2 - 192a_2gr - 5g^2r^2)}{16a_1a_2^2(16a_1^2a_2^2 - 25a_1a_2g^2r^2 + 8g^4r^4)^2}$$
$$- \frac{32ng^{10}r^{10}(8a_2^2 - 8a_2gr + g^2r^2)}{16a_1a_2^2(16a_1^2a_2^2 - 25a_1a_2g^2r^2 + 8g^4r^4)^2}$$

参考推论 6.5，得到当 $0 < G < \bar{G}$ 时，$\pi_{\mathrm{m}1}^{\mathrm{MDG}} > \pi_{\mathrm{m}1}^{\mathrm{NG}*}$。 ■

推论 6.6 表明，在零售商主导型供应链中，不固定价格下，存在最优的制造商返券策略。最优策略中，制造商的最优批发价格和零售商的最优零售价格均高于无返券促销时的最优价格。这一结论与零售商返券结果类似。与此同时，零售商的促销产品的最优产品边际利润低于无返券促销时的最优边际利润。这一结果与零售商返券结果相反。综合来看：①无论在制造商主导型供应链还是零售商主导型供应链中，不固定价格下的制造商返券将压缩零售商的促销产品边际利润。然而，不固定价格下的零售商返券中，制造商的批发价格(等于边际利润)都将上升。②零售商主导型供应链的制造商返券对下游零售商和兑换产品的制造商均具有正向的溢出作用。③在一定条件下，返券发放制造商的期望利润高于无返券促销时的期望利润，具备发放返券的必要性。对于不固定价格下的最优返券面值决策，将在数值分析部分即 6.4.2 节进一步讨论。

6.4.2　数值分析

本节利用数值分析方法，深入讨论不固定价格策略下的最优价格策略和返券策略，并进一步挖掘相关管理启示。首先，利用数值分析方法得到不固定价格下的最优返券面值，并针对产品价值对最优返券面值的决策影响进行分析。其次，通过对最优的产品边际利润和批发价格的分析，讨论制造商返券中的最优价格策略。最后，对比不固定价格策略下制造商返券结果与无返券促销的最优结果，分析两制造商和零售商在返券中的获益情况。

1. 制造商的最优返券面值

在零售商主导型供应链中，不固定价格下的制造商返券结果显示，产品价值对最优返券策略的影响不同。在第 5 章零售商返券模型中，产品 1 和产品 2 的价值对最优结果的影响具有对称性，而当制造商 1 实施返券促销时，产品 1 和产品 2 的价值对最优结果的影响具有非对称性。这一结果与制造商主导型供应链中返券制造商返券结果一致。类似地，分别取 $a_i(i=1,2)$ 从 1 到 5，兑换率 r 从 0.6 到 1，固定参数 $n=10$，通过利用 Mathematica 数值计算，针对每一组参数得到 9200 余条数值结果，利用博弈理论甄选出最优的批发价格、边际利润和返券面值结果。不固定价格策略下，当 $n=10$、$r=1$、$a_i=\{1,2,3,4\}(i=1,2)$ 时，最优返券面值如表 6-5 所示。

表 6-5　制造商返券且策略 DG 下的最优返券面值

a_2	a_1			
	1	2	3	4
1	0.0662	0.1087	0.1382	0.1599
2	0.0744	0.1324	0.1789	0.2173
3	0.0776	0.1428	0.1985	0.2467
4	0.0793	0.1487	0.2101	0.2647

在策略 DG 中，制造商 1 的最优返券面值随产品 1 和产品 2 的价值增加而增加，但增加幅度有所不同。具体地，当产品 2 的价值固定，产品 1 的价值增加时，制造商最优返券面值显著增大。而当产品 1 的价值固定时，制造商最优返券面值会随着产品 2 的价值增加而缓慢增大。主要原因是：当促销产品(产品 1)的价值增加时，制造商的产品边际利润(批发价格)显著增大，增加返券面值能够在保证产品边际利润的同时扩大需求。相反，当促销产品的价值不变，而兑换产品的价值增加时，显著增大返券面值将导致返券兑换成本快速增加。类似地，制造商 1

和制造商 2 之间的同时博弈结果导致(参见第 5 章):当兑换产品的价值增加时,促销产品的批发价格也随之增加,但增加幅度较低,相应的制造商 1 的最优返券面值也会小幅度增大。

2. 最优批发价格和边际利润

推论 6.6 说明,零售商主导型供应链中,不固定价格下的制造商返券将导致批发价格和零售价格的增加,但是零售商的边际利润将受到"挤压"。同时,制造商返券的最优结果显示,促销产品和兑换产品的价值对最优结果的影响不对称。因此,本部分通过数值分析,进一步讨论两产品价值对最优价格决策的影响。

如图 6-7 所示,零售商主导型供应链中,不固定价格策略下产品 1 的价值对最优产品边际利润和批发价格的影响结果不同(固定 $n=10$,$r=1$,$a_2=3$)。设 $\Delta m_i^* = (m_i^{\mathrm{DG}*} - m_i^{\mathrm{NG}*})/m_i^{\mathrm{NG}*} \times 100\% (i=1,2)$ 和 $\Delta w_i^* = (w_i^{\mathrm{DG}*} - w_i^{\mathrm{NG}*})/w_i^{\mathrm{NG}*} \times 100\%$ 分别表示返券促销时最优的产品边际利润和批发价格较无返券促销结果的变化幅度(负数结果表示减少)。

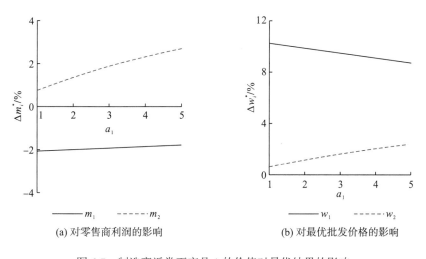

(a) 对零售商利润的影响   (b) 对最优批发价格的影响

图 6-7 制造商返券下产品 1 的价值对最优结果的影响

图 6-7(a)说明,不固定价格策略下的制造商返券中,产品 1 的边际利润低于无返券促销时边际利润,而产品 2 的边际利润高于无返券促销时的边际利润。该结果进一步印证了制造商返券促销将会对零售商的促销产品的边际利润进行"挤压",同时,零售商通过提升兑换产品的边际利润找补促销产品的"利润损失"。当产品 1 的价值增加时,零售商的产品边际利润增加幅度增大。图 6-7(b)说明,不固定价格策略下的制造商返券中,产品 1 和产品 2 的批发价格均高于无返券促销时的批发价格。当产品 1 的价值增加时,产品 1 的批发价格增长幅度较产品 2

更大，而增加幅度逐渐降低。这是由于在零售商主导型供应链中，零售商会首先保证自身的产品边际不会过低。兑换产品的制造商在返券中作为搭便车者，会进一步提升批发价格。综合来看，不固定价格下的促销产品的制造商能够通过返券促销，改善自身在供应链中的边际利润分配。

不固定价格策略下，产品 2 的价值对最优产品边际利润和批发价格的影响如图 6-8 所示(固定 $n=10$，$r=1$，$a_1=3$)。图 6-8(a)说明，不固定价格策略下的制造商返券中，产品 1 的边际利润低于无返券促销时边际利润，而产品 2 的边际利润高于无返券促销时的边际利润。其次，当产品 2 的价值增加时，零售商的两产品的边际利润增幅减弱。这一结果与图 6-1(a)结果相反。图 6-8(b)说明，不固定价格策略下的制造商返券中，产品 1 和产品 2 的批发价格均高于无返券促销时的批发价格。再次，产品 1 的批发价格增长幅度较产品 2 更大($\Delta w_1^* > 8\%$，$\Delta w_2^* < 4\%$)，当产品 2 的价值持续增加时，产品 1 的最优批发价格增长幅度加大，而产品 2 的最优批发价格增长幅度减缓。这一结果同样揭示了产品价值较小的制造商在返券中获益更大的原因，即价值较小的产品批发价格的提升幅度更高。综合来看，在制造商主导或是零售商主导的供应链中，不固定价格下的零售商返券或制造商返券，零售商和两制造商均具有不同程度的涨价动机。

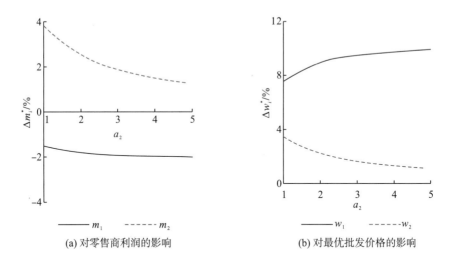

(a) 对零售商利润的影响   (b) 对最优批发价格的影响

图 6-8   制造商返券下产品 2 的价值对最优结果的影响

3. 最优利润比较

推论 6.6 说明，在零售商主导型供应链中，不固定价格下的制造商返券在一定条件下能够改善制造商和零售商的期望利润。本部分通过数值分析的方式，进一步讨论不同价值产品对制造商和零售商期望利润的影响。取 $n=10$，$r=1$，$a_i \in [1,5]$，得到最优的返券促销时各参与主体的期望利润。设 $\Delta\pi_i^* = (\pi_i^* - \pi_i^{NG*})/\pi_i^{NG*}(i = \mathrm{r},$
$\mathrm{m1,m2})$，$\Delta\pi_i^*$ 能够反映各参与主体的利润水平较无返券促销时的改变幅度，图 6-9
分别显示了产品价值 $a_i(i=1,2)$ 对制造商 i 和零售商的利润改进的影响。

图 6-9 说明，参与主体的利润增量 $\Delta\pi_i^* \geqslant 0$，意味着制造商 1 和制造商 2 以及
零售商均能够从制造商 1 的返券促销中获益。这一结果与固定批发价格和零售价
格下的制造商返券不同。固定价格下的制造商由于利润边际(批发价格)过小，无
法实现返券促销的利润改进。而不固定价格下的制造商返券能够在两制造商和零
售商之间实现共赢，其主要原因是制造商的批发价格较无返券促销时更高。其次，
产品 1 和产品 2 的价值增加时，两制造商和零售商的利润改进幅度增加，返券促
销效果更显著。图 6-9(a)～(c)进一步说明，产品 1 的价值增加能够更有效地提升
制造商和零售商的利润。因此，类似制造商主导型供应链中的制造商返券，从供
应链利润整体改善的角度，返券发起方的产品价值更高，有利于改善供应链的整
体期望利润。综合来看，无论在制造商主导型供应链还是零售商主导型供应链中，
从供应链整体利润改进的角度出发，生产价值更高的制造商发放返券的效果更优。

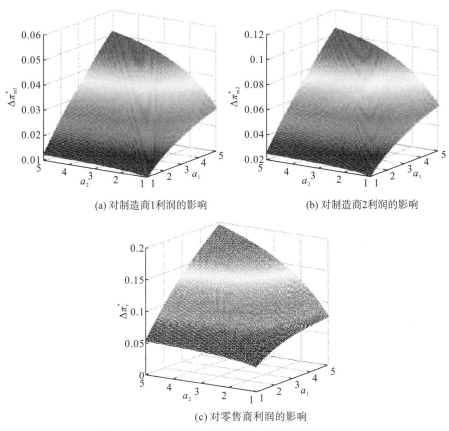

(a) 对制造商1利润的影响   (b) 对制造商2利润的影响

(c) 对零售商利润的影响

图 6-9　制造商返券下产品价值对期望利润的影响

6.4.3 消费者不一致性

类似于第 5 章对消费者不一致性行为的描述，本节讨论在策略 GUWP 的情形下，消费者时间不一致性对制造商最优返券决策的影响。假设消费者在购买时的期望返券兑换率为 $r_e(0 < r_e \leqslant 1)$，而在购买产品 2 的过程中实际的兑换率为 $r_a(0 < r_a \leqslant 1)$。容易得到，当 $r_e = r_a = r$ 时，消费者表现为时间一致性；当 $r_e > r_a$ 时，消费者为乐观型消费者，过高估计了自身未来的返券兑换概率；当 $r_e < r_a$ 时，消费者为消极型消费者，低估了自身未来的返券兑换概率。当消费者表现为时间一致性，供应链采取固定零售价格和批发价格策略时，根据命题 6.1 得到，制造商的最优返券策略是不提供返券。当消费者表现为时间不一致性时，可以证明如下命题。

命题 6.9　零售商主导型供应链中制造商返券且采用 GUWP 定价策略时，当存在消费者时间不一致性即 $r_a \neq r_e$ 时，制造商的最优返券面值为 $g^* = 0$。

证明　与命题 6.8 证明过程类似，这里不予赘述。∎

不同于第 5 章的研究结果，在零售商主导型供应链中的制造商返券促销模型中，消费者的时间不一致性行为不改变制造商的最优返券策略，即无论消费者是否表现为时间不一致性行为，制造商的最优返券策略都是不提供返券促销。该结论进一步补充了在不同供应链渠道权力结构中，不同返券主体面临消费者时间不一致性的返券策略这一研究结果。综合第 5 章和本章的研究内容发现，在制造商主导型供应链中的零售商返券与制造商返券，以及零售商主导型供应链中的零售商返券，返券主体都将受益于乐观型消费者，即当消费者过高估计自身的实际返券兑换率将导致返券发放主体通过更高面值的返券促销获得较高的期望利润。然而，在零售商主导型供应链中的制造商返券下，制造商由于微弱的边际利润，无法从消费者不一致性行为中获益。

6.4.4 两互补产品的制造商返券

类似零售商返券中的产品互补性的相关假设(参见第 5 章)，本节讨论两互补产品的制造商返券促销。假设消费者对两产品的互补性程度的感知为 $\theta(\theta > 0)$ (Venkatesh and Kamakura，2003)，得到互补产品的返券促销下，产品 1 和产品 2 的期望需求，设 $H_1 = \theta(a_1 - m_1 - w_1)^2 / [2(1+\theta)]$，$H_2 = \theta(a_2 - m_2 - w_2)^2 / [2(1+\theta)]$，$H_3 = (m_1 + w_1 + m_2 + w_2 - \gamma)^2 / 2$，$H_4 = (a_1 + m_2 + w_2 - \gamma)(a_2 + m_1 + w_1 - \gamma)$，$\gamma = (m_1 + w_1 + m_2 + w_2 - rg)/(1+\theta)$，有

$$D_1^G = \frac{n}{a_1 a_2}\left[H_2 + H_4 - H_3 + (a_1 - m_1 - w_1)(\gamma - m_1 - w_1)\right]$$

$$D_2^G = \frac{n}{a_1 a_2}\left[H_1 + H_4 - H_3 + \left(a_2 - m_2 - w_2\right)\left(\gamma - m_2 - w_2\right)\right]$$

两产品的共同期望需求为

$$D_{12}^G = \frac{n}{a_1 a_2}\left(H_1 + H_2 - H_3 + H_4\right)$$

为了聚焦产品的互补性对返券决策和相关利润的影响，在 GUWP 定价策略下得到命题 6.10，上标 CG 表示互补产品模型下的最优结果。

命题 6.10 零售商主导型供应链中制造商返券且采用 GUWP 定价策略时，制造商的最优返券面值为 $g^{CG*} = 0$。

证明 与命题 6.8 证明过程类似，这里不予赘述。∎

命题 6.10 说明，当两产品具有一定的互补性 $\theta(\theta > 0)$ 时，固定批发价格和零售价格下，制造商 1 将不会提供返券促销。结合命题 6.8，说明无论是两个独立产品或者互补产品，制造商的最优策略均为不促销。进一步综合命题 6.9 和命题 6.10 得到，零售商主导型供应链中，固定价格策略下，制造商的最优返券策略具有鲁棒性。综合本研究的相关结果，在制造商主导型供应链中的零售商返券与制造商返券，以及零售商主导型供应链中的零售商返券，当两产品的互补性低于相应阈值时，返券主体将实施返券促销，而当两产品的互补性超过相应阈值时，返券主体将没有必要提供返券。其主要原因是，两产品的返券促销本质上加强了两个产品的需求联系，使得相互独立的两个产品在返券作用下实现需求互补。然而，当两个产品天然具有互补性时，减弱了返券促销的作用机理，返券主体将无须利用返券促销刺激需求扩大销售。特别地，在零售商主导型供应链中的制造商返券下，制造商由于微弱的边际利润将不会对两互补产品实施返券促销。

6.5 零售商主导型供应链返券促销策略选择

6.5.1 最优返券促销策略选择

6.3 节和 6.4 节分别讨论了零售商主导型供应链中的零售商返券促销和制造商返券促销的最优策略。具体结果表明，固定批发价格下的零售商返券使两制造商和零售商的利润改善最为显著。但是，从消费者剩余和社会福利的角度出发，固定批发价格和零售价格下的零售商返券最优，使消费者剩余和社会福利得到最大改善。在零售商主导型供应链中，结合数值分析的相关结果得到，制造商在策略 GUWP 和 GUW 下均不提供返券促销，只有在策略 DG 下制造商将提供返券。其主要原因为，制造商的产品边际利润过低，不足以弥补返券兑换成本。综合来看，不固定价格策略下，消费者剩余可能次优，且只购买产品 1 或产品 2 的消费者剩余由于更高的零售价格将会降低。考虑到策略的可操作性（价格监管）和策略对比的统一性，零售商主导型供应链中，固定批发价格和零售价格策略下的零售商返券最优。与此同时，根据零售商返券的最优结果得到，$\Delta \pi_{\text{r}}^{\text{RG}} < \Delta \pi_{\text{m1}}^{\text{RG}} + \Delta \pi_{\text{m2}}^{\text{RG}}$（上标 RG 表示零售商返券），即零售商的利润改进小于制造商利润改进之和。进一步，当 $2a_2 < a_1 < 9a_2/2$ 时，$\Delta \pi_{\text{r}}^{\text{RG}} < \Delta \pi_{\text{m1}}^{\text{RG}}$；当 $2a_2/9 < a_1 \leqslant a_2/2$ 时，$\Delta \pi_{\text{r}}^{\text{RG}} < \Delta \pi_{\text{m2}}^{\text{RG}}$。表明在一定条件下，制造商的利润改进大于零售商的利润改进。以下内容通过设计成本分摊机制并考虑合理性和公平性原则激励零售商进行返券促销。

6.5.2 成本分摊机制设计

基于零售商主导型供应链中的零售商返券模型，一定条件下，制造商 1（或制造商 2）的利润改进将超过零售商的利润改进，这一现象可能导致零售商的返券积极性降低。此外，实际中，拥有渠道权力的零售商在促销时，会要求上游制造商共同承担促销成本。因此，本节基于零售商主导型供应链最优返券策略，即固定价格下的零售商返券策略，设计成本分摊机制以激励零售商进行返券促销。类似地，假设制造商 1 的成本分摊比例为 $\rho_{\text{m1}}(0 \leqslant \rho_{\text{m1}} \leqslant 1)$，制造商 2 的成本分摊比例为 $\rho_{\text{m2}}(0 \leqslant \rho_{\text{m2}} \leqslant 1)$。首先，为确保成本分摊机制的合理性，即成本分担后的制造商 1 和制造商 2 的净利润不会低于无返券促销：

$$\begin{cases} \pi_{\text{m1}}^{\text{RG}*} - \rho_{\text{m1}} D_{12}^{\text{RG}} rG^{\text{RG}*} > \pi_{\text{m1}}^{\text{NG}*} \\ \pi_{\text{m2}}^{\text{RG}*} - \rho_{\text{m2}} D_{12}^{\text{RG}} rG^{\text{RG}*} > \pi_{\text{m2}}^{\text{NG}*} \end{cases} \tag{6-38}$$

根据式 (6-38) 得到如下命题。

命题 6.11   零售商主导型供应链采用 GUWP 定价策略时，成本分担机制 $\{\rho_{\text{m1}}, \rho_{\text{m2}}\}$ 的可行区域为：

(1) 当 $2a_2/9 < a_1 \leqslant a_2$ 且 $\sqrt{2a_2/(9a_1)} < r \leqslant 1$ 或 $a_2 < a_1 < 9a_2/2$ 且 $\sqrt{2a_1/(9a_2)} < r \leqslant 1$ 时，$0 < \rho_{\text{m1}} < \hat{\rho}_{\text{m1}}$ 和 $0 < \rho_{\text{m2}} < \hat{\rho}_{\text{m2}}$，其中 $\hat{\rho}_{\text{m1}} = \left(a_1^2 + a_2\sqrt{2a_1a_2} - a_1a_2 \right) / \left[2\left(a_1^2 + a_2^2 \right) \right]$ 和 $\hat{\rho}_{\text{m2}} = \left(a_2^2 + a_1\sqrt{2a_1a_2} - a_1a_2 \right) / \left[2\left(a_1^2 + a_2^2 \right) \right]$；

(2) 当 $a_1 \leqslant 2a_2/9$ 或 $2a_2/9 < a_1 < a_2$ 且 $0 < r \leqslant \sqrt{2a_2/(9a_1)}$ 时，$0 < \rho_{\text{m1}} < \hat{\rho}_{\text{m1}}$ 和 $0 < \rho_{\text{m2}} < \hat{\rho}_{\text{m2}}$，其中 $\hat{\rho}_{\text{m1}} = (3ra_1 + 2a_2) / \left[9a_1r^2 + 2a_2 + 6r(a_1 + a_2) \right]$ 和 $\hat{\rho}_{\text{m2}} = (2 + 3r)a_2 / \left[9a_1r^2 + 2a_2 + 6r(a_1 + a_2) \right]$；

(3) 当 $9a_2/2 < a_1$，或 $a_2 < a_1 < 9a_2/2$ 且 $0 < r \leqslant \sqrt{2a_1/(9a_2)}$ 时，$0 < \rho_{\text{m1}} < \hat{\rho}_{\text{m1}}$ 和 $0 < \rho_{\text{m2}} < \hat{\rho}_{\text{m2}}$，其中 $\hat{\rho}_{\text{m1}} = (2 + 3r)a_1 / [9a_2r^2 + 2a_1 + 6r(a_1 + a_2)]$ 和 $\hat{\rho}_{\text{m2}} = (2a_1 + 3ra_2) / [9a_2r^2 + 2a_1 + 6r(a_1 + a_2)]$。

证明　设 $\pi_{\mathrm{mi}}^{\mathrm{RG}*} - \hat{\rho}_{\mathrm{mi}} D_{12}^{\mathrm{RG}} r G^{\mathrm{RG}*} = \pi_{\mathrm{mi}}^{\mathrm{NG}*}(i=1,2)$，当 $2a_2/9 < a_1 \le a_2$ 且 $\sqrt{2a_2/(9a_1)} <$ $r \le 1$，或 $a_2 < a_1 < 9a_2/2$ 且 $\sqrt{2a_1/(9a_2)} < r \le 1$ 时，解得

$$\hat{\rho}_{\mathrm{m1}} = \frac{a_1^2 + a_2\sqrt{2a_1a_2} - a_1a_2}{2\left(a_1^2 + a_2^2\right)}$$

$$\hat{\rho}_{\mathrm{m2}} = \frac{a_2^2 + a_1\sqrt{2a_1a_2} - a_1a_2}{2\left(a_1^2 + a_2^2\right)}$$

当 $a_1 \le 2a_2/9$ 或 $2a_2/9 < a_1 < a_2$ 且 $0 < r \le \sqrt{2a_2/(9a_1)}$ 时，解得

$$\hat{\rho}_{\mathrm{m1}} = \frac{3ra_1 + 2a_2}{9a_1r^2 + 2a_2 + 6r(a_1 + a_2)}$$

$$\hat{\rho}_{\mathrm{m2}} = \frac{(2+3r)a_2}{9a_1r^2 + 2a_2 + 6r(a_1 + a_2)}$$

当 $9a_2/2 < a_1$，或 $a_2 < a_1 < 9a_2/2$ 且 $0 < r \le \sqrt{2a_1/(9a_2)}$ 时，解得

$$\hat{\rho}_{\mathrm{m1}} = \frac{(2+3r)a_1}{9a_2r^2 + 2a_1 + 6r(a_1 + a_2)}$$

$$\hat{\rho}_{\mathrm{m2}} = \frac{2a_1 + 3ra_2}{9a_2r^2 + 2a_1 + 6r(a_1 + a_2)}$$

■

命题 6.11 说明，零售商在成本分摊契约下能够获得更高的期望利润。分摊系数 $\{\rho_{\mathrm{m1}}, \rho_{\mathrm{m2}}\}$ 通常反映制造商在谈判中的谈判权力（Fan et al.，2017）。成本分摊系数的上界 $\{\hat{\rho}_{\mathrm{m1}}, \hat{\rho}_{\mathrm{m2}}\}$ 通常反映供应链参与个体的成本承担能力。由命题 6.11 中 (1) 得到，当 $a_1 > a_2$ 时，$\hat{\rho}_{\mathrm{m1}} > \hat{\rho}_{\mathrm{m2}}$，表明当产品 1 的价值更高时，制造商 1 较制造商 2 拥有更大的成本承担能力，反之亦然。当零售商返券面值达到零售价格（$g^{\mathrm{RG}*} = 3a_i/4(i=1,2)$）时，成本分摊系数上界 $\hat{\rho}_j(j=\mathrm{r,m1,m2})$ 在一定条件下是关于返券兑换率的递减函数，这表明鼓励更多消费者兑换返券可能使得成本分摊的比例下降。

命题 6.11 调查了成本分摊的必要性，提供了可供参考的理性的分摊范围。为了进一步考虑成本分摊机制的公平性，本章借鉴比例理性方法，类似于 5.5.2 节，设 $C_j(j=\mathrm{r,m1,m2})$ 代表参与者 j 的成本分摊能力，本节将用返券促销和无返券促销时的净收益差异表示该分摊能力，则有 $C_{\mathrm{r}} = (D_1^{\mathrm{RG}} - D_1^{\mathrm{NG}})(p_1^{\mathrm{NG}} - w_1^{\mathrm{NG}}) + (D_2^{\mathrm{RG}} - D_2^{\mathrm{NG}})(p_2^{\mathrm{NG}} - w_2^{\mathrm{NG}})$ 表示零售商返券中的零售商成本分摊能力，$C_{\mathrm{m1}} = (D_1^{\mathrm{RG}} - D_1^{\mathrm{NG}})w_1^{\mathrm{NG}}$ 和 $C_{\mathrm{m2}} = (D_2^{\mathrm{RG}} - D_2^{\mathrm{NG}})w_2^{\mathrm{NG}}$ 表示制造商 1 和制造商 2 的成本分摊能力。则在比例理性方法下各参与主体的成本分摊系数为 $\rho_j = C_j / \sum C_j$，分摊成本为 $\rho_j D_{12}^{\mathrm{RG}} \cdot r G^{\mathrm{RG}*}$ 或 $\rho_j D_{12}^{\mathrm{MG}} r G^{\mathrm{MG}*}$。通过计算得到如下命题。

命题6.12 零售商主导型供应链采用GUWP定价策略时,基于比例理性方法,最优的成本分摊比例满足 $\rho_r = 2/3$，$\rho_{m1} + \rho_{m2} = 1/3$。具体地:

(1)当 $2a_2/9 < a_1 \leqslant a_2$ 且 $\sqrt{2a_2/(9a_1)} < r \leqslant 1$ 或 $a_2 < a_1 < 9a_2/2$ 且 $\sqrt{2a_1/(9a_2)} < r \leqslant 1$ 时,$\rho_{m1} = \left(a_1 + \sqrt{2a_1 a_2}\right)\big/\left[3\left(a_1 + 2\sqrt{2a_1 a_2} + a_2\right)\right]$，$\rho_{m2} = \left(a_2 + \sqrt{2a_1 a_2}\right)\big/\left[3\left(a_1 + 2\sqrt{2a_1 a_2} + a_2\right)\right]$;

(2)当 $a_1 \leqslant 2a_2/9$ 或 $2a_2/9 < a_1 < a_2$ 且 $0 < r \leqslant \sqrt{2a_2/(9a_1)}$ 时,$\rho_{m1} = (3ra_1 + 2a_2)\big/\left[3\left(3ra_1 + 4a_2 + 3ra_2\right)\right]$，$\rho_{m2} = (3ra_2 + 2a_2)\big/\left[3\left(3ra_1 + 4a_2 + 3ra_2\right)\right]$;

(3)当 $9a_2/2 < a_1$，或 $a_2 < a_1 < 9a_2/2$ 且 $0 < r \leqslant \sqrt{2a_1/(9a_2)}$ 时,$\rho_{m1} = (3ra_1 + 2a_1)\big/\left[3\left(3ra_1 + 4a_1 + 3ra_2\right)\right]$，$\rho_{m2} = (3ra_2 + 2a_1)\big/\left[3\left(3ra_1 + 4a_1 + 3ra_2\right)\right]$。

证明 根据比例理性方法定义，当 $2a_2/9 < a_1 \leqslant a_2$ 且 $\sqrt{2a_2/(9a_1)} < r \leqslant 1$，或 $a_2 < a_1 < 9a_2/2$ 且 $\sqrt{2a_1/(9a_2)} < r \leqslant 1$ 时，有

$$\rho_{m1} = \frac{C_{m1}}{\sum\limits_{j=r,m1,m2} C_j} = \frac{a_1 + \sqrt{2a_1 a_2}}{3\left(a_1 + 2\sqrt{2a_1 a_2} + a_2\right)}$$

$$\rho_{m2} = \frac{C_{m2}}{\sum\limits_{j=r,m1,m2} C_j} = \frac{a_2 + \sqrt{2a_1 a_2}}{3\left(a_1 + 2\sqrt{2a_1 a_2} + a_2\right)}$$

当 $a_1 \leqslant 2a_2/9$ 或 $2a_2/9 < a_1 < a_2$ 且 $0 < r \leqslant \sqrt{2a_2/(9a_1)}$ 时，有

$$\rho_{m1} = \frac{C_{m1}}{\sum\limits_{j=r,m1,m2} C_j} = \frac{3ra_1 + 2a_2}{3\left(3ra_1 + 4a_2 + 3ra_2\right)}$$

$$\rho_{m2} = \frac{C_{m2}}{\sum\limits_{j=r,m1,m2} C_j} = \frac{3ra_2 + 2a_2}{3\left(3ra_1 + 4a_2 + 3ra_2\right)}$$

当 $9a_2/2 < a_1$，或 $a_2 < a_1 < 9a_2/2$ 且 $0 < r \leqslant \sqrt{2a_1/(9a_2)}$ 时，有

$$\rho_{m1} = \frac{C_{m1}}{\sum\limits_{j=r,m1,m2} C_j} = \frac{3ra_1 + 2a_1}{3\left(3ra_1 + 4a_1 + 3ra_2\right)}$$

$$\rho_{m2} = \frac{C_{m2}}{\sum\limits_{j=r,m1,m2} C_j} = \frac{3ra_2 + 2a_1}{3\left(3ra_1 + 4a_1 + 3ra_2\right)}$$

∎

命题 6.12 提供了考虑参与者的成本分摊公平性时，最优的成本分摊机制。按照比例理性的成本分摊机制，零售商的期望利润较无成本分摊时上升了 $D_{12}^{RG*} rg^{RG*}/3$，而两个制造商共同承担返券兑换成本为 $D_{12}^{RG*} rg^{RG*}/3$。特别地，若两产品的价值相同 $(a_1 = a_2)$，则制造商 1 和制造商 2 平摊成本 $D_{12}^{RG*} rg^{RG*}/3$，即 $\rho_{m1} = \rho_{m2} = D_{12}^{RG*} rg^{RG*}/6$。当产品 1 的价值较产品 2 更高时，有 $\rho_{m1} > D_{12}^{RG*} rg^{RG*}/6 > \rho_{m2}$，

反之亦然。对比制造商主导型供应链中的成本分摊比例得到(参照 5.5.2 节)，在制造商主导型供应链中，零售商的返券成本分摊比例为 $\rho_r = 1/3$ (无论是制造商返券还是零售商返券)，而在制造商主导型供应链权力结构下的无返券促销中，零售商的利润占供应链利润的三分之一。类似地，在零售商主导型供应链中，零售商的返券成本分摊比例为 $\rho_r = 2/3$，在该供应链权力结构下的无返券促销中，零售商具有先动优势获得供应链利润的三分之二。所以，在比例理性的成本分摊机制中，无返券促销时的供应链利润分配结果(供应链的渠道权力结构)，直接地为成本分摊机制提供了公平性考量的依据。

6.6　本 章 小 结

本章通过构建由零售商主导的两产品供应链博弈模型，基于对消费者行为的刻画，分别考察了两种返券促销方式(零售商返券和制造商返券)、三种价格策略(固定批发价格和零售价格策略、只固定批发价格策略和不固定价格策略)下的供应链最优返券促销策略。进一步，考察了产品价值、兑换率、消费者时间不一致性、产品互补性程度对最优返券策略的影响。

在零售商返券促销的情况下，研究发现：①在固定批发价格和零售价格策略下，零售商、两制造商期望利润较无返券促销更高，实现帕累托改进，而且消费者剩余和社会总福利提升。②在只固定批发价格策略下，一定条件下，零售商的最优零售价格可能低于无返券时的产品最优零售价格。同时，存在合理的返券面值，使制造商和零售商实现共赢。③在不固定价格策略下，促销产品和兑换产品的最优边际利润、最优批发价格和零售价格均高于无返券促销时的最优结果，且零售商返券促销对上游制造商具有明显的溢出效应。④通过对三种不同价格策略下的零售商返券促销中的期望利润对比得到，固定批发价格策略是供应链的主导策略。然而，固定批发价格和零售价格策略下，消费者剩余和社会总福利最高。同时，针对零售商主导型供应链的零售商返券促销，在固定批发价格和零售价格下，搭配两个价值相近(或相同)的产品进行返券促销是供应链系统的最优返券策略。

在制造商返券促销的情况下，研究发现：①在同时固定批发价格和零售价格策略，以及单独固定批发价格策略下，制造商都不会主动发放返券。②在不固定价格策略下，存在最优的制造商返券策略。在最优返券策略中，制造商的最优批发价格和零售商的最优零售价格均高于无返券促销时的最优价格。然而，零售商最优的促销产品边际利润低于无返券促销时的最优边际利润。③针对零售商主导型供应链的制造商返券促销，在不固定价格下，搭配高价值的促销产品和较低价值的兑换产品进行返券促销是供应链系统的最优返券策略。

　　综合零售商返券和制造商返券的研究结果，在零售商主导型供应链中，最优的返券促销策略为零售商返券促销。该供应链结构下的成本分摊机制显示，制造商共同承担返券促销成本的三分之一。

参 考 文 献

张廷龙, 梁樑. 2012. 不同渠道权力结构和信息结构下供应链定价和销售努力决策[J]. 中国管理科学, 20(2): 68-77.

Fan J, Ni D, Tang X. 2017. Product quality choice in two-echelon supply chains under post-sale liability: Insights from wholesale price contracts[J]. International Journal of Production Research, 55(9): 2556-2574.

Horne D, Bendle N. 2016. Gift cards: A review and research agenda[J]. The International Review of Retail, Distribution and Consumer Research, 26(2): 154-170.

Khouja M, Rajagopalan H K, Zhou J. 2013. Analysis of the effectiveness of manufacturer-sponsored retailer gift cards in supply chains[J]. European Journal of Operational Research, 230(2): 333-347.

Thomas L M, Dillenbeck M S. 2004. Best used by expiration date[J]. Marketing Management, 13(1): 53-55.

Venkatesh R, Kamakura W. 2003. Optimal bundling and pricing under a monopoly: Contrasting complements and substitutes from independently valued products[J]. The Journal of Business, 76(2): 211-231.

索 引

F

返券促销 …………………… 3

非线性需求 ………………… 55

H

互补产品 …………………… 105

L

两产品供应链 ……………… 83

零售商返券 ………………… 8

零售商主导 ………………… 65

Z

制造商返券 ………………… 106

制造商主导 ………………… 80

X

线性需求 …………………… 50